Dilg · Jüttner PHARMAZEUTISCHE TERMINOLOGIE

PETER DILG · GUIDO JÜTTNER

PHARMAZEUTISCHE TERMINOLOGIE

DIE FACHSPRACHE DES APOTHEKERS

Mit einem Vorwort
von
RUDOLF SCHMITZ

ZWEITE, ÜBERARBEITETE UND ERGÄNZTE AUFLAGE

Govi-Verlag GmbH Pharmazeutischer Verlag
Frankfurt am Main
1975

Die wortgeschützten Arzneispezialitätennamen bzw. Warenzeichen wurden ausschließlich nach philologischen Gesichtspunkten ausgewählt und nach bestem Wissen durch ® als solche kenntlich gemacht. Das Fehlen dieses Hinweises bedeutet nicht, daß die betreffenden Bezeichnungen im Sinne der Warenzeichen- und Markenschutzgesetzgebung als frei zu betrachten sind und daher von jedermann benutzt werden dürfen. Umgekehrt können aus der irrtümlichen Kennzeichnung eines Namens mit ® in diesem Buch keine Schutzrechte abgeleitet werden.

ISBN 3 7741 9989 2

Nachdruck der 2. Auflage von 1975, Mai 1978

Herstellung: Limburger Vereinsdruckerei GmbH, 6250 Limburg/Lahn

Vorwort zur ersten Auflage

Die am 1. Oktober 1971 in Kraft getretene Approbationsordnung für Apotheker vom 23. August 1971 schreibt u. a. einen Kursus der pharmazeutischen und medizinischen Terminologie vor. Der Grund für diese im Fach Medizin bereits vor mehreren Semestern erfolgte Neueinführung ist in dem Wegfall des bis dahin obligatorischen Latinums zu suchen; hinzukommt der Verzicht auf das vordem ebenfalls obligatorische zweijährige Praktikum, das die Rezeption wesentlicher Teile der Fachsprache bislang gleichsam nebenher ermöglichte.

Damit tritt zum ersten Mal in der Geschichte der pharmazeutischen Ausbildung der Fall ein, daß den angehenden Apothekern „Nachhilfeunterricht" in ihrer Fachsprache an der Hochschule erteilt werden muß — eine Entwicklung, die historisch gesehen geradezu paradox zu nennen ist. Jahrhundertelang bemühte sich der Apotheker nämlich den Nachweis zu erbringen, die Sprache des Arztes — das Latein — zu beherrschen, wozu er nicht zuletzt durch die jeweiligen Prüfungsvorschriften betont angehalten wurde. Das Verständnis der lateinischen Fachsprache grenzte ihn zudem gegenüber „Materialisten" und Quacksalbern ab und ließ ihm den Anspruch auf Seriosität, gesellschaftliche Reputation und höheren Bildungsgrad zuwachsen. Kurzum — die Kenntnis des Lateins hob ihn aus der Masse derjenigen heraus, die zwar die Wörter bestenfalls zu benutzen, jedoch nicht zu erfassen vermögen, weil ihnen sowohl der sprachliche wie der begriffliche Hintergrund fehlt.

Seit dem Erscheinen der ausschließlich lateinisch abgefaßten Pharmacopoea Germanica von 1872 ist nunmehr ein volles Jahrhundert vergangen, in dessen Verlauf das ehedem rein lateinische Vokabular mit Ausnahme der einzelnen Fachausdrücke durch die deutsche Sprache ersetzt wurde; zudem macht sich in steigendem Maße der Einfluß englischer Bezeichnungen bemerkbar. Gleichwohl kommt dem mehr oder minder durch das Griechische ergänzten Latein als Grundlage jeder Gelehrtensprache gerade in der Biologie und Medizin eine entscheidende Bedeutung zu, da es in den jeweiligen Nomenklaturen auch heute noch und nicht nur innerhalb dieser Gebiete das wichtigste internationale Verständigungsmittel darstellt. So betrachtet, ist die Behauptung, das Latein sei eine tote Sprache, nur bedingt richtig; denn als Lieferant für die fachliche Namensbildung besitzt es nach wie vor einen hohen Verkehrswert in allen medizinisch-biologischen Disziplinen, so daß z. B. in der Botanik auch neue Taxa noch in Form einer lateinischen Diagnose eingeführt werden müssen.

Trotz des immer umfangreicher werdenden naturwissenschaftlichen Stoffes ist es deshalb allein aus ökonomischen Gründen kaum einzusehen, warum man sich eine Fachsprache wie eine Fremdsprache aneignen sollte, wenn sie umfassender und besser von ihrer Basis, d. h. von ihrem griechisch-lateinischen Ursprung her verstanden und zumindest in den Grundzügen erlernt werden kann. Diesem Ziel soll denn auch die vorgeschriebene und kursmäßig durchzuführende Übung dienen, über deren Inhalt sich der Bundesminister für Jugend, Familie und Gesundheit am 25. Oktober 1971 (Gesch. Z.: H III 3 — 8210 — 8375/71) in folgender Weise geäußert hat:

„Nach dem Inkrafttreten der Approbationsordnung für Apotheker fällt als Voraussetzung für die Aufnahme des Studiums der Pharmazie der Nachweis über das sogenannte Kleine Latinum weg. Mit dem mindestens zwölfstündigen „Kursus der pharmazeutischen und medizinischen Terminologie" (Anlage 1 Teil B zu § 2 Abs. 1 der Approbationsordnung für Apotheker) soll deshalb ein Ersatz geschaffen werden. Dem Studenten soll durch diesen Kurs das Verständnis der fachlichen Terminologie erleichtert werden. Deshalb soll in dieser Einführung die Bildungsweise der pharmazeutischen und medizinischen Fachbegriffe erläutert werden. Die Wortbildung kann dabei an häufig verwendeten Grundwörtern der pharmazeutischen und medizinischen Terminologie erarbeitet werden. Daraus ergibt sich, daß die wichtigsten griechischen und lateinischen Wörter, Wortstämme und Präpositionen erwähnt werden sollten. Darüber hinaus sollte analog auch mit den immer häufiger verwendeten Begriffen aus dem englischen Sprachraum verfahren werden.

Zusammenfassend kann es also während des Kurses nicht darauf ankommen, die Definitionen der pharmazeutischen und medizinischen Begriffe umfassend zu erarbeiten. Dies wäre auch in einem zwölfstündigen Kursus aus zeitlichen Gründen nicht möglich und aus didaktischen Erwägungen auch nicht erstrebenswert und sollte den Vorlesungen in den einzelnen Disziplinen vorbehalten bleiben. Vielmehr soll der Student in die Lage versetzt werden, durch das Verständnis des Begriffes von seiner Bildungsweise her später eine Brücke zu dem fachlichen Begriffsinhalt zu schlagen."

Diesen eindeutigen Direktiven versucht das vorliegende Buch — für das es übrigens in der Bundesrepublik Deutschland weder ein Vorbild noch sonstige ausreichende Unterlagen gab — Rechnung zu tragen. Der didaktisch-methodischen Gestaltung kamen dabei erste Unterrichtserfahrungen zugute, die von den Autoren, meinen Mitarbeitern Dr. P. Dilg und Dr. G. Jüttner, an den Universitäten Freiburg, Frankfurt und Marburg gesammelt wurden. — Es bleibt zu wünschen, daß das Buch nicht nur dem Studienanfänger eine sachlich wie formal praktikable Anleitung zum Verständnis der Terminologie bietet, sondern darüberhinaus auch den in Wissenschaft und Praxis tätigen Apotheker zu einer näheren Beschäftigung mit seiner Fachsprache anregt.

Marburg, 1. August 1972 *Professor Dr. Rudolf Schmitz*

Vorwort zur zweiten Auflage

Diese zweite, überarbeitete und ergänzte Auflage berücksichtigt einmal Neuerungen des Europäischen Arzneibuches, dessen Band I in der amtlichen deutschen Fassung (zusammen mit dem 1. Nachtrag zum DAB 7) in der Bundesrepublik Deutschland am 1. 10. 1974 in Kraft getreten ist und dessen Band II in der deutschen Übersetzung demnächst erscheinen wird; ferner die Änderungen des 2. Nachtrages zum DAB 7, der am 1. 8. 1975 Gültigkeit erlangt hat. Zum anderen sind bestimmte Abschnitte und einzelne Beispiele — vor allem hinsichtlich der nun wiederum lateinischen Monographientitel des Europäischen Arzneibuches — um weitere Fachausdrücke ergänzt bzw. in den diesbezüglichen Formulierungen modifiziert, die Namen der Arzneispezialitäten dem gegenwärtigen Stand angepaßt und einige wenige Termini in ihren Definitionen präzisiert worden. Eine wesentliche Erweiterung erfuhr dagegen die Liste der Abkürzungen verschiedener Herkunft sowie das Literaturverzeichnis, wobei besonders auf das in den letzten Jahren erheblich angewachsene Schrifttum zur medizinischen Terminologie aufmerksam gemacht sei. Neu aufgenommen wurde endlich ein Anhang mit ausgewählten englischen Fachausdrücken, der keineswegs auf Vollständigkeit abzielt, sondern lediglich informativ dem sich fortschreitend abzeichnenden Strukturwandel in der naturwissenschaftlich-medizinischen Terminologie Rechnung zu tragen versucht.

Die Gesamtkonzeption des Buches blieb indes unverändert — nicht nur, weil sie sich in didaktischer Hinsicht bewährt hat, sondern und gerade auch in Anbetracht der Tatsache, daß die Zahl der Studienanfänger ohne altsprachliche Vorkenntnisse ständig zunimmt und ebendiesen der griechisch-lateinische Grundbestand der pharmazeutisch-medizinischen Terminologie deshalb in verstärktem Maße, d. h. gerade unter philologischem Aspekt vermittelt werden muß.

Unser Dank gilt schließlich allen denjenigen, die durch mancherlei Hinweise und Vorschläge zur Verbesserung und Vervollständigung des vorliegenden Buches beigetragen haben, sowie dem Govi-Verlag, der auch diese zweite Auflage ermöglicht hat.

Marburg und Berlin, 1. September 1975

Professor Dr. Peter Dilg
Institut für Geschichte der Pharmazie
355 Marburg/Lahn, Roter Graben 10

Professor Dr. Guido Jüttner
Institut für Geschichte der Medizin
1 Berlin 45, Augustastraße 37

Inhaltsverzeichnis

Benutzungsanleitung und allgemeine Erläuterungen

Das vorliegende Buch versucht in Form eines didaktisch-methodischen Leitfadens den für die pharmazeutische Praxis erforderlichen Grundbestand an lateinischen und griechischen Fachwörtern bzw. Wortelementen zu vermitteln, deren Bedeutung, sprachliche Zusammensetzung und Bildungsweise aufzuzeigen, sowie die Terminologie bzw. Nomenklatur der Medizin, Chemie und Botanik in Grundzügen darzulegen. Dabei handelt es sich allerdings nicht um ein vollständiges Lexikon der pharmazeutischen Fachwörter, das in erster Linie die jeweiligen Begriffsinhalte zu klären hat; mit voller Absicht unterblieb deshalb auch — da terminologisch unergiebig — die Aufzählung sämtlicher Drogennamen, chemischen Arzneistoffbezeichnungen sowie Arzneimittelsynonyme, zumal hierfür eine ausreichende Spezialliteratur zur Verfügung steht. Ebenso wurde mit wenigen Ausnahmen auf die Darstellung des Bedeutungswandels bestimmter Wörter verzichtet, dessen Untersuchung ohnehin nicht die Terminologie, sondern die Etymologie und damit die historische Sprachforschung betrifft. Der Stoff ist entsprechend den vorgeschriebenen zwölf Unterrichtsstunden in zwölf Abschnitten angeordnet, die sich wiederum in drei große Gruppen aufteilen lassen, wobei die einzelnen Kapitel aus sachlichen Gründen bzw. im Hinblick auf eine didaktisch geeignete Abfolge von unterschiedlicher Länge sind und viele Fachwörter mehrmals wiederkehren.

Die erste Gruppe (Abschnitt I—IV) behandelt hauptsächlich die lateinische Formenlehre. Abschnitt I enthält eine kurze Einführung in Wesen, Herkunft und Funktionsbereich der pharmazeutischen Fachsprache, wobei vor allem die hier maßgebenden Begriffe „Terminologie“ und „Nomenklatur“ definiert werden. Abschnitt II stellt erheblich vereinfacht die Grundlagen der lateinischen Grammatik dar, also Lautlehre, die einzelnen Wortarten sowie die Bildungsprinzipien zusammengesetzter Bezeichnungen, und beschränkt sich — ungeachtet philologischer Vollständigkeit — auf die in der Praxis tatsächlich vorkommenden Wortformen; demnach werden bei sämtlichen Substantiven und Adjektiven nur die jeweiligen Nominativ- und Genitivendungen im Singular und Plural bzw. bei den wenigen Verben nur die jeweiligen Imperativendungen berücksichtigt. Die Abschnitte III und IV umfassen die fünf lateinischen Deklinationen bzw. in sehr begrenzter Auswahl die zugehörigen Fachwörter, wobei die wie stets praxisbezogenen Beispiele die Assoziation zu den entsprechenden Wortprägungen und Begriffen herstellen bzw. erleichtern sollen.

Die zweite Gruppe (Abschnitt V—VIII) behandelt hauptsächlich den griechischen Wortschatz der pharmazeutisch-medizinischen Fachsprache. Die Abschnitte V und VI führen die wichtigsten griechischen Wortstämme auf, deren substantivischer Anteil vorwiegend der medizinischen Terminologie angehört, während der adjektivische gleicherweise auch in der chemischen und botanischen Fachsprache Verwendung findet. Abschnitt VII enthält eine Übersicht über ausgewählte griechische und lateinische Suffixe, die für die Wortbildung in fast allen naturwissenschaftlich-medizinischen Bereichen von größter Bedeutung sind. Abschnitt VIII beschäftigt sich mit den nicht minder wichtigen griechischen und lateinischen Präfixen, die ebenfalls den Sinngehalt der betreffenden Fachwörter näher bestimmen bzw. entscheidend verändern und deshalb an zahlreichen Beispielen erläutert werden.

Die dritte Gruppe (Abschnitt IX—XII) behandelt hauptsächlich die Fachsprache spezieller Sachgebiete in Grundzügen. Abschnitt IX ist der medizinischen Terminologie gewidmet, wobei die anatomische Nomenklatur nur insoweit berücksichtigt wurde, als sie für den Apotheker in Betracht kommt; dagegen sind die wesentlichen Begriffe und Fachausdrücke der Pathologie bzw. Pathologischen Anatomie und der klinischen Fächer im einzelnen aufgeführt und zwar in Form eines in der Medizin üblichen Systems, das nicht nur den sachlichen Zusammenhang gewährleistet, sondern auch — gegenüber einer rein alphabetischen Aufzählung der Krankheitsnamen — das Verständnis für die jeweiligen Bezüge und Abhängigkeiten fördert; hierauf folgt eine Übersicht über die wichtigsten Arzneimittel- bzw. pharmakologischen Wirkungsgruppen. Abschnitt X stellt sodann die chemische Nomenklatur dar, soweit dies ohne eingehendere Kenntnis der chemischen Sachverhalte möglich ist; neben den verschiedenen Bezeichnungsarten wird vor allem die Namensgebung in der Pharmazeutischen Chemie und hier besonders die Arzneibuchnomenklatur näher besprochen. Die vorausgehende Erörterung der botanischen Nomenklatur vermittelt einen Überblick über das taxonomische und nomenklatorische System, wobei in der Pharmazeutischen Biologie ebenfalls die diesbezügliche Arzneibuchnomenklatur sowie die einzelnen Drogenformen bevorzugte Berücksichtigung finden. Abschnitt XI ist speziell der pharmazeutisch-technologischen Terminologie vorbehalten, die im wesentlichen aus den Bezeichnungen der bei der Arzneizubereitung angewandten Verfahren und auftretenden Reaktionen sowie aus den Namen der verschiedenen Arzneiformen besteht. Abschnitt XII befaßt sich mit der „Rezeptsprache“, insbesondere mit dem äußeren Aufbau der ärztlichen Verordnung, und schließt mit einem alphabetischen Verzeichnis von Abkürzungen, die teils noch auf Rezepten, teils anderweitig in der pharmazeutischen Praxis verwendet werden. *

---

* Zur Durchführung des Kurses seien an dieser Stelle einige Hinweise gegeben: In Anbetracht der begrenzten Stundenzahl — die nach Möglichkeit auf zwölf Doppelstunden ausgedehnt werden sollte — ist das Hauptgewicht im praktischen Unterricht auf die Behandlung des für jeden Abschnitt Wesentlichen zu legen, so daß die übrige Zeit für dessen Einübung, Wiederholung und Vertiefung zur Verfügung steht. Dies kann in der Art der jeweils aufgeführten Übungen und Beispiele geschehen, die einmal vorwiegend assoziative Funktion besitzen, zum anderen sprachlich-begriffliche Erklärungen bieten; bezüglich der medizinischen Terminologie eignet sich hierzu besonders Abschnitt IX, der deshalb auch nur im Falle vorher noch nicht erwähnter Wörter sprachliche Erläuterungen enthält. — Die nach Abschluß des Kurses auszuhändigende Bescheinigung bestätigt eine regelmäßige und erfolgreiche Teilnahme an dieser Pflichtlehrveranstaltung, die demzufolge eine entsprechende Überprüfung erfordert. In Anlehnung an die auch im Fach Medizin geübte Praxis wird deshalb empfohlen, einige Probeklausuren abzuhalten. Zum Nachweis der erfolgreichen Mitarbeit dient eine Abschlußklausur, die nach dem Muster der Übungsbeispiele bzw. wahlweise im Multiple-Choice-Verfahren (vgl. Pharma-Quiz „Terminologie“ in der Pharmazeutischen Ztg.) gestaltet werden sollte.

Ergänzend zu dem griechisch-lateinischen Grundvokabular behandelt der Anhang schließlich einige englische Fachausdrücke, soweit sie für die Pharmazie von Bedeutung sind, und versucht damit exemplarisch, den Zugang zu diesem sich ständig erweiternden Wortschatz zu erleichtern. Im übrigen erscheinen diese englischen Termini ebensowenig wie die verschiedenen Abkürzungen im Sachwortregister, da sie in ihrer alphabetischen Anordnung ohnehin leicht aufzufinden sind.

Obwohl es weder die Aufgabe des Kurses noch die Absicht dieses Buches sein kann, Definitionen und inhaltliche Erklärungen zu geben, war es in den meisten Fällen unumgänglich, neben den sprachlichen auch sachliche Erläuterungen zugunsten einer einprägsameren Begriffsvorstellung mitaufzunehmen. Dadurch ist auch der Umfang des dargelegten Materials bedingt, das allerdings zu einem erheblichen Teil (Abschnitt I, IX, X und XII) mehr der Einführung bzw. der Wiederholung dienen soll. Dieser Einteilung trägt auch die nach didaktischen Gesichtspunkten erfolgte Druckgestaltung Rechnung, wobei die heute unterschiedliche Schreibweise der c, k und z enthaltenden Wörter bewußt nicht vereinheitlicht wurde. Die im Fettdruck erscheinenden Wörter bzw. Angaben (Abschnitt IX ausgenommen) stellen als Voraussetzung zur Beherrschung der pharmazeutischen Fachsprache den reinen Lernstoff dar. Dagegen verzeichnet der Kleinstdruck ausschließlich die sprachlichen oder zusätzlich inhaltliche Erläuterungen, wobei alle lateinischen Substantive stets groß, die griechischen Wörter insgesamt klein geschrieben werden. Die wenigen Abkürzungen im Text beschränken sich auf: arab. = arabisch, dt. = deutsch, engl. = englisch, f. = femininum, franz. = französisch, gr. = griechisch, ital. = italienisch, lat. = lateinisch, m. = masculinum, n. = neutrum. Die runden Klammern enthalten nähere Begriffsbestimmungen und Ergänzungen oder auch das Synonym bzw. die Übersetzung des betreffenden Wortes, während in eckigen Klammern sprachlich-sachliche Einschübe und erklärende Zusätze vermerkt sind. Die sog. Tilde ~ soll hier die jeweils nur annähernd festgelegte Bedeutung vor allem der Suffixe kenntlich machen. Die oft benutzten Zeichen → und ←→ weisen einerseits und meist in weiterführendem Sinn auf einen sprachlich oder inhaltlich verwandten Begriff oder Zusammenhang, andererseits und meist in wiederholendem Sinn auf den jeweils entsprechenden bzw. gegenteiligen Ausdruck oder Sachverhalt hin; zugleich ist damit die Aufforderung verbunden, sich über ein derart angezeigtes Wort im einzelnen selbst zu informieren. Hingegen sind die in Kursivdruck zu Ende eines jeden Abschnitts angefügten Übungen zur Wiederholung des jeweils behandelten Stoffes gedacht und in entsprechender Weise ebenfalls selbst zu erweitern.

Diese Auswahl und Anordnung ermöglichen eine methodisch folgerichtige Aneignung der pharmazeutischen Terminologie. Denn nachdem anhand häufig wiederkehrender Wortstämme sowie der Präfixe und Suffixe die prinzipiellen Gesetzmäßigkeiten bei der Namensbildung erst einmal erarbeitet worden sind, bereitet es im allgemeinen keine allzu große Schwierigkeit, auf dieser Basis auch unbekannte Wörter und Begriffe nach ihren Grundbestandteilen zu entschlüsseln.

ABSCHNITT I

Einführung in die pharmazeutische Fachsprache

Die Fachsprache des Apothekers wird meist auch als „Apothekerlatein" bezeichnet, das in der Tat den größten Teil des pharmazeutischen Wortschatzes bestimmt. Zudem weist sie eine besondere Struktur und Zusammensetzung auf, weshalb die Mehrzahl der in der Pharmazie gebräuchlichen Fachausdrücke mit altsprachlichen Schulkenntnissen allein nicht zu erklären ist.

So wäre etwa die Wortform **infusum** nach den Regeln der lateinischen Grammatik mit **das Eingegossene** zu übersetzen, wohingegen der Apotheker darunter eine bestimmte Arzneiform, nämlich einen **Aufguß (Infusum)** versteht, die nicht mit einer **Infusio** d. h. **Eingießung** verwechselt werden darf. Desgleichen führt ein lateinisches Wörterbuch unter **species** die Hauptbedeutungen **Ansehen, Blick, Gestalt, Erscheinung** auf, während das Wort in der botanischen Systematik die **Art** und in der Pharmazie die **Teemischung** kennzeichnet; ferner wird z. B. bei **lotio, tinctura** und **suppositorium** als Übersetzung **das Waschen, das Färben** und **der Untersatz** angegeben, womit der Apotheker speziell die Arzneiformen **Lotion, Tinktur** und **Zäpfchen** benennt. Handelt es sich hierbei lediglich um Abweichungen zwischen der wörtlichen und der übertragenen bzw. spezifischen Bedeutung, so ergeben sich andererseits oft erhebliche Unterschiede aus der sprachlich-formal oder sachlich-inhaltlich bedingten Doppeldeutigkeit eines Ausdrucks. Das zum Substantiv latinisierte Wort **Trachea** etwa, das von der weiblichen Form des gr. Adjektivs **trachys** = **rauh** abgeleitet ist, bezeichnet in der Medizin eindeutig die **Luftröhre;** in der Botanik jedoch stellen die **Tracheen** und **Tracheiden** bestimmte **Leitzellen** des pflanzlichen Gefäßsystems dar. Ebenso wie das gr.-lat. Wort **Thymus** in seiner jeweiligen Bedeutung **Thymian, Thymusdrüse (Bries)** oder **Gemüt** den Bezeichnungen **Herba Thymi, Thymitis** oder **Thymoleptica** zugrundeliegt, lassen sich so unterschiedliche Namen und Begriffe wie **Folliculi Sennae** (Sennesschoten), **Follikulitis** (Haarbalgentzündung) und **Follikelhormon** (weibliches Keimdrüsenhormon) auf dasselbe lat. Wort **Folliculus** = **kleiner Schlauch** zurückführen. Neben diesen mehrdeutigen Wörtern gibt es umgekehrt aber auch eine Reihe von Bezeichnungen, die zunächst sprachlich alle dieselbe Bedeutung besitzen wie z. B. die lat. Wörter **Racemus** und **Uva** sowie das gr. Wort **staphylē** für **Traube;** diese werden jedoch sachlich-inhaltlich sehr verschieden verwendet, so daß man etwa in der Botanik von einem **racemösen** (traubigen) **Blütenstand** oder einer **racemösen Verzweigung** und in der Chemie von **razemischen Verbindungen** oder einem **Razemat** (nach **Acidum racemicum** = Traubensäure) spricht, während die **Bärentraubenblätter** als **Folia Uvae ursi,** die entsprechende Pflanzengattung als **Arctostaphylos** (arktos = Bär) und bestimmte Infektionserreger als **Staphylokokken** (kokkos = Kugel) bezeichnet werden. Diese durch die Verwendung gleichbedeutender griechischer und lateinischer Wörter gegebene „Doppelsprachigkeit" zeigt sich besonders bei medizinischen Begriffen, indem die jeweiligen Bezeichnungen einerseits nebeneinander auftreten: So findet sich für **Magen** einmal das lat. Wort **Ventriculus** (z. B. Ulcus ventriculi = Magengeschwür), zum anderen das gr. Wort **gastēr** (z. B. Gastritis = Magenschleimhautentzündung); für **Herz** sowohl das lat. **Cor** (z. B. Cor adiposum = Fettherz) als auch das gr. **kardia** (z. B. Myokard = Herzmuskel), welch letzteres überdies noch den **Magenmund** bezeichnet; für **Haut** nicht nur das lat. **Cutis** (z. B. perkutan = durch die Haut), sondern auch das gr. **derma** (z. B. Epidermis = Oberhaut); für **Niere** das lat. **Ren**

(z. B. renal = zur Niere gehörend) und das gr. **nephros** (z. B. Nephrolith = Nierenstein) usw. Andererseits sind viele einzelne Wörter aus griechischen und lateinischen Wortelementen in Form sog. Hybridbildungen zusammengesetzt: Demnach läßt sich etwa der Begriff **Avitaminose** in das gr. Präfix **a**-(Verneinung), das lat. Substantiv **Vit[a]** (Leben), die chemische Gruppenbezeichnung **-amin** ($-NH_2$) und die gr. Endung **-ose (-osis)** auflösen; desgleichen ist z. B. **cancerogen** aus lat. **Cancer** (Krebs) und gr. **-gen** (erzeugend) oder **urogenital** aus gr. **ūron** (Harn) und lat. **genitalis** (die Geschlechtsorgane betreffend) gebildet. Diese Wortelemente sind jedoch nicht immer auf den ersten Blick hin zu erkennen, da sie meist eine mehr oder minder starke Abwandlung erfahren. So liegt z. B. den Bezeichnungen **Aureomycin** (Antibiotikum), **Dermatomykose** (Hautpilzerkrankung) und **Myzel** (Pilzvegetationskörper) jeweils der gr. Wortstamm **myk(o)-** (von mykēs = Pilz) zugrunde, während etwa der Bezug von **Chloroform** und **Formaldehyd** zu lat. **Formica = Ameise** insofern gegeben ist, als diese chemisch mit der **Ameisensäure (Acidum formicicum)** in Verbindung stehen. Hingegen bergen gerade solche ähnlich klingenden Wörter oft die Gefahr einer Verwechslung in sich. Unterscheiden sich z. B. die Bezeichnungen **Aerosil** und **Aerosol** äußerlich auch nur durch einen Buchstaben, so handelt es sich doch um sehr verschiedene Begriffe, da beide zwar das gr.-lat. Wort **Aer** (Luft) aufweisen, durch die Endung **-sil** (von lat. Silex = Kieselstein) bzw. **-sol** (von lat. Solutio = Lösung) aber ihre jeweils spezifische Bedeutung **kolloidale Kieselsäure** und **Verteilung von festen oder flüssigen Stoffen in Gas** erhalten. Gleichfalls weichen etwa die Krankheitsbezeichnungen **Neuritis** (Nervenentzündung) und **Neurose** (funktionelle Nervenstörung) sprachlich nur in den Endsilben voneinander ab, während sich die Begriffe **Hypotonie** (Unterdruck) und **Hypertonie** (Überdruck) lediglich durch die Vorsilben unterscheiden lassen. Ähnlichen Klang zeigen beispielsweise auch die Adjektive **somatisch, stomatisch** und **stomachisch,** die aber gänzlich verschiedene Bereiche betreffen, denn gr. sōma = Körper, gr. stoma = Mund und gr.-lat. Stomachus = Magen. Eine noch deutlichere Grenze zwischen Sprachelement und inhaltlicher Definition veranschaulichen etwa die Ausdrücke **Hämaturie** und **Urämie,** die zwar jeweils aus den gr. Wörtern haima (Blut) und ūron (Harn) bestehen, jedoch getrennte Krankheitsbilder (Blutharnen und Harnvergiftung) bezeichnen. Nicht minder verwirrend ist die besondere Struktur des pharmazeutischen Wortschatzes bezüglich der in Chemie und Botanik üblichen Benennungsweise. So führt das Deutsche Arzneibuch (DAB 7) z. B. eine Substanz, die sich durch die Formel $NaHCO_3$ einfach und eindeutig festlegen läßt und die in der Chemie **Natriumhydrogencarbonat** genannt wird, auch als **Natrium bicarbonicum** auf; diese lat. Bezeichnung ist zwar dem Apotheker ebenso geläufig wie der dafür verwendete Trivialname **Natron,** stimmt aber mit der z. T. in außerdeutschen Pharmakopöen bzw. im Europäischen Arzneibuch enthaltenen lat. Benennung **Natrii hydrogenocarbonas** keineswegs überein. Ferner heißt z. B. die in der Chemie als **Quecksilber(II)-chlorid** angegebene Verbindung in der pharmazeutischen Fachsprache auch **Hydrargyrum bichloratum** oder kurz **Sublimat** (meist mit ähnlichen Substanzen unter der Bezeichnung **Mercurialia** zusammengefaßt), die im Europäischen Arzneibuch jedoch als **Hydrargyri perchloridum** erscheint. Der Inhalt eines Standgefäßes mit der Aufschrift **Liquor Plumbi subacetici** oder **Plumbum subaceticum solutum** trägt auch den Namen **Bleiessig,** wohingegen die gelöste Substanz in der Chemie **basisches Bleiacetat** genannt wird. Ähnlich verhält es sich mit bestimmten Drogennamen, so daß etwa das **Süßholz** in der Apotheke als **Radix Liquiritiae** geführt wird, dessen Stammpflanze in der Botanik aber nicht „Liquiritia", sondern **Glycyrrhiza glabra** heißt. — Die Eigenart der pharmazeutischen Fachsprache soll schließlich noch das Beispiel der verschiedenen die **Galle** betreffenden Wortprägungen veranschaulichen: Während nämlich den Bezeichnungen der diesbezüglichen Arzneimittelgruppen **Cholekinetica, Choleretica** und **Cholagoga** das gr. Wort **cholē** zugrundeliegt, geht der anatomische Name **Vesica fellea** für die **Gallenblase** auf das lat. Wort **Fel** zurück, wohingegen die Benennung der **Gallenfarbstoffe Bilirubin** und **Biliverdin** ein zweites lat Wort für Galle, nämlich **Bilis,** verwendet; zudem bezeichnet man getrennt von den **Gallensäuren** — deren Grundstoff, die **Cholansäure,** in der Galle überhaupt nicht vorkommt — die **Gallussäure** lat. **Acidum gallicum** und die Substanz **Tannin** bzw.

Acidum tannicum deutsch auch **Gallusgerbsäure,** die aus den durch die **Gallwespe (Cynips tinctoria)** verursachten **Galläpfeln (Gallae)** gewonnen wird; dagegen heißt **Spiritus Vini gallici** nicht etwa „Gallusweingeist", sondern **Franzbranntwein** (von lat. gallicus = gallisch = französisch), während schließlich der Spezialitätenname **Gallosanol®** eine deutsch-lateinische Wortprägung aus **Galle** und **sanus** (gesund) darstellt und man unter **Gall(en)tropfen** sowohl **Tinctura Aloës composita** als auch **Tinctura amara** versteht.

Allein diese willkürliche Auswahl an Beispielen zeigt, wie vielseitig und verschiedenartig die Fachsprache des Apothekers zusammengesetzt ist. Weit davon entfernt, eine einheitliche Struktur aufzuweisen, stellt **der in der Pharmazie verwendete Wortschatz** vielmehr **ein Mischprodukt aus den verschiedensten Bereichen** dar, das sich sowohl sprachlich als auch sachlich eingrenzen, seiner Herkunft nach bestimmen und nicht zuletzt durch die geschichtliche Entwicklung erklären läßt.

A. Sprachliche Zusammensetzung

Die **pharmazeutische Fachsprache** besteht im wesentlichen aus **lateinischen,** daneben fast ebenso vielen griechischen **Wörtern bzw. Wortelementen,** welch letztere allerdings meist latinisiert bzw. heute — wie die lateinischen — in ihrer **eingedeutschten** Form gebräuchlich sind (z. B. mit den dt. Endungen **-ie, -om, -ose** oder **-ion** statt der gr. -ia, -oma, -osis oder der lat. Endung -io). Abgesehen von den Wortstämmen selbst (→ Abschnitt V und VI) und bestimmten Vorsilben, wie z. B. anti-, dys-, epi-, kata-, para- (→ Abschnitt VIII), erkennt man die **Wörter griechischer Herkunft** zunächst an den Lauten und Buchstabenfolgen **k, y, z, ch, ph, rh, th,** die im lateinischen Alphabet nicht enthalten sind (z. B. Apo**th**e**k**e, **Ch**olin, h**y**dro**ph**il, **Ph**arma**z**ie, **Rh**i**z**om). Außer den griechisch-lateinischen und einigen noch erhaltenen Wörtern **arabischen** Ursprungs (z. B. Alkali, Alkohol, Borax, Elixir, Sirup, Talk) gibt es eine Reihe landessprachlicher Bezeichnungen, vor allem bei Drogennamen, die nur z. T. latinisiert, überwiegend jedoch undekliniert und in ihrer ursprünglichen Form Verwendung finden (z. B. Cortex Chinae [aus „quina-quina"] oder Lignum Guajaci; dagegen z. B. Agar-Agar, Cacao, Carrageen, Condurango, Sassafras). Während die Zahl der meist älteren Bezeichnungen aus dem **Französischen** relativ gering ist (z. B. Bürette, Dragée, Küvette, Pipette, Titer), gewinnen in neuerer Zeit Begriffe aus dem **Englischen** zunehmend an Einfluß (z. B. caking, peak, spin → Anhang: Wichtige englische Fachausdrücke). Zudem sind rein deutsche und auch in der Umgangssprache benutzte, innerhalb der Fachsprache jedoch einen spezifischen Sinn aufweisende Wörter gebräuchlich, die allerdings mehr dem „Fachjargon" angehören (z. B. abfassen, anstoßen, einengen, Niederschlag, Überlauf). Alle diese Sprachen spielen in der Pharmazie eine mehr oder minder entscheidende Rolle bei der Bildung der jeweiligen Fachausdrücke, die — sofern nicht ohnehin eingedeutscht bzw. übersetzt — als solche in die deutsche Umgangssprache eingefügt werden und in ihrer Gesamtheit die pharmazeutische Fachsprache darstellen.

Dabei ist der überragende **Anteil des Griechischen und Lateinischen historisch begründet** und erklärt sich allein aus der geschichtlichen Tatsache, daß die Anfänge einer wissenschaftlich betriebenen Heil- und Naturkunde in der griechischen Antike zu suchen sind. Demnach gehen nicht nur die ersten maßgebenden Erkenntnisse und Beschreibungen in Medizin, Botanik, Mineralogie, Zoologie u. a. auf griechische Autoren zurück, sondern auch eine Vielzahl heute noch lebendiger und in den betreffenden Wissenschaften verwendeter Bezeichnungen, die sich zwar oft in ihrer inhaltlichen Bedeutung, jedoch nicht oder nur geringfügig in ihrer sprachlichen Form geändert haben. Mit der Übernahme dieser grundlegenden Literatur durch die Römer, die selbst über keine eigenständige Medizin und gleichwertige Naturwissenschaft verfügten, entwickelte sich erstmals eine gewisse „Doppelsprachigkeit". Die griechischen Fachwörter ließen sich nämlich oft nicht ins Lateinische übertragen und wurden lediglich — in lateinischer Schrift und mit der entsprechenden Endung — als Lehnwörter übernommen, weshalb viele ursprünglich griechische Ausdrücke heute nur in ihrer latinisierten Form bzw. Betonung verwendet werden (z. B. Anatomia, Arteria, Chamomilla, Chelidonium, Emplastrum, Hepar, Hydrargyrum, Spasmus, Tonus, Urethra). Hingegen sind nur wenige derartiger Bezeichnungen durch eine echte Übersetzung verdrängt worden (z. B. gr. „korē" für das „Sehloch" durch das heute ausschließlich verwendete lat. „pupilla"), so daß für einen Begriff meist zwei oder mehr Ausdrücke gebräuchlich waren und deshalb auch heute noch sind. Solche Namen stellen sog. **Synonyme** dar d. h. **verschiedenlautende Wörter, die Gleiches bezeichnen** (z. B. lat. Bilis, Fel und zusätzlich gr. cholē für „Galle"). Sog. **Homonyme** dagegen sind **gleichlautende Wörter, die Verschiedenes bezeichnen** (z. B. lat. Os = „Mund" und lat. Os = „Knochen"). Schließlich gibt es noch — ebenfalls schon seit der Antike — sog. **Metonyme** d. h. **Wörter,** die mehr oder minder unabhängig von ihrem ursprünglichen und eigentlichen Sinn auch oder nur **in übertragener Bedeutung** verwendet werden (z. B. bedeutet lat. Cancer zunächst „Gitter" und dann „Fluß-" bzw. Seekrebs", darüberhinaus aber auch das wegen seines ähnlichen Aussehens so genannte „Krebsgeschwür").

In dieser mit einer Vielzahl von Synonymen angereicherten und im westlichen Europa von der lateinischen Sprache geprägten Form ging das medizinisch-naturkundliche Wissen der Antike auf die folgenden Jahrhunderte über, in deren Verlauf sich die Struktur der mehr oder weniger festgelegten Fachsprache wiederum entscheidend veränderte. Im Bereich der ausschließlich vom Lateinischen bestimmten mittelalterlichen Wissenschaft war dieser Wandel vor allem durch die seit dem 12. Jahrhundert geübte Übersetzertätigkeit bedingt. Denn bei der Rückübertragung der von den Arabern überlieferten antiken Texte ins Lateinische blieb — wie vordem bei der Übernahme der griechischen Literatur durch die Römer — eine Reihe unbekannter arabischer Bezeichnungen unübersetzt und wurde nur in lateinischen Buchstaben wiedergegeben, weshalb sich einige dieser arabischen „Fachwörter" z. T. bis heute erhalten haben. Darüberhinaus prägte der mittelalterliche Sprachgebrauch aber auch eine Vielzahl neuer lateinischer Begriffe (z. B. Clavicula = Schlüsselbein; Duodenum = Zwölffingerdarm; Retina = Netzhaut), die mehr oder minder den Regeln der lateinischen Grammatik entsprechen und nicht zuletzt in der Pharmazie einen wesentlichen Teil des Wortschatzes ausmachen (z. B. viele der Substantive auf -io oder der Adjektive auf -ivus). Die vor allem durch den Einfluß der arabischen Texte entstandene Verwirrung innerhalb der medizinisch-naturkundlichen Fachsprache, die nunmehr lateinische, griechische, arabische sowie mittlerweile auch volkssprachliche Namen beinhaltete und diese in einer Fülle von Synonymenverzeichnissen und Wörterlisten voneinander abzugrenzen suchte, begann sich erst im Zeitalter des Humanismus allmählich aufzuklären. Denn die Tatsache, daß man sich seitdem wieder den griechisch-lateinischen Originaltexten zuwandte und diese in ihrer ursprünglichen Gestalt wiederherzustellen trachtete, wirkte sich im Zusammenhang mit den seit Beginn der Neuzeit gemachten Entdeckungen nicht zuletzt entscheidend auf die Namensgebung in den betreffenden Wissenschaften aus. Auf der Basis gründlichen philologischen Wissens und neuer Erkenntnisse befreite man nämlich im 16. Jahrhundert nicht nur die wissenschaftliche Sprache weitgehend von fremdartigen Zusätzen, sondern legte damit zugleich das Fundament für die in der Folgezeit einsetzende sprachliche und sachliche Systematisierung der Medizin und Naturwissenschaften.

Wenn auch das Lateinische und Griechische als Sprache der Wissenschaft seitdem seine Vorrangstellung eingebüßt hat, so ist doch nicht zu übersehen, daß die meisten der heute verwendeten Fachausdrücke diesen Sprachen entstammen bzw. Neubildungen darstellen, d. h. erst aufgrund der vor allem im 18. und 19. Jahrhundert erfolgten Entdeckungen entstanden sind (z. B. Chlorophyll, Diakolation, Hämoglobin, Invertase, Oxygenium, Protoplasma, Rhodophyceae, Schizomycetes, Thrombozyten usw.). Dabei ist das griechisch-lateinische Vokabular, das ja in der Antike zunächst in erster Linie Umgangssprache war, für die Begriffsbildung spezifischer Fachausdrücke deshalb besonders geeignet, weil es einerseits Wortzusammensetzungen erlaubt, wie sie in dieser Länge nicht einmal im Deutschen möglich sind; im Gegensatz zur Anatomie, deren überwiegend lateinische Namensgebung — im 16. Jahrhundert begründet — heute internationalen Bestimmungen unterliegt, ist nicht zuletzt deshalb die Sprache der Pathologie hauptsächlich durch einen griechischen Wortschatz geprägt, da gerade auf diesem Gebiet vielteilige Ausdrücke vorherrschen, die es exakt zu erfassen gilt (z. B. Enzephalomyelitis, Hypoparathyreoidismus, Lymphogranulomatose, Hämangioendotheliom). Andererseits hat die bevorzugte Verwendung des Griechischen und Lateinischen ihren Grund darin, daß „tote" Sprachen ihren Wortsinn nicht mehr ändern und so den wechselnden Einflüssen auf die jeweilige Bedeutung entzogen sind. Es ist demnach verständlich, wenn man sich auch in anderen, vorwiegend den biologischen Wissenschaften der sprachlichen Mittel griechisch-lateinischer Wortelemente bedient, wobei sogar die sog. **Eponyme,** d. h. **Bezeichnungen nach Personennamen** meist nachträglich latinisiert werden (z. B. Einsteinium [nach dem Physiker Albert Einstein]; Rauwolfia [nach dem Arzt Leonhard Rauwolf]; Rhamnus purshiana [nach dem Botaniker Fr. Tr. Pursh]). So bestimmen die beiden alten Sprachen besonders in Medizin und Biologie nach wie vor die fachwissenschaftliche Begriffsbildung und werden auch heute noch in vielen Fällen herangezogen, wenn neue Entdeckungen zu benennen sind.

Zeigt dieser kurze Überblick die historisch-sprachlichen Bedingungen, denen die allgemeine Entwicklung der medizinisch-naturwissenschaftlichen und damit auch der pharmazeutischen Fachsprache unterworfen war, so lassen sich im speziellen Falle der Pharmazie auch sachliche Gründe nennen, die zur Ausbildung ihres so vielschichtigen Wortschatzes führten.

B. Sachliche Zusammensetzung

Die **Verschiedenartigkeit der pharmazeutischen Fachausdrücke** beruht im wesentlichen auf der **Uneinheitlichkeit der Pharmazie selbst,** die im Gegensatz zu inhaltlich festgelegten Wissenschaften wie Medizin, Botanik oder Chemie kein eindeutig abgrenzbares Gebiet darstellt. Vielmehr bezieht sie ihr sachliches und damit auch sprachliches Material aus denjenigen Wissenschaften, die ihren Gegenstand — das **Arzneimittel** — in seinen Eigenschaften als **Wirkstoff, Arzneiform** und **Heilmittel** näher bestimmen. Dazu gehören einmal die Chemie (von altägyptisch chemi = schwarz[e Erde] oder gr. chein = gießen bzw. chēmeia/chyma = [Metall-]Guß) und die Botanik (von gr. botanē = [Futter-]Gras, Weide), die in ihren Teilbereichen **Pharmazeutische Chemie** und **Pharmazeutische Biologie** für die Entwicklung und Untersuchung der Arzneistoffe zuständig sind; zum anderen die **Pharmazeutische Technologie** (von gr. technē = Kunst), die heute die ureigenste Aufgabe des Apothekers, die Verarbeitung der chemischen und pflanzlichen Grundstoffe zu bestimmten Arzneiformen, weitgehend übernommen hat; schließlich die Medizin (von lat. Medicina = Heilkunst), die durch die **Pharmakologie** und Pharmakotherapie unmittelbar mit der Pharmazie (von gr. pharmakon = [Gift], Heilmittel) verbunden ist. Doch hat auch die Pharmazie ihrerseits in Form der Arzneikunde gerade auf die Ausbildung der heutigen Botanik und Chemie maßgebend eingewirkt, da diese zunächst hauptsächlich der Arzneigewinnung dienten und sich erst im Laufe des 17. und 18. Jahrhunderts zu selbständigen Naturwissenschaften entwickelten.

So verwendete man jahrtausendelang als **Arzneistoff** — neben verschiedenen tierischen und mineralischen Drogen — vor allem Pflanzen, weshalb die **Botanik** bis zum Beginn der Neuzeit ausschließlich unter dem Aspekt der arzneilichen Nutzanwendung betrieben wurde. Ihr aus griechisch-lateinischen Namen bestehender Wortschatz, in den ebenfalls arabische Ausdrücke Eingang gefunden hatten, veränderte sich besonders im Zuge der großen Entdeckungsreisen, als eine Fülle neuer Pflanzen bekannt und damit teilweise die im jeweiligen Herkunftsland gebräuchlichen Bezeichnungen übernommen wurden. Diese sog. **Vernakular-Namen** (von lat. vernaculus = inländisch, einheimisch), die auch in der Pharmakognosie als Drogennamen eine Rolle spielen, werden im Gegensatz zu den botanischen Eponymen nicht immer latinisiert und sind deshalb meist an ihrer indeklinablen Form erkennbar (z. B. Bucco, Ginseng, Maté, Yohimbé). Daneben gab und gibt es eine unübersehbare Zahl an deutschen bzw. jeweils landessprachlichen, mehr oder minder volkstümlichen Pflanzen- und Drogennamen, die zwar in der pharmazeutischen Praxis gelegentlich noch erscheinen (z. B. Fliedertee, Mutterblätter, Zinnkraut), für die wissenschaftliche und international verbindliche Namensgebung in der Botanik jedoch ohne Belang sind.

Diese ist vielmehr auf der Basis des im 18. Jahrhundert entwickelten Bezeichnungssystems fast ausschließlich von den alten Sprachen geprägt, so daß heute auch neue Pflanzensippen noch griechisch-lateinisch benannt werden. — Hingegen besaß die **Chemie** — in Aegypten entstanden und später hauptsächlich von den Arabern in Form der Alchemie betrieben, überliefert und auch bezüglich der Namen erweitert — für die Arzneistoffgewinnung lange Zeit nur eine untergeordnete Bedeutung. Abgesehen von einzelnen arzneilich verwendeten Mineralien, wurden nämlich chemische Stoffe erst seit dem 16. Jahrhundert verstärkt zur Arzneibereitung herangezogen, wobei man griechische, lateinische, arabische, deutsche oder andere landessprachliche Bezeichnungen oftmals nebeneinander für ein und dieselbe Substanz benutzte. Mit der steigenden Zahl neu entdeckter Elemente, Stoffe und Verbindungen wuchs jedoch zugleich die Notwendigkeit einer exakten Benennung, so daß sich gegen Ende des 18. Jahrhunderts vornehmlich in Frankreich ein wissenschaftlich fundiertes Sach- und Namenssystem in der Chemie herauszubilden begann. Diese ersten Versuche ordneten und benannten die anorganischen Stoffe in Form einer Kunstsprache, da das überkommene griechisch-lateinische Vokabular für die Bildung neuer Begriffe oft nicht ausreichte; zudem war dessen Gebrauch erheblich durch die jeweilige Landessprache gefärbt, also vor allem in Frankreich und Deutschland sehr unterschiedlich — ein Umstand, der schon damals zu einer beträchtlichen Verwirrung führte und bis heute eine einheitliche Systematisierung der Arzneistoffe verhinderte. Gleichwohl wurden diese neugeschaffenen Bezeichnungen, mehr oder minder abgewandelt, schon bald von den Arzneibüchern und damit auch von der sich allmählich entwickelnden Pharmazeutischen Chemie übernommen; demnach hat sich das Lateinische heute nur noch in diesem Teilbereich der Angewandten Chemie erhalten (z. B. Acidum aceticum für Essigsäure; Natrium nitrosum für Natriumnitrit), während in allen anderen Gebieten die Stoffbezeichnungen landessprachlich bzw. durch Benennungssysteme eindeutig bestimmt sind. Neben diesen offizinellen, d. h. durch das Arzneibuch amtlich festgelegten lateinischen Bezeichnungen gab und gibt es — wie im Falle der Drogen — in der pharmazeutischen Praxis noch eine Fülle von Trivialnamen (z. B. Alumen, Karbolsäure, Hepar sulfuris, Lithargyrum, Minium, Natron, Stibium aurantiacum, Tartarus, Zyankali), Eponymen (z. B. Glaubersalz, Seignette-Salz) und volkstümlichen deutschen Namen (z. B. Hirschhornsalz, Höllenstein, Tonerde, Wasserglas), wozu in neuerer Zeit noch die Warenzeichen bzw. Spezialitätennamen kamen, die z. T. ebenfalls aus griechisch-lateinischen, mitunter sogar genormten Wortelementen zusammengesetzt sind, z. T. aber auch reine Phantasienamen darstellen (→ Abschnitt X).

Sind die botanischen und chemischen Bezeichnungen in der pharmazeutischen Fachsprache durch die jeweilige Stoffbezogenheit eines Arzneimittels bedingt, so gehört die Benennung der **Arzneiformen** und damit der Herstellungsverfahren sowie der Arbeitsgeräte zunächst dem Bereich der **Apotheke** an. Seitdem sich diese als selbständige Einrichtung, d. h. als Bereitungs-, Lager- und Abgabeort der Arzneimittel aus dem ärztlichen Aufgabenbereich gelöst hatte, erweiterte sich im Laufe der Zeit nicht nur der Arzneischatz, sondern auch die Zahl der

Arzneiformen, die ihrerseits auf der Grundlage des überlieferten Sprachgebrauchs entsprechend neue Namen erhielten (z. B. Essenz, Extrakt, Tinktur, Tablette, Dragée). Als sich im 19. Jahrhundert aus der Apotheke die pharmazeutische Industrie entwickelte und zunehmend die Arzneimittelherstellung übernahm, wandelte sich unter dem wachsenden Einfluß der Technik auch die alte „ars pharmaceutica" (Apothekerkunst) oder „Galenik" zu einem Spezialgebiet, dessen Wortschatz heute vorwiegend durch deutsche und nicht zuletzt englische Fachausdrücke bestimmt ist (→ Abschnitt XI).

Der Bezug der pharmazeutischen Fachsprache zur **Medizin** schließlich erklärt sich sachgemäß aus der **Funktion des Arzneimittels,** die gleichsam die Verbindung zwischen diesen beiden Bereichen darstellt. Während die Pharmazie vordem als Arzneikunde bis ins hohe Mittelalter mit der Medizin vereint und ihre Sprache demnach diejenige des Arztes war, ist die gegenseitige Verständigung heute im wesentlichen auf den gemeinsamen Gebrauch griechisch-lateinischer Ausdrücke beschränkt. Diese Basis erleichtert jedoch erheblich die Aneignung medizinischer Fachausdrücke, zumindest der pathologischen Bezeichnungen, die der Pharmazeut allein deshalb beherrschen muß, weil eine Beurteilung des pharmakologisch-therapeutischen Wertes eines Arzneimittels nur unter Berücksichtigung der medizinischen Zusammenhänge möglich ist (→ Abschnitt IX).

C. Terminologie und Nomenklatur

Sprachliche und sachliche Verschiedenartigkeit sowie historische Gegebenheiten bestimmen also die Zusammensetzung des äußerst umfangreichen pharmazeutischen Wortschatzes, den in seiner Gesamtheit die **Terminologie** erfaßt. Der Begriff leitet sich von dem lat. Wort „terminus" = Grenze ab; in der übertragenen Bedeutung versteht man unter einem **Terminus (technicus)** jedoch einen **Fachausdruck,** den man zur wissenschaftlichen Kennzeichnung von Einzeldingen, Vorgängen, Verfahren, Ergebnissen usw. verwendet. In Verbindung mit dem zweiten Wortbestandteil, dem das gr. logos = Wort, Rede zugrundeliegt, ergibt sich eine doppelte Bedeutung: Einmal bezeichnet der Begriff eine wissenschaftliche Fachsprache, d. h. die Gesamtheit aller in einem bestimmten Fachgebiet verwendeten und aus verschiedenen Wortarten bestehenden Ausdrücke und Namen, die als solche in die allgemeine Umgangssprache eingefügt und so zur jeweiligen Terminologie werden; zum anderen bezeichnet er die Lehre von ebendiesen Fachausdrücken, wie sie — soweit es die Termini griechisch-lateinischer Herkunft betrifft — auch Gegenstand des vorliegenden Buches ist. Im speziellen Falle läßt sich demnach die Definition in folgende einfache Formel fassen: **Pharmazeutische Terminologie = die Lehre von den pharmazeutischen Fachausdrücken** bzw. **die pharmazeutische Fachsprache** oder **die Fachsprache des Apothekers.**

Über diese jeweilige Terminologie hinaus verfügen vor allem die beschreibenden Wissenschaften aber noch über ein zusätzliches, genormtes Bezeichnungssystem, das überall dort Anwendung findet, wo es eine Vielzahl gleichartiger Dinge zu benennen und zu ordnen gilt. Ein solches Bezeichnungssystem, das die betreffenden Fachwörter klassifizierend erfaßt, nennt man **Nomenklatur.** Der Begriff leitet sich von dem lat. Wort „nomenclatura" (bzw. „nomenclatio") = Namenverzeichnis (bzw. Benennung, Namensgebung) ab; in der Wissenschaft handelt es sich dabei um ein nach strengen Regeln und von jeweils dafür eingesetzten Kommissionen festgelegtes, weitgehend einheitliches, möglichst den neuesten Erkenntnissen angepaßtes, international verbindliches und verständliches System von eindeutigen Fachnamen, die im Gegensatz zur Terminologie zunächst nicht in den Rahmen der Umgangssprache eingefügt, sondern isoliert als solche verwendet werden. Eine **Nomenklatur** ist somit ein **Teil** bzw. ein **Unterbegriff der jeweiligen Terminologie** und setzt nach den an sie gestellten Anforderungen eine wissenschaftliche Theorie bzw. eine vom Stoff her gegebene Möglichkeit zur Systematisierung voraus. Diese liegt außer in der Zoologie einmal in der **Botanik** vor, deren Nomenklatur das Pflanzenreich nach taxonomischen Gesichtspunkten ordnet und benennt (→ Abschnitt X), ferner in der **Chemie,** die zur Klassifizierung der anorganischen und organischen Stoffe heute sogar über mehrere Nomenklaturen unterschiedlicher Verbindlichkeit verfügt (→ Abschnitt X), und schließlich in der **Anatomie,** die zur begrifflichen Festlegung der einzelnen Organe und Körperteile ebenfalls eine international anerkannte und angewandte Nomenklatur besitzt. Die Definition läßt sich demnach in folgende einfache Formel fassen: **Nomenklatur = ein fachspezifisches künstliches Namensystem, das den Forderungen der Einheitlichkeit, Eindeutigkeit, internationalen Verständlichkeit und Verbindlichkeit genügen soll.** — Die Begriffe **Terminologie und Nomenklatur** sind also streng voneinander abzugrenzen, da ersterer eine mehr oder minder organisch gewachsene, zwar viele Einflüsse aufnehmende, doch nicht willkürlich veränderbare, uneinheitlich zusammengesetzte und unverbindliche **Fachsprache in Sätzen** bezeichnet, während letzterer ein künstlich geschaffenes, nach Bedarf veränderbares, meist einheitliches und allgemein gültiges, wissenschaftliches **Bezeichnungssystem von einzelnen Fachnamen** bzw. in der Chemie auch von Wort- und Zahlenfolgen bedeutet.

Gemäß dieser grundsätzlichen Definition verfügt die **Pharmazie** über **keine eigene Nomenklatur;** es ist daher streng genommen unrichtig, von einer „pharmazeutischen Nomenklatur" zu sprechen, womit man im allgemeinen das zwar spezifische, aber den diesbezüglichen Anforderungen nicht genügende „Apothekerlatein" bezeichnet. Denn obwohl auch die Pharmazie eine Vielzahl von — allerdings nur scheinbar gleichartigen — Dingen zu ordnen und zu benennen hat, nämlich die Arzneistoffe, verhinderte deren sachlich bedingte Uneinheitlichkeit sowohl eine zusammenfassende Theorie als auch eine allgemeine Systematisierung, so daß sämtliche bereits im 19. Jahrhundert wiederholt unternommenen Versuche, eine spezielle pharmazeutische Nomenklatur zu schaffen, bislang scheiterten. Gleichwohl kann die durch das jeweilige Arzneibuch amtlich festgelegte und damit gewissermaßen normierte Bezeichnungsweise der chemischen Arzneistoffe, Drogen und Arzneiformen als solche angesprochen werden, wobei der auch im Folgenden gelegentlich verwendete Begriff **Arzneibuchnomenklatur** allerdings weitgehenden Einschränkungen unterliegt. Denn da die Arzneibücher jeweils nur für einen nationalstaatlich begrenzten Raum maßgebend sind, ist einmal die an eine Nomenklatur zu stellende Forderung der internationalen Verbindlichkeit — wie man sie für Europa jetzt durch die Pharmacopoea Europaea anstrebt — noch nicht erfüllt. Zum anderen ist die allgemeine Verständlichkeit zumal der im deutschsprachigen Raum üblichen lateinischen Benennungen nicht gegeben, da die lateinische Arzneibuchnomenklatur romanischer (englischer) Prägung von der in Deutschland gebräuchlichen oft erheblich abweicht (z. B. Natrii sulfas anhydricus und Natrium sulfuricum siccatum). Schließlich verfügen die einzelnen Namen keineswegs über die ebenfalls geforderte Einheitlichkeit, da viele Monographien der Pharmakopöen, so auch des EuAB, zwei und mehr Namen für eine Substanz anführen (z. B. Ergocalciferolum, Ergocalciferol, Vitamin D_2, Calciferolum), wobei die lateinische Bezeichnung einer Droge oder eines chemischen Stoffes überdies nicht immer bzw. überhaupt nicht mit der durch die botanische bzw. chemische Nomenklatur festgelegten übereinstimmt (z. B. Radix Ratanhiae = Ratanhiawurzel, deren Stammpflanze jedoch Krameria triandra heißt; Barium sulfuricum = $BaSO_4$, das in der Chemie jedoch als Bariumsulfat bezeichnet wird). Trotzdem kommt der Arzneibuchnomenklatur besonders innerhalb der Apotheke (Rezeptur, Standgefäße, Arzneitaxe) große Bedeutung zu, da sie in erster Linie das eingangs angesprochene „Apothekerlatein" geprägt hat und — ungeachtet des sich vollziehenden Strukturwandels — auch heute z. T. noch bestimmt.

So ist die Fachsprache des Apothekers Bestandteil und Ergebnis einer langen Entwicklung, die zugleich die Geschichte der Pharmazie selbst darstellt und in deren Verlauf die vielfältigsten Elemente und Kräfte ihren Einfluß geltend gemacht haben. Demzufolge waren und sind die pharmazeutischen Fachausdrücke stets wechselnden Veränderungen unterworfen, die durch Übernahme von Fremdwörtern, Lehnübersetzungen, Ableitungen nach alten Vorbildern, griechisch-lateinische Neuschöpfungen und vor allem durch den Bedeutungswandel einzelner Wörter in Erscheinung treten. Wie umfassend und verschiedenartig sich dieser Prozeß vollzog und immer wieder vollzieht, bezeugt die Sprache deshalb am besten, weil sie einerseits durch die Praxis als überholt ausgeschiedene Begriffe über lange Zeiträume hinweg bewahrt und damit ständig auf Herkunft und Geschichte des jeweiligen Faches verweist; andererseits, weil sie sich schon aus praktischen Erfordernissen stets den veränderten Erkenntnissen anpassen bzw. deren Ergebnisse in ihren Wortschatz aufnehmen muß und damit den jeweils neuesten Stand der Entwicklung wiedergibt. Diese Eigenschaft, Tradition und Aktualität in gleicher Weise zu vergegenwärtigen, zeigt auch und gerade die pharmazeutische Terminologie.

ÜBUNG: Was versteht man unter Terminologie und Nomenklatur? Welche Wissenschaften besitzen eine eigene Nomenklatur? Was sind Synonyme, Homonyme, Metonyme und Eponyme? Aus welchen Sprachen und Sachgebieten setzt sich der pharmazeutische Wortschatz zusammen? Wodurch ist die Arzneibuchnomenklatur charakterisiert?

ABSCHNITT II

Grundlagen der lateinischen Grammatik

Die zum Verständnis der pharmazeutischen Terminologie notwendigen Grundlagen der lateinischen Grammatik betreffen einmal die Schreibweise der Fachwörter sowie ihre Aussprache und Betonung, deren Regeln in der folgenden Lautlehre zusammengefaßt sind; zum anderen die einzelnen Wortarten, grammatikalischen Fachausdrücke und Bildungsprinzipien der zusammengesetzten Bezeichnungen, die nachstehend ebenfalls aufgeführt und an einigen Beispielen erläutert werden.

A. Schreibweise und Lautlehre

I. Schreibweise

a) Im Lateinischen werden alle Wörter klein geschrieben mit Ausnahme der Eigennamen und deren Ableitungen sowie der am Satzanfang stehenden Wörter. Im pharmazeutisch-medizinischen Latein dagegen werden die **Substantive** im allgemeinen stets **groß, alle anderen Wortarten** (auch die von Orts- oder Ländernamen abgeleiteten Adjektive) **klein geschrieben.** Die Buchstaben sind die des (um J, W, Y, Z erweiterten) **lateinischen Alphabets,** wobei das zuweilen auftretende K fast immer auf griechischen Einfluß hinweist.

b) Daneben verwendet man — vor allem zur Bezeichnung chemischer Substanzen (z. B. α-Tokopherol, β-Phyllochinon, γ-Globulin) und physikalischer Meßgrößen (z. B. η für „Viskosität“, λ für „Wellenlänge“, ϱ für „Dichte“) — gelegentlich Buchstaben des **griechischen Alphabets,** dessen Schriftzeichen folgende Übersicht veranschaulichen soll:

Schriftzeichen Große	Kleine	Lautwert	Deutsche Schreibweise	Benennung
Α	α	a	a	alpha
Β	β	b	b	beta
Γ	γ	g	g (bzw. n vor g, ch, k, x)	gamma
Δ	δ	d	d	delta
Ε	ε	e [kurz]	e	epsilon
Ζ	ζ	z (ds)	z	zeta
Η	η	ē [lang wie ä]	e	eta
Θ	ϑ	th	th	theta
Ι	ι	i	i	jota
Κ	ϰ	k	k oder c oder z	kappa
Λ	λ	l	l	lambda
Μ	μ	m	m	my
Ν	ν	n	n	ny
Ξ	ξ	x (ks)	x	xi
Ο	ο	o [kurz]	o	omikron

Schriftzeichen Große	Kleine	Lautwert	Deutsche Schreibweise	Benennung
Π	π	p	p	pi
Ρ	ϱ	r	r (bzw. rh)	rho
Σ	σ, ς	s	s	sigma
Τ	τ	t	t	tau
Υ	υ	y (ü)	y (bzw. ū bei ου = ou)	ypsilon
Φ	φ	ph (f)	ph oder f	phi
Χ	χ	ch	ch	chi
Ψ	ψ	ps	ps	psi
Ω	ω	ō [lang]	o	omega

II. Aussprache

a) Vokale oder Selbstlaute: a, e, i, o, u, (y)

Jeder **Vokal** kann entweder **lang** (—) **oder kurz** (′) sein und wird dementsprechend durch die Aussprache unterschieden, z. B. Bārium, aber Cálcium; ūva, aber Cúrcuma.

Zwei aufeinanderfolgende Vokale (vor allem -ie-) bzw. alle durch die Endung bedingten Doppelvokale werden **getrennt ausgesprochen,** z. B. Copaiva wie Copa-iva; leniens wie leni-ens; Oleum wie Ole-um; purpureus wie purpure-us; Species wie Speci-es; Tracheitis wie Trache-itis.

Der Vokal **y** wird als Anlaut wie **j** und als Inlaut wie **ü** ausgesprochen (sofern er nicht zwischen zwei Vokalen steht), z. B. Yohimbin wie Johimbin; Phenyl- wie Phen**ül**-.

b) Diphthonge oder Doppellaute: ae [ä], oe [ö], au, eu

Alle **Diphthonge** sind **lang** und werden als solche ausgesprochen, wobei die griechischen Doppellaute ai, oi und ei im Lateinischen als ae, oe und i bzw. e erscheinen, z. B. Hāēmolyse; Fōēniculum; āūreus; Lēūkämie.

Gelegentlich ist jeder Laut getrennt auszusprechen, was allerdings nur selten durch ein sog. Trema oder Trennungszeichen über dem zweiten Vokal (¨) angedeutet wird, z. B. Aloë wie Alo-e; Benzoë wie Benzo-e.

c) Konsonanten oder Mitlaute:

Halbvokale:	**i = j, v/u = w**	Verschlußlaute:	
Hauchlaut:	**h**	Lippenlaute:	**b, p, ph**
Fließlaute:	**l, r**	Zahnlaute:	**d, t, th**
Reibelaute:	**f, s**	Gaumenlaute:	**g, k, c, q, ch**
Nasenlaute:	**m, n**		

Einige dieser Konsonanten werden — meist entgegen dem klassischen Gebrauch — heute folgendermaßen ausgesprochen:

1. Der Buchstabe **c** wird vor dunklen Lauten (a, o, u, ai, au) und Konsonanten wie **k,** vor hellen Lauten (e, i, y, ae, oe, eu) dagegen wie **z** ausgesprochen, auch bei Wörtern griechischer Herkunft, z. B. Cocainum wie

Kokainum; Cuprum wie Kuprum; Tinctura wie Tinktura; dagegen Acidum wie Azidum; Cystis wie Züstis; silicicus wie silizikus.

2. Der Buchstabe t wird in der Verbindung **-ti-** vor Vokalen wie **-zi-** ausgesprochen, jedoch nicht bei vorausgehendem s, z. B. Essentia wie Essenzia; factitius wie factizius; Lotio wie Lozio; aber Combustio, Nastien.
3. Der Buchstabe **i** wird zwischen zwei Vokalen und als Anlaut vor einem Vokal wie **j** ausgesprochen (und oft auch geschrieben), z. B. maius wie majus; Ion wie Jon (eigentlich I-on).
4. Der Buchstabe s wird in der Verbindung **-sch-** vor Vokalen **getrennt** ausgesprochen, z. B. Schizomycetes wie S-chizomyzetes; Schoenoprasum wie S-choenoprasum.
5. Der Buchstabe u wird in den Verbindungen **-ngu-, -qu-** und **-su-** vor Vokalen wie **-ngw-, -qw-** (-kw-) und **-sw-** ausgesprochen, z. B. Unguentum wie Ungwentum; Aqua wie Akwa; suillus wie swillus.
6. Der Buchstabe **v** wird wie **w** ausgesprochen, z. B. Vaselinum wie Waselinum; flavus wie flawus; Vincetoxicum wie Winzetoxikum.

III. Betonung

a) Im Lateinischen wird nie die letzte Silbe betont, so daß bei **zweisilbigen Wörtern** die Betonung auf der **ersten Silbe** liegt, z. B. albus, Color, Herba, Radix.

b) Andererseits geht bei mehrsilbigen Wörtern die Betonung nie über die drittletzte Silbe zurück, z. B. Emulsio, daher Emulsiones; Musculus, daher Musculorum; Pilula, daher Pilularum.

c) Bei **drei- und mehrsilbigen Wörtern** richtet sich die Betonung nach der Länge oder Kürze (Quantität) der vorletzten Silbe: Ist diese lang, so wird die **vorletzte Silbe** betont; ist diese kurz, so wird die **drittletzte Silbe** betont. Dazu sind folgende Regeln zu beachten:

1. Eine **Silbe** gilt als **lang,** wenn **„Naturlänge"** vorliegt, d. h. wenn sie einen von Natur aus langen Vokal oder einen Diphthong enthält, z. B. amārus, Anisum, Cratāēgus, Tinctūra. Eine **Silbe** gilt ferner als **lang,** wenn **„Positionslänge"** vorliegt, d. h. wenn auf einen kurzen Vokal zwei oder mehr Konsonanten bzw. die Doppelkonsonanten x (ks) und z (ds) folgen, wobei die Silbe trotz ihrer Betonung kurz gesprochen wird, z. B. compléxus, Genísta, Liniméntum, Orýza. In diesen Fällen wird also stets die **vorletzte Silbe betont.**
2. Eine **Silbe** gilt als **kurz,** wenn ein **Verschlußlaut** (b, p, d, t, g, k, c, q, ch, ph, th) **vor einem Fließlaut** (l, r) steht, z. B. Cerébrum, multíplex. Eine **Silbe** gilt ferner als **kurz,** wenn ein **Vokal vor einem anderen Vokal** (außer Diphthong) steht, d. h. wenn die vorletzte Silbe mit einem Vokal endet und die letzte Silbe mit einem Vokal beginnt, z. B. Balnéum, Rosacéae (meist aber Rosacéae wie im Deutschen!), Salvía, veterinaríus. In diesen Fällen wird also stets die **drittletzte Silbe betont.**

Diese Betonungsregel gilt m. E. auch für latinisierte **Lehnwörter aus dem Griechischen,** ausgenommen solche mit den ursprünglichen Diphthongen ai und ei, z. B. Artería, gr. arteria; Paeonía, gr. paionia; Anatomía, gr. anatomia (im Deutschen aber — wie im Griechischen — Anatomie); Pharmakología, gr. pharmakologia (im Deutschen aber Pharmakologie); dagegen Althāēa, gr. althaia; Trachēa, gr. tracheia.

B. Wortarten und grammatikalische Fachausdrücke

I. Deklinierbare Wörter

a) Substantiv oder Hauptwort

Die Substantive bestehen in der Regel aus Wortstamm und Endung (z. B. Herb-a), wobei der Stamm die Bedeutung des Wortes beinhaltet, während die Endung Numerus, Genus (mit Ausnahmen), Kasus und die jeweilige Zugehörigkeit des Wortes zu einer der fünf Deklinationen (mit Ausnahmen) anzeigt:

1. Numerus oder Zahl

Man unterscheidet: **Singular** oder Einzahl, z. B. Herba = das Kraut
Plural oder Mehrzahl, z. B. Herbae = die Kräuter

2. Genus oder Geschlecht

Man unterscheidet: **masculinum** (m.) oder männliches Geschlecht, z. B. Sirupus = der Sirup
femininum (f.) oder weibliches Geschlecht, z. B. Tinctura = die Tinktur
neutrum (n.) oder sächliches Geschlecht, z. B. Folium = das Blatt

Während im Deutschen das Geschlecht durch den bestimmten oder unbestimmten Artikel (Geschlechtswort) angezeigt wird, gibt es im Lateinischen keinen Artikel; so kann z. B. „Herba" entweder „das Kraut" oder „ein Kraut" oder auch nur „Kraut" heißen. Deshalb ist im Lateinischen das Geschlecht eines Wortes (meist) nur an der jeweiligen Endung zu erkennen, wobei alle Namen von Bäumen, Ländern, Inseln und Städten — ungeachtet der Endung — weiblichen Geschlechts sind.

3. Kasus oder Fall

Man unterscheidet: **Nominativ** oder 1. Fall: Wer oder Was?
Genitiv oder 2. Fall: Wessen?
Dativ oder 3. Fall: Wem?
Akkusativ oder 4. Fall: Wen oder Was?
Vokativ oder 5. Fall: Anrede einer Person
Ablativ oder 6. Fall: Womit? Wodurch? Wovon?

Von diesen insgesamt sechs Fällen kommen im pharmazeutischen Fachlatein der Vokativ und Dativ überhaupt nicht, der Akkusativ und Ablativ relativ selten bzw. meist nur in Verbindung mit bestimmten Präpositionen vor. Deshalb werden im Folgenden lediglich die jeweiligen Nominativ- und Genitivformen der einzelnen Fachwörter bzw. Deklinationen berücksichtigt, die — wie die übrigen Fälle — durch Beugung (Flexion) entstehen.

4. **Deklination oder Beugung**

Man unterscheidet bei den Substantiven insgesamt fünf Deklinationen und zwar nach dem jeweiligen Stammauslaut, den man durch Abstreichen der Endung im Genitiv Plural erhält:

Erste oder **a- Deklination,** z. B. Herba-rum
Zweite oder **o- Deklination,** z. B. Folio-rum
Dritte oder **konsonantische und i- Deklination,** z. B. Radic-um bzw. Febri-um
Vierte oder **u- Deklination,** z. B. Fructu-um
Fünfte oder **e- Deklination,** z. B. Specie-rum

Dabei enden im **Nominativ Singular** die Substantive der **a-Deklination** auf **-a** und sind ausnahmslos **Feminina.** Die Substantive der **o-Deklination** enden einmal auf **-us** (und -er) und sind dann — mit einigen Ausnahmen — **Masculina;** zum anderen auf **-um** und sind dann ausnahmslos **Neutra.** Die Substantive der sehr formenreichen **konsonantischen und i-Deklination** enden einmal auf **-er, -es, -or, -os** und sind dann — mit Ausnahmen — **Masculina;** zum anderen auf **-is, -o, -s, -x** und sind dann — mit Ausnahmen — **Feminina;** schließlich auf **-c, -e, -l, -ma, -men, -t, -ur, -us** und sind dann — mit Ausnahmen — **Neutra.** Die Substantive der **u-Deklination** enden auf **-us** (bzw. -u) und sind hauptsächlich **Masculina** (bzw. Neutra). Die Substantive der **e-Deklination** enden auf **-es** und sind fast ausnahmslos **Feminina.**

b) **Adjektiv oder Eigenschaftswort**

Die Adjektive richten sich als Attribut (Beiwort) in Genus, Kasus und Numerus stets nach dem Substantiv, zu dem sie gehören, wobei jedoch die jeweiligen Endungen nicht übereinstimmen müssen. Man unterscheidet:

1. **Adjektive der a- bzw. o-Deklination,** die wie die Substantive dieser Deklinationen gebeugt werden und dementsprechend auf **-us** bzw. -er (m.), **-a** (f.) und **-um** (n.) enden. Dazu gehören auch die Verbaladjektive, die sich vom Partizip Perfekt eines Verbums ableiten und ebenfalls auf -us, -a, -um enden (z. B. concisus, -a, -um; depuratus, -a, -um; mixtus, -a, -um), sowie die Gerundivform eines Verbums (z. B. [Remedia] Separanda = „abzutrennende" d. h. gesondert aufzubewahrende Mittel).
2. **Adjektive der konsonantischen und i-Deklination,** die wie die Substantive dieser Deklination gebeugt werden, jedoch stets im Ablativ Singular auf -i, im Genitiv Plural auf -ium und im Nominativ/Akkusativ Plural des Neutrums auf -ia enden; sie lassen sich nach ihrer jeweiligen Endung im Nominativ Singular in folgende drei Gruppen einteilen:

1) **Adjektive mit drei verschiedenen Endungen,** die auf **-er** (m.), **-is** (f.) und **-e** (n.) enden, z. B. acer, acris, acre.
2) **Adjektive mit zwei verschiedenen Endungen,** die auf **-is** (m. und f.) und **-e** (n.) enden, z. B. officinalis, officinale.
3) **Adjektive mit nur einer Endung,** die auf **-s oder -x** (m., f., n.) enden, z. B. simplex. Dabei stellen die Adjektive auf -ans, -ens und -iens (nt-Stämme) meist Verbaladjektive dar, die vom Partizip Praesens eines Verbums abgeleitet sind, z. B. conservans (von conservare); adstringens (von adstringere); leniens (von lenire).

Sämtliche Adjektive, die zunächst in der Grundstufe (Positiv) vorliegen, können gesteigert werden und zwar nach folgenden Regeln:

1. Die **erste Steigerungs- oder Vergleichsstufe (Komparativ)** folgt in der Beugung der dritten Deklination und wird durch die Endungen **-ior** (m., f.) und **-ius** (n.) ausgedrückt. Die Form des Komparativs ist im pharmazeutischen Fachlatein äußerst selten, in der anatomischen und botanischen Nomenklatur dagegen relativ häufig vertreten, z. B. Facies inferior; Fraxinus excelsior.
2. Die **zweite Steigerungs- oder Höchststufe (Superlativ)** folgt in der Beugung der ersten bzw. zweiten Deklination und wird durch die Endungen **-issimus** (m.), **-issima** (f.), **-issimum** (n.) ausgedrückt; bei den Adjektiven auf -er im Nominativ Singular des Masculinums lauten die Superlativ-Endungen entsprechend -errimus, -errima, -errimum.

Folgende in der Pharmazie gebräuchlichen Fachwörter und ihre Steigerungsstufen sind besonders zu beachten:

acer — acrior/acrius — acerrimus = scharf — schärfer — sehr scharf
albus — albior/albius — albissimus = weiß — weißer — sehr weiß
fortis — fortior/fortius — fortissimus = stark — stärker — sehr stark
levis — levior/levius — levissimus = leicht — leichter — sehr leicht
purus — purior/purius — purissimus = rein — reiner — sehr rein
subtilis — subtilior/subtilius — subtilissimus = fein — feiner — sehr fein

Ausnahmen mit unregelmäßiger Steigerung

bonus — melior/melius — optimus = gut — besser — sehr gut, am besten
magnus — maior/maius — maximus = groß — größer — sehr groß, am größten
parvus — minor/minus — minimus = klein — kleiner — sehr klein, am kleinsten

c) **Numerale oder Zahlwort**

Die Numeralia, die nur zu einem geringen Teil deklinierbar sind und dann wie Adjektive behandelt werden, gliedern sich in:

Cardinalia oder Grundzahlen: eins, zwei, drei usw.

Ordinalia oder Ordnungszahlen: der/die/das erste, zweite, dritte usw.

Distributiva oder Verteilungszahlen: je ein, je zwei, je drei usw.
Multiplicativa oder Vervielfältigungszahlen: einfach, zweif., dreif. usw.
Zahladverbia: einmal, zweimal, dreimal usw.

Folgende Übersicht soll die lateinischen Zahlzeichen und -wörter (in Auswahl) sowie griechische Zahlbezeichnungen, denen vor allem in der chemischen Nomenklatur Bedeutung zukommt, veranschaulichen:

Lateinische Zahlwörter

Zahlzeichen arab.	lat.	Cardinalia	Ordinalia	Distributiva	Multiplicativa	Zahladverbia
1	I	unus, -a, -um	primus, -a, -um	singuli, -ae, -a	simplex, -icis	semel
2	II	duo, duae, duo	secundus	bini	duplex	bis
3	III	tres, tres, tria	tertius	terni	triplex	ter
4	IV	quattuor	quartus	quaterni	quadruplex	quater
5	V	quinque	quintus	quini	quincuplex	quinquies
6	VI	sex	sextus			
7	VII	septem	septimus			
8	VIII	octo	octavus			
9	IX	novem	nonus			
10	X	decem	decimus			decies
50	L	quinquaginta				
100	C	centum	centesimus			centies
500	D	quingenti, -ae, -a				
1000	M	mille	millesimus			

Griechische Zahlwörter

Zahlzeichen arab.	Cardinalia	Ordinalia	Multiplicativa
1	heis → [mono-]	prōtos	haplūs → haplo-
2	dyo → di-	deuteros	diplūs → diplo-
3	treis → tri-	tritos	triplūs → triplo-
4	tettares → tetra-		
5	pente → penta-		
6	hex → hexa-		
7	hepta		
8	okto		
9	ennea		
10	deka		
11	hendeka		
12	dōdeka		

II. Konjugierbare Wörter

Die **Verben (Zeit- oder Tätigkeitswörter),** die im pharmazeutischen Fachlatein nur auf den Rezepten erscheinen, drücken durch ihre jeweilige Endung die Zugehörigkeit zu einer der vier Konjugationen aus sowie das Genus Verbi (Aktiv oder Passiv), das Tempus (z. B. Präsens), den Modus (Indikativ, Konjunktiv, Imperativ), den Numerus (Singular oder Plural), die Person (erste, zweite oder dritte Person) oder eine der Nominalformen (Infinitiv oder Partizip). Davon sind besonders zu beachten:

a) **Imperativ oder Befehlsform** in der zweiten Person Singular, der vor allem bei folgenden Verben angewandt wird:

addere = hinzufügen	add**e** = füge hinzu!
conspergere = bestreuen	consperg**e** = bestreue!
contundere = zerstoßen	contund**e** = zerstoße!
dare = geben	d**a** = gib!
dividere = teilen	divid**e** = teile!
miscere = mischen	misc**e** = mische!
recipere = nehmen	recip**e** = nimm!
signare = bezeichnen	sign**a** = bezeichne!
solvere = lösen	solv**e** = löse!
sterilisare = sterilisieren	sterilis**a** = sterilisiere!

b) **Konjunktiv oder Gebots- bzw. Wunschform** in der dritten Person Singular oder Plural des Präsens, der vor allem bei folgenden Verben angewandt wird:

dare = geben	d**e**(n)t**ur** = es soll(en) gegeben werden
facere = machen	fi**a**(n)t = es soll(en) entstehen [gemacht werden]
recipere = nehmen	recipi**a**(n)t**ur** = es soll(en) genommen werden
(re)iterare = wiederholen	(re)iter**e**t**ur** = es darf wiederholt werden
repetere = wiederholen	repet**a**t**ur** = es darf wiederholt werden

c) **Partizip oder Mittelwort,** das sprachlich zwischen einem Verbum und einem Adjektiv steht und wie letzteres dekliniert wird. Dabei ist zu beachten, daß das Partizip in zwei Formen — **Präsens Aktiv** und **Perfekt Passiv** — auftreten kann und entsprechend nach der konsonantischen bzw. nach der a- und o-Deklination gebeugt wird, z. B.

solvere = lösen — **solvens** = lösend — **solutus** = gelöst

III. Unflektierbare Wörter

a) Adverb oder Umstandswort

Die Adverbien sind meist von einem Adjektiv abgeleitet und bezeichnen in Verbindung mit dem Partizip eines Verbums die Art und Weise einer Tätigkeit; sie werden nach folgenden Regeln gebildet:

1. Bei den **Adjektiven der a- bzw. o-Deklination** und bei allen **Superlativformen** durch die Endung **-e,** z. B. grossus — gross**e**; subtilissimus — subtilissim**e.**

2. Bei den **Adjektiven der konsonantischen und i-Deklination** durch die Endung **-iter** (bzw. bei den Adjektiven mit Wortstämmen auf -nt durch die Endung **-er**), z. B. subtilis — subtil**iter;** recens — recen**ter.**

Daneben gibt es noch einige unregelmäßig gebildete Adverbien, von denen besonders zu beachten sind:

cito = schnell; gratis = umsonst; minutim = stückweise; noctu = nachts; quantum = wieviel; satis = genügend; statim = sogleich; subito = plötzlich.

b) Konjunktion oder Bindewort

Von den Konjunktionen, die im pharmazeutischen Fachlatein kaum auftreten, sind zu beachten:

et = und; aut, seu, sive, vel = oder; ut = damit, so daß; ne = damit nicht.

c) Präposition oder Verhältniswort

Von den Präpositionen, die in der Regel vor dem zugehörigen Substantiv stehen und dieses entweder in den Akkusativ oder in den Ablativ setzen, sind besonders zu beachten:

1. Präpositionen, die den Akkusativ regieren:

ad = (bis) zu	z. B. ad libitum, ad manus medici, ad scatulam, ad usum externum
ante = vor	z. B. ante cenam
contra = gegen	z. B. Linimentum contra Scabiem, Spiritus contra Perniones
intra = innerhalb	z. B. intra venam, intra musculum
per = durch	z. B. per os, per anum
post = nach	z. B. post cenam

2. Präpositionen, die den Ablativ regieren:

cum = mit	z. B. Radix Taraxaci cum Herba, cum formula, cum penicillo, c. Th. [cum Theophyllino]
e(x) = aus	z. B. e baccis, e ligno, e semine, e vino
in = in	z. B. in fasciculis, in bacillis, in situ, in vitro, in vivo
pro = für	z. B. pro analysi, pro die, pro dosi, pro infantibus, pro me, Aether pro narcosi
sine = ohne	z. B. sine vitro, Fructus Phaseoli sine semine, s. N. [sine Neomycino]

C. Bildungsprinzipien zusammengesetzter Bezeichnungen

I. Substantivische Namensbildung

Die lateinische Bildung zusammengesetzter Bezeichnungen weicht von der deutschen insofern ab, als die zusammengehörigen Substantive im Lateinischen getrennt werden, z. B. im Deutschen: Kamillenblüten; im Lateinischen: Die Blüten der Kamille. Dabei steht **das erste Wort** — also der jeweils verwendete Pflanzenteil, die chemische Substanz oder die Zubereitungsform — stets **im Nominativ Singular oder Plural,** während **das zweite Wort** — also der Stoff, aus dem die jeweilige Arznei gewonnen wurde — **im Genitiv Singular oder Plural** erscheint,

z. B. Alcoholes Lanae = Wollwachsalkohole; Aqua Rosae = Rosenwasser; Cortex Chinae = Chinarinde; Extractum Gentianae = Enzianextrakt; Folia Rosmarini = Rosmarinblätter; Fructus Carvi = Kümmel(früchte); Gelatina Zinci = Zinkgelatine; Herba Chelidonii = Schöllkraut; Lignum Guajaci = Guajakholz; Oleum Olivarum = Olivenöl; Radix Levistici = Liebstöckelwurzel; Saccharum Lactis = Milchzucker; Semen Lini = Leinsamen; Sirupus Althaeae = Eibischsirup; Solutio Formaldehydi = Formaldehydlösung; Spiritus Lavandulae = Lavendelspiritus; Strobuli Lupuli = Hopfenzapfen; Tinctura Valerianae = Baldriantinktur; Unguentum Glycerini = Glyzerinsalbe. — Ferner kann das zweite Substantiv auch ein **Eigenname (Eponym)** sein, z. B. Decoctum Zittmanni = Zittmannsche Abkochung; Potio Riverii = Rivierescher Trank; Pulvis Doveri = Doversches Pulver.

II. Adjektivische Namensbildung

Bei der Bildung zusammengesetzter Bezeichnungen — vor allem in der botanischen und Arzneibuch-Nomenklatur — kann **statt eines zweiten Substantivs** auch **ein** (oder mehrere) **Adjektiv** verwendet werden, **das in Genus, Kasus und Numerus immer mit dem Bezugswort übereinstimmen muß,**

z. B. Acid**um** nitric**um** fumans = rauchende Salpetersäure; Adeps suill**us** = Schweineschmalz; Aeth**er** chlorat**us** = Aethylchlorid; Amygdal**ae** dulc**es** = süße Mandeln; Arnic**a** montan**a** = Arnika (Bergwohlverleih); Atropin**um** sulfuric**um** = Atropinsulfat; Balsam**um** canadens**e** = Kanadabalsam; Bol**us** [f.!] alb**a** = weißer Ton; Calcari**a** ust**a** = gebrannter Kalk; Capsul**ae** gelatinos**ae** = Gelatinekapseln; Cer**a** flav**a** = gelbes Wachs; Emplastr**um** adhaesiv**um** = Heftpflaster; Ferr**um** pulverat**um** = Eisenpulver; Gossypi**um** depurat**um** = gereinigte Baumwolle; Hydrargyr**um** praecipitat**um** alb**um** = weißes Quecksilberpräzipitat; Kali**um** carbonic**um** = Kaliumcarbonat; Liniment**um** saponato-camphorat**um** = Seifen-Kampferliniment (Opodeldok); Mixtur**a** solvens = lösende Mixtur; Natri**um** acetic**um** = Natriumacetat; Pulv**is** sternutatori**us** = Schnupfpulver; Sal carolin**um** factiti**um** = künstliches Karlsbader Salz; Sambuc**us** [f.!] nigr**a** = schwarzer Holunder; Sap**o** medicat**us** = medizinische Seife; Sirup**us** simpl**ex** = einfacher Sirup; Speci**es** laxant**es** = abführender Tee; Spirit**us** dilut**us** = verdünnter Spiritus; Tinctur**a** amar**a** = bittere Tinktur; Unguent**um** emulsific**ans** = emulgierende Salbe; Zinc**um** oxydat**um** = Zinkoxid.

Ferner können **zu** einer aus **zwei Substantiven** gebildeten Bezeichnung noch ein oder mehrere **Adjektive** hinzutreten, **die ebenfalls mit dem Bezugswort in Genus, Kasus und Numerus übereinstimmen müssen.** Dabei ist zu beachten, ob es sich um einen **zwei- oder dreiteiligen Ausdruck** handelt und zu welchem Bezugswort das jeweilige Adjektiv gehört:

Zweiteilige Bezeichnungen: Aqua Amygdal**arum** amar**arum** = Bittermandelwasser; Cortex Cinnamom**i** ceylanic**i** = Ceylonzimtrinde; Gelatina Zinc**i** oxydat**i** = Zinkoxidgelatine; Herba Trifoli**i** fibrin**i** = Fieberkleekraut; Lignum Santal**i** rubr**i** = rotes Sandelholz; Liquor Kali caustic**i** = Ätzkalilauge; Mucilago Gummi arabic**i** = Arabisches-Gummischleim; Liquor Aluminii acetico-tartaric**i** = Aluminiumacetat-tartrat-Lösung; Pastilli Menth**ae** piperit**ae** = Pfefferminzpastillen; Spiritus Vin**i** gallic**i** = Franzbranntwein; Tinctura As**ae** foetid**ae** = Stinkasanttinktur; Unguentum Acid**i** boric**i** = Bor(säure)salbe.

Dreiteilige Bezeichnungen: Carb**o** Ossium depurat**us** = gereinigte Knochenkohle; Extract**um** Liquiritiae spiss**um** = dickflüssiger Süßholzextrakt; Glandul**ae** Thyreoideae siccat**ae** = getrocknete Schilddrüsen; Herb**a** Convallariae majalis recen**s** = frisches Maiglöckchenkraut; Liqu**or** Ammonii anisat**us** = anisölhaltige Ammoniakflüssigkeit; Loti**o** Zinci oxydati spirituos**a** = spiritushaltige Zinkoxidlotion; Ole**um** Terebinthinae rectificat**um** = rektifiziertes Terpentinöl; Past**a** Zinci moll**is** = weiche Zinkpaste; Pulp**a** Tamarindorum crud**a** = rohes Tamarindenmus; Soluti**o** Hydrogenii peroxydati concentrat**a** = konzentrierte Wasserstoffperoxidlösung; Tinctur**a** Rhei composit**a** = zusammengesetzte Rhabarbertinktur; Unguent**um** Alcoholum Lanae aquos**um** = wasserhaltige Wollwachsalkoholsalbe.

Schließlich kann eine zusammengesetzte Bezeichnung noch durch ein **Adverb** oder durch eine **sonstige nähere Angabe** ergänzt werden,

z. B. Carb**o** medicinal**is** subtiliter pulverat**us** = fein gepulverte medizinische Kohle; Flores Primulae sine Calicibus = Schlüsselblumenblüten ohne Hüllkelche; Foli**a** Melissae grosse pulverat**a** = grob gepulverte Melissenblätter; Hydrargyr**um** chlorat**um** vapore (bzw. via humida) parat**um** = durch Dampf (bzw. auf feuchtem Wege) bereitetes Quecksilber(I)-chlorid; Mel rosat**um** cum Borace = Rosenhonig mit Borax; Rhizoma Iridis pro infantibus = „Veilchen"-wurzelstock für Kinder; Sulfur in baculis = Schwefel in Stangen.

III. Bindevokale, Präfixe und Suffixe in zusammengesetzten Wörtern (Komposita)

a) Bindevokale

Wörter, die **aus zwei lateinischen Wörtern** zusammengesetzt sind, enthalten meist den Bindevokal **-i-** (gelegentlich auch -o-), z. B. fungizid = pilzvernichtend (aus: Fungus und caedere bzw. -zid); longifolius = langblättrig (aus: longus und Folium); somnifer = schlafbringend (aus: Somnus und ferre bzw. -fer).

Wörter, die **aus zwei griechischen Wörtern** oder aus einem griechischen und einem lateinischen Wort zusammengesetzt sind, enthalten den Bindevokal **-o-,** z. B. Gymn**o**spermae = „Nacktsamer" (aus: gymnos und sperma); kanzer**o**gen = krebserzeugend (aus: Cancer und -genēs); macr**o**phyllus = großblättrig (aus: makros und phyllon); spasm**o**lyticus = krampflösend (aus: spasmos und -lytikos); ur**o**genital = Harn- und Geschlechtsorgane betreffend (aus: ūron und genitalis).

b) Präfixe oder Vorsilben (→ Abschnitt VIII)

Bei den Präfixen (lat. prae-fixum = „das Vor-geheftete") handelt es sich — mit einigen Ausnahmen — um **griechische oder lateinische Präpositionen, die einem Wort bzw. Wortstamm vorangestellt werden** und dadurch dessen ursprünglichen Sinn mehr oder minder entscheidend verändern. So drücken z. B. die griechischen Vorsilben a(n)- und dys- eine „Verneinung" bzw. eine „Störung" aus, während etwa die griechischen Präpositionen hyper und hypo auf eine „Über"- bzw. „Unter"-Funktion hinweisen. Desgleichen drücken z. B. die lateinischen Vorsilben bi- und di(s)- eine „Verdoppelung" bzw. eine „Trennung" aus, während etwa die lateinischen Präpositionen contra und pro die Bedeutung „gegen" bzw. „vor, für" besitzen. Dabei ist zu beachten, daß manche dieser Präpositionen in zusammengesetzten Wörtern von ihrer ursprünglichen Bedeutung abweichen: So drücken z. B. die lateinischen Präpositionen cum (= zusammen, mit) oder per (= durch, hindurch) oft nur eine „Verstärkung" aus, während in (= in, hinein) als Präfix auch eine „Verneinung" anzeigen kann. Schließlich sei darauf hingewiesen, daß bei Wortzusammensetzungen mit Präpositionen bzw. Präfixen aufeinanderstoßende Konsonanten oft assimiliert, d. h. angeglichen werden, z. B. affinis aus ad-finis; collateralis aus cum-/con-lateralis; Diffusio aus Dis-fusio; immaturus aus in-maturus; Suppositorium aus Sub-positorium, bzw. einer der beiden Konsonanten ausgeschieden (eliminiert) wird, z. B. Kohäsion von Conhaesio; Digestivum von Disgestivum. Andererseits werden aufeinanderstoßende Vokale gelegentlich durch einen eingefügten Konsonanten miteinander verbunden, z. B. A-aemie zu Anaemie; de-odorans zu desodorans, bzw wird einer der beiden Vokale ausgeschieden (außer bei amphi-, hemi-, peri-, pro-), z. B. Anti-agonismus zu Antagonismus; Hypo-aesthesie zu Hypaesthesie; Kata-ion zu Kation; aber z. B. Periostitis.

c) Suffixe oder Silbenanhänge (→ Abschnitt VII und X)

Bei den Suffixen (lat. sub-fixum = „das An-geheftete") handelt es sich um bestimmte **griechische oder lateinische Silbenanhänge oder Auslautgruppen, die** — mit einer Flexionssilbe versehen — entweder einem bereits vorangegangenen Suffix oder unmittelbar **einem Wortstamm angehängt werden** und dadurch das jeweilige Substantiv, Adjektiv oder Verbum näher charakterisieren bzw. in seinem ursprünglichen Sinn verändern. So drücken z. B. die griechischen (bzw. lateinischen) Suffixe -itis und -oideus eine „entzündliche Erkrankung" bzw. eine „Ähnlichkeit" aus, während etwa die lateinischen Suffixe -culus, -ellus, -illus, -olus, -ulus auf ein Diminutiv (Verkleinerungsform) hinweisen. Desgleichen drücken z. B. die lateinischen Suffixe -aris und -osus eine „Zugehörigkeit" bzw. einen „Reichtum an etwas" aus, so daß man (auch im Deutschen) allein durch das Suffix etwa muscularis = zu den Muskeln gehörend, die Muskeln betreffend (muskul**är**) von muscul**osus** = reich an Muskeln, voller Muskeln (muskul**ös**) unterscheidet.

ÜBUNG: Wieviele Deklinationen gibt es im Lateinischen und wodurch sind diese charakterisiert? Wie heißen die griechischen Grundzahlwörter von 1—12? Wie lauten die wichtigsten Präpositionen? In welcher Weise erfolgt die Namensbildung in der pharmazeutischen Terminologie? Was versteht man unter Präfixen und Suffixen?

ABSCHNITT III

Lateinische Formenlehre I

A. Die erste oder a-Deklination

Die Substantive dieser Deklination sind **Feminina** mit der Endung **-a:**

	Singular	Plural
Nominativ	Herb-a	Herb-ae
Genitiv	Herb-ae	Herb-a-rum

Fachwörter

Folgende Übersicht enthält die wichtigsten Fachwörter der a-Deklination, die z. T. griechischer Herkunft und als Lehnwörter in die lateinische Sprache übernommen bzw. latinisiert worden sind (z. B. Althaea, Apotheca, Arteria, Mentha, Trachea). Von den hierzu gehörigen Drogennamen werden lediglich diejenigen des DAB 7 bzw. EuAB berücksichtigt, wobei die jeweilige Stammpflanze im Kleinstdruck erscheint. Dagegen ist mitunter in runden Klammern das von dem betreffenden Substantiv ableitbare Adjektiv verzeichnet. Die Beispiele führen in Auswahl die jeweils entsprechenden Wortprägungen auf und zeigen deren vielfältige und verschiedenartige Verwendung in der Praxis.

Bezeichnung	Bedeutung	Beispiele
Acacia Acacia senegal u. a.	**Acacia**	Acaciae Gummi (Gummi arabicum)
Althaea Althaea officinalis	**Eibisch**	Radix Althaeae
Ampulla	**Ampulle**	Ampuwa®
Amygdala Prunus amygdalus	**Mandel**	Aqua Amygdalarum amararum
Angina	**Racheninfektion** **„Herz-beschwerden"**	Angina tonsillaris, Anginos® Angina pectoris, Nitrangin®
Apotheca	**„Lagerraum", Apotheke**	[„Apotheke" von gr. apotithenai = ablegen]
Aqua (aquaticus, aquosus)	**Wasser**	Aqua purificata (Aqua destillata, Aqua demineralisata), Aquamycetin®, Mentha aquatica, Unguentum emulsificans aquosum

Bezeichnung	Bedeutung	Beispiele
Arnica Arnica montana	**Arnika**	Flores Arnicae, Arniflor®
Arteria	**Schlagader** **Arterie**	Arteriosklerose, Arte Rutin®
Belladonna Atropa belladonna	**Belladonna**	Belladonnae Pulvis normatus, Belladonnae Folium, Bellafolin®, Bellergal®, Gastrobellal®
Betula Betula pendula, -pubescens	**Birke**	Folia Betulae
Bucca (buccalis)	**Backe**	Buccaltablette
Camphora (camphoratus) Cinnamomum camphora	**Campher** **(Kampfer)**	Oleum camphoratum forte, Spiritus camphoratus, Camphopin®
Capsula	**Kapsel**	Capsulae amylaceae, Procaps, Capsella Bursa-pastoris
Cella, Cellula (cellularis)	**Zelle**	Zellularpathologie, Zellulase, Vitazell®, Cellulose, Cellophan, Zellwolle
Cera (ceratus, cereus)	**Wachs**	Cera alba, Cereoli, Eucerin, Cerumen
Chamomilla Matricaria chamomilla	**Kamille**	Flores Chamomillae, Kamillosan®
China Cinchona succirubra	**Chinabaum**	Tinctura Chinae composita, Chinin, Chinaspin®
Chorda	**Darmsaite** **(Catgut)**	Chorda resorbilis aseptica
Corona (coronarius)	**Kranz**	Arteria coronaria, Koronarinsuffizienz, Corotrend®, Korodin®
Cura	**Pflege**	Kur, Curaplast®, Felicur®, Hepacurin®
Essentia (essentialis)	**Essenz**	essentielle Fettsäuren, Quintessenz, Essaven®
Farfara Tussilago farfara	**Huflattich**	Folia Farfarae
Femina	**Frau**	Femandren®, Feminon®
Fibra (fibrosus)	**Faser**	Fibrillen, Fibrin, Fibrinolyse, Fibrom, Fibrolan®

Bezeichnung	**Bedeutung**	**Beispiele**
Formica (formicicus)	**Ameise**	Acidum formicicum, Formaldehyd, Formalin, Formamint®, Chloroform
Fractura	**(Knochen-)Bruch**	Fraktur, Saxifraga → fraktionierte Destillation → Refraktometrie, Refraktion
Frangula Rhamnus frangula	**Faulbaum**	Cortex Frangulae
Gelatina (gelatinosus)	**Gelatine**	Gelatina alba, Capsulae gelatinosae → Blaugel, Gelee, Gallerte, Aristamid®-Gel
Gentiana Gentiana lutea	**Enzian**	Gentianae Radix, Gentiamarin, Gentianaviolett B
Gingiva	**Zahnfleisch**	Gingivitis, Gingicain® M, Gingivitol®
Glandula (glandularis)	**Drüse**	Glandula thyr(e)oidea, glandulär, Glandulatherm® → Glans, Juglans
Gutta	**Tropfen**	Guttation, Guttiole®, Guttacor®, Prostagutt® [nicht: Guttapercha!]
Herba	**Kraut**	Herbarium, Herbizide, Herbacard®
Ipecacuanha Cephaelis ipecacuanha, -acuminata	**Ipecacuanha**	Ipecacuanhae Radix, Ipecacuanhae Pulvis normatus, Ipalat®, Ipesandrin®
Lana (lanatus)	**Wolle**	Adeps Lanae anhydricus, Alcoholes Lanae, Lanolin, Lanugo, Digitalis lanata → Lanatosid, Lanadigin®, Lanicor®
Lavandula Lavandula angustifolia	**Lavendel**	Oleum Lavandulae
Lingua (lingualis)	**Zunge**	(Sub-)Lingualtablette, Linguette®
Liquiritia Glycyrrhiza glabra	**Süßholz**	Liquiritiae Radix
Malva Malva silvestris, -mauritiana	**Malve**	Flores Malvae
Mamma	**weibliche Brust(drüse)**	Mammalia, Mammakarzinom

Bezeichnung	Bedeutung	Beispiele
Massa	**Masse**	Massa pilularum, Massa suppositoriorum
Medicina (medicinalis)	**Heilkunst** **Arznei**	Medizin, Carbo medicinalis, Medihaler®, Eu-Med®
Medulla	**Mark**	Medulla spinalis
Melissa Melissa officinalis	**Melisse**	Folia Melissae, Spiritus Melissae compositus
Mentha Mentha piperita	**(Pfeffer-)Minze**	Folia Menthae piperitae, Menthol, Menthoneurin®-Salbe
Mixtura (mixtus)	**Mischung**	Mixtura solvens, Schüttelmixtur
Myrrha Commiphora molmol	**Myrrhe**	Tinctura Myrrhae
Officina (officinalis)	**„Werkstatt"**	Offizin [Apothekenraum], offizinell, Salvia officinalis
Oliva Olea europaea	**Olive**	Oleum Olivarum, Olivysat®, Oleaserp®
Oryza Oryza sativa	**Reis**	Amylum Oryzae
Pasta	**Paste**	Pasta Zinci, Pastapalm® → Pastille
Pilula	**Pille**	Massa pilularum
Placenta	**Kuchen** **Mutterkuchen**	Placenta Seminis Lini Plazenta, Placentadent®, Placentormon®
Planta	**Pflanze**	Transplantation, Implantation, Gastroplant®, Plantaplexe®
Primula Primula veris, -elatior	**Primel**	Radix Primulae
Ratanhia Krameria triandra	**Ratanhia**	Radix Ratanhiae, Tinctura Ratanhiae
Resina (resinifer)	**Harz**	Resina Jalapae, Resinolsäuren
Rotula [Rotulus]	**Plätzchen**	Rotulae Menthae piperitae, Rotillen®
Salvia Salvia officinalis	**Salbei**	Folia Salviae, Salviathymol®

Bezeichnung	Bedeutung	Beispiele
Senna Cassia senna, -angustifolia	**Senna (Sennes-)**	Sennae Folium, Sennae Fructus angustifoliae, Sennoside, Senpurgin®
Struma	**Kropf**	Strumedical®, Strumetten®
Tabuletta	**Tablette**	Tablinen, Librium®-Tabs, Tremarit®-Bitabs → Compretten®
Tela	**Verbandmull**	Tela Gossypii absorbens aseptica
Terebinthina Pinus australis, -pinaster	**Terpentin**	Oleum Terebinthinae rectificatum, Terpene, Terbintil®
Tilia Tilia cordata, -platyphyllos	**Linde**	Flores Tiliae
Tinctura	**Tinktur**	Tinctura amara, Tinctura Opii
Tonsilla	**(Gaumen-, Rachen-)Mandel**	Tonsillektomie, Tonsillitis, Tonsiotren®
Trachea	**Luftröhre**	Tracheobronchitis, Trachicillin®, Trachitol®, → Tracheiden, Tracheen
Urea	**Harnstoff**	Urea pura, Urease, Ureide, Biuret
Vagina (vaginalis)	**Scheide**	Fluor vaginalis, Vaginalkugel, Vagramin® → Tendovaginitis
Valeriana Valeriana officinalis	**Baldrian**	Radix Valerianae, Tinctura Valerianae, Baldriparan®, Valdispert®, Plantival®
Vena (venosus)	**Blutader, Vene**	venös, Venoruton®, Venostasin®
Vertebra	**Wirbel**	Vertebraten, Vertebran®
Vesica	**Blase**	Vesica urinaria, Vesicantia, Fucus vesiculosus, Lytta vesicatoria (→ Canthariden)
Vita (vitalis)	**Leben**	Aquavit, Vitamin, Chinavit®, Vitafestal®, Biovital®

B. Die zweite oder o-Deklination

Die Substantive dieser Deklination sind

a) **Masculina** mit der Endung **-us:**

	Singular	Plural
Nominativ	Sirup-us	Sirup-i
Genitiv	Sirup-i	Sirup-o-rum

b) **Neutra** mit der Endung **-um:**

	Singular	Plural
Nominativ	Foli-um	Foli-a
Genitiv	Foli-i	Foli-o-rum

Fachwörter

Folgende Übersicht enthält — in Masculina und Neutra unterteilt — die wichtigsten Fachwörter der o-Deklination, die ebenfalls z. T. griechischer Herkunft und als Lehnwörter in die lateinische Sprache übernommen bzw. latinisiert worden sind (z. B. Crataegus, Stomachus, Thymus, Absinthium, Amylum, Saccharum). Dabei ist zu beachten, daß die **Bezeichnungen von Bäumen** grundsätzlich **Feminina** darstellen. Ferner gibt es einige Substantive mit der Endung **-[e]r** (masc.) im Nominativ Singular.

a) Masculina auf **-us**

Bezeichnung	Bedeutung	Beispiele
Anus (analis)	**After**	Analfissur, Anusol®, Alcos-Anal®
Bacillus	**Stäbchen** **Bazillus**	Bacilli medicati Bazillen, Bacillotox®
Bolus [f.]	**Ton**	Bolus alba
Bulbus (bulbosus)	**Zwiebel(-Knolle)**	Bulbus Colchici, Bulbus Scillae

Bezeichnung	Bedeutung	Beispiele
Capillus (capillaris)	**Haar**	Kapillarviskosimeter, Kapillar-Methode, Blutkapillaren, Capillaron®
Carduus Mariae Silybum marianum	**Mariendistel**	Fructus Cardui Mariae
Caryophyllus [f.] Syzygium aromaticum	**(Gewürz-)Nelke**	Oleum Caryophylli
Citrus [f.] (citricus) Citrus limon	**Zitrone**	Oleum Citri, Citral, Acidum citricum, Citropepsin®, Zitronensäurezyklus
Crataegus [f.] Crataegus oxyacantha u. a.	**Weißdorn**	Flores Crataegi, Adenylocrat®, Crataegutt®
Digitus (digitalis)	**Finger**	Interdigitalmykose, Digitalis, Pandigal®
Folliculus	**kleiner Schlauch** **Balg**	Follikelhormone Follikulitis, Folliculi Sennae
Fungus	**Pilz**	Fungizide, Fungichthol®
Globus **Globulus**	**Kugel** **Kügelchen**	Haemoglobin, Globichthol®, Globuli vaginales, Globuline → Immunoglobulinum
Hyoscyamus Hyoscyamus niger	**Hyoscyamus**	Hyoscyami Folium
Juniperus [f.] Juniperus communis	**Wacholder**	Fructus Juniperi
Magister (magistralis)	**Meister, Lehrer**	Formulae Magistrales Berolinenses (FMB) → Mag. pharm.
Medicus (medicatus)	**Arzt**	[„Arzt" entstanden aus: arch-iater = „Erz-arzt"]
Morbus (morbidus)	**Krankheit**	Morbus Bechterew, Morbus Boeck, Morbidität → Letalität → Mortalität
Mucus	**Schleim**	Mucin, Mucilago, Mucilaginosa
Nervus (nervinus, nervosus)	**Nerv**	Haemonervin®, Nervophyll®, Nervisal® Nervinum
Nodus	**Knoten**	Internodien, Nodus lymphaticus
Nucleus	**Kern**	Nucleoproteide, nuklear, Ribonukleinsäure (RNS), Nucleoton® → Nux

Bezeichnung	Bedeutung	Beispiele
Oculus (ocularis)	**Auge**	Oculentum, Okular, Oculosan®
Penicillus	**Pinselchen**	Penicillium, Penicillin, Peni-strept® → Penis
Racemus (racemosus)	**Traube**	razemös, razemisch, Razemat
Ricinus Ricinus communis	**Rizinus**	Oleum Ricini, Ricin
Sambucus [f.] Sambucus nigra	**Holunder**	Flores Sambuci
Sirupus	**Sirup**	Sirupus simplex, Sirupus Rubi idaei
Somnus	**Schlaf**	somnambul, Papaver somniferum, Asomnie, Somnifen® [→ dormire: Dormopan®, Phanodorm®]
Stomachus (stomachicus)	**Magen**	Stomachica, Stomasal® → Ventriculus
Succus	**Saft**	Succus Liquiritiae depuratus, sukkulent, Cinchona succirubra
Tartarus (tartaricus)	**Weinstein**	Acidum tartaricum, Liquor Aluminii acetico-tartarici
Tetanus	**Spannung** **Krampf**	Tetanie Tetanus [Wundstarrkrampf], Immunoserum antitetanicum, Tetanol®
Thymus Thymus vulgaris, -zygis	**Thymian**	Herba Thymi, Thymol, Thymipin®
Thymus	**Thymusdrüse** **Gemüt**	Thymitis Thymopsyche, Thymoleptica
Uterus	**Gebärmutter**	Uterusmyom, intrauterin
Ventriculus	**Magen**	Ulcus ventriculi, Ventrivert® → Venter
	Kammer (des Herzens oder des Gehirns)	Hirnventrikel, Atrioventrikularknoten

Bezeichnung	Bedeutung	Beispiele
Vir (virilis)	**Mann**	Virilität, Viracton®, Femovirin®
Virus [n.] (virosus)	**Gift** **Virus**	Lactuca virosa, Virulenz Viren, Virologie, Virelon®

b) Neutra auf -um

Bezeichnung	Bedeutung	Beispiele
Absinthium Artemisia absinthium	**Wermut**	Herba Absinthii, Absinthin
Acetum (aceticus)	**Essig**	Acidum aceticum, Acetanhydrid, Azetatseide, Aceton
Acidum (acidus)	**Säure**	Acidum benzoicum, Azidität, Acidophilus Acidol®-Pepsin
Amylum (amylaceus)	**Stärke**	Amylum Tritici, Capsulae amylaceae, Amylase → Amylalkohol
Anisum Pimpinella anisum, Illicium verum	**Anis**	Liquor Ammonii anisatus, Oleum Anisi, Fructus Anisi
Argentum (argenteus)	**Silber**	Argenti nitras, Kollargol, Protargol, Targesin, Argolaval® → Lithargyrum, Hydrargyrum
Aurantium (aurantiacus) Citrus aurantium subsp. aurantium	**Pomeranze**	Pericarpium Aurantii, Aurantiamarin
Aurum (aureus)	**Gold**	Aureomycin, Aurophyll®
Bacterium	**Bakterium**	Bakteriophagen, bakterizid, Bactisubtil®
Balneum	**Bad**	Balneologie, Balnacid®
Balsamum (balsamicus)	**Balsam**	Balsamum peruvianum, Balsalyt®

Bezeichnung	Bedeutung	Beispiele
Bismutum	**Wismut**	Bismuti subcarbonas, Bismogenol®
Capsicum Capsicum annuum var. longum	**Paprika**	Fructus Capsici, Capsiplast®
Cardamomum Elettaria cardamomum	**Kardamomen**	Fructus Cardamomi
Carvum Carum carvi	**Kümmel**	Oleum Carvi, Carvomin®
Centaurium Centaurium umbellatum	**Tausendgülden-kraut**	Herba Centaurii
Cerebrum (cerebralis)	**Gehirn**	Zerebralsklerose, Eucebral®
Cinnamomum Cinnamomum ceylanicum	**Zimt**	Cortex Cinnamomi, Cinnamein
Colum	**Sieb**	Dia-, Eva-, Perkolation, kolieren
Cranium (cranialis)	**Schädel, Kopf**	kranial, Kraniotabes, Migräne-Kranit®
Decoctum	**Abkochung**	Decoctum Sarsaparillae
Duodenum	**Zwölffingerdarm**	Ulcus duodeni, Biogastrone®-Duodenal
Fermentum	**Ferment**	Fermentation, Fermocyl® → Enzym, Enzynorm®, Combizym®
Ferrum (ferratus, ferrugineus)	**Eisen**	Ferrosi sulfas, Ferrum pulveratum, Ferroin, Ferrlecit®, Ferro sanol®
Filum	**Faden**	Fila non resorbilia aseptica, Filament, Filum Bombycis tortum asepticum
Foeniculum Foeniculum vulgare, var. vulgare	**Fenchel**	Oleum Foeniculi, Fructus Foeniculi → Fenchon
Folium (foliatus)	**Blatt**	Folie, Folsäure, Trifolium pratense, Caprifoliaceae, Folgamma®, Bellafolin®
Glycerinum	**Glycerin**	Glycerinum anhydricum, Glycilax®
Gossypium	**Baumwolle**	Lanugo Gossypii absorbens

Bezeichnung	Bedeutung	Beispiele
Granum **Granulum**	**Korn** **Körnchen**	Granugenol®, Granoton® Granulom, granulieren, Granulat(ion)
Hydrargyrum	**Quecksilber**	Hydrargyrum (bi-)chloratum, Unguentum Hydrargyri flavum → Mercurius
Hydrogenium	**Wasserstoff**	Hydrogenii peroxidum (Hydrogenium peroxydatum solutum concentratum), Hydrogen-
Infusum	**Aufguß**	Infusum Sennae compositum, Infusorien → Infusion
Intestinum (intestinalis)	**Darmkanal**	intestinal, Intestopan®, Intestin-Euvernil®
Klimakterium	**Wechseljahre**	Klimakton®, Eukliman®
Labium (labialis)	**Lippe**	Labiatae, Labiosan®
Levisticum Levisticum officinale	**Liebstöckel**	Radix Levistici
Lignum (lignosus)	**Holz**	Lignin, Lignum Guajaci, Acetum pyrolignosum, Carbo Ligni
Linimentum	**Einreibung**	Linimentum saponato-camphoratum, Liniform®, Rubriment®
Linum Linum usitatissimum	**Lein(en)**	Semen Lini, Linolsäure, Filum Lini asepticum, Linusit®, Linola®
Maltum	**Malz**	Maltose, Ovomaltine®
Oleum (oleinicus, oleosus)	**Öl**	Oleum Sinapis, Oleum Cacao, Oleomycetin®
Opium (opiatus) Papaver somniferum	**Opium**	Extractum Opii, Opium titratum, Pantopon®, Opiate → Laudanum, Meconium, Thebaicum
Ovum **Ovulum**	**Ei** **kleines Ei**	Ovarium, Anovlar®, Ovibion® Ovulation, Ovula
Paraffinum	**Paraffin**	Paraffinum subliquidum/perliquidum

Bezeichnung	Bedeutung	Beispiele
Rectum (rectalis)	**Mastdarm**	Rectiole, rektal, Recto-Serol®, Rectoseptal®, Nitrorectal®
Remedium	**Heilmittel**	Remedia spasmolytica → Medicamen(tum)
Rheum Rheum palmatum	**Rhabarber**	Rhizoma Rhei, Extractum Rhei, Rheogen®
Saccharum (saccharatus, saccharosus)	**Zucker**	Saccharum amylaceum, Saccharum Lactis, Saccharose, Saccharin → Sucrosum
Sebum	**Talg**	Sebum ovile, Seborrhoe, Sebopona®
Serum	**(Blut-)Serum**	Immunosera, Serologie, Serotonin, Serüle®
Solanum Solanum tuberosum	**Kartoffel**	Amylum Solani, Solanin
Stramonium Datura stramonium	**Stramonium**	Stramonii Folium
Suppositorium	**Zäpfchen**	Massa suppositoriorum, Suppangin®
Triticum Triticum aestivum	**Weizen**	Amylum Tritici
Unguentum	**Salbe**	Unguentum leniens, Unguentolan®
Vaccinum	**Impfstoff**	Vakzine, Vaccinum Morbillorum, Vaccinum Variolae fluidum dermicum, Vaccineurin®
Vaselinum	**Vaselin**	Vaselinum album, Vasolimentum, Vasenol®
Venenum	**Gift**	Venena [Tabelle B] → Separanda [Tabelle C]
Verbascum Verbascum thapsiforme, -phlomoides	**Wollblume**	Flores Verbasci
Vinum (vinosus)	**Wein**	Vinum Pepsini, Vitis vinifera

Adjektive der ersten und zweiten Deklination

Diese Adjektive besitzen **drei** verschiedene **Endungen: -us** (m.), **-a** (f.), **-um** (n.) und werden ebenso dekliniert wie die Substantive. Ferner gibt es einige Adjektive mit der Endung **-er** (m.) im Nominativ Singular. — In runden Klammern ist mitunter das zu dem betreffenden Adjektiv gehörige Substantiv verzeichnet.

Bezeichnung	Bedeutung	Beispiele
acutus	**spitz**	Cassia acutifolia, „akute" Krankheiten ←→ chronische Krankheiten
aequus	**gleich**	Äquivalenz, aequimolar, Aequifusine® → ana partes aequales
albus	**weiß**	Albumin(e), Vaselinum album, Albedo-Schicht, Albucid®
amarus	**bitter**	Amara, Gentiamarin, Solanum dulcamara
anhydricus	**wasserfrei (entwässert)**	Acetanhydrid, Glycerinum anhydricum, Dextrosum anhydricum ad usum parenterale
aromaticus (Aroma)	**würzig**	Tinctura aromatica, „aromatische" Verbindungen
bonus	**gut**	Bonidorm®, Bonamine®
causticus	**ätzend**	Kali causticum, Styli caustici
cavus	**hohl**	Corydalis cava, konkav, Vena cava
compositus	**zusammengesetzt**	Tinctura Chinae composita, Compositae, Composita, Felacomp®
concentratus (Centrum)	**konzentriert**	Konzentrat, Acidum phosphoricum concentratum → konzentrisch
concisus	**geschnitten**	Konzisdrogen
crudus	**roh**	Acidum hydrochloricum crudum, Tuberculinum crudum
denaturatus (Natura)	**vergällt**	Spiritus denaturatus
depuratus	**gereinigt**	Depurativum, Sulfur depuratum, Liquidepur®
destillatus	**destilliert**	Aqua destillata
dilutus (Dilutio)	**verdünnt**	Spiritus dilutus → Dilution, z. B. D_3
durus	**hart**	Paraffinum durum, Calciduran®, Durabolin®
flavus	**gelb**	Flavone, Lactoflavin, Vaselinum flavum, Flavedo-Schicht, Panflavin®

Bezeichnung	Bedeutung	Beispiele
fluidus (Fluor)	**flüssig**	Extractum Thymi fluidum, Lindofluid® (→ Influenza)
frigidus	**kalt**	Frigidität, Frigene
grossus	**grob**	grosse pulveratus
humanus (Homo)	**menschlich**	Humanmedizin, Immunoglobulinum humanum normale, Humegon®
laevus	**links**	l-Mannose, Laevulose, Laevoral®
liquidus (Liquor)	**flüssig**	Paraffinum perliquidum/subliquidum, Liquocillin®, Liquidepur®
luteus	**gelb**	Gentiana lutea, Corpus-luteum-Hormon, Lutocyclin®, Proluton®
multus	**viel**	Multibionta®, Multifungin® → multiple Sklerose [multiplex]
normatus	**eingestellt**	Hyoscyami Pulvis normatus → Normallösung
oblongus	**länglich**	Medulla oblongata, Oblong-Dragée
paratus	**bereitet**	Präparat, recenter paratus
praecipitatus	**gefällt**	Sulfur praecipitatum, präzipitieren
purificatus	**gereinigt**	Aqua purificata
purus	**rein**	Urea pura, Pursennid®, Purostrophan® → Purine
salvus	**heil**	Salvarsan®, Salvizol® → Salvia
sanus (Sanitas)	**gesund**	Sanitätswesen, Gallo sanol®, Multi-Sanostol®
sedativus	**beruhigend**	Sedativum, Sedapersantin®, Sedapon®, Eusedon®
siccatus	**getrocknet**	Exsiccator, Vaccinum Typhoidi cryodesiccatum
siccus	**trocken**	Extracta sicca, Siccacell®
solidus	**fest**	Adeps solidus, Solidago virgaurea
spissus	**dickflüssig**	Extractum Faecis spissum

Bezeichnung	Bedeutung	Beispiele
tranquillus	**ruhig**	Tranxilium®, Tonoquil® → Tranquilizer
ustus	**gebrannt**	Magnesia usta → Urtica, Urticaria → Combustio, Combudoron®
vacuus	**leer**	Vakuolen, Evakolation, Vakuumdestillation
dexter, -(e)ra, -(e)rum	**rechts**	d-Mannose, Dextrin, Dextrose, Dextro® med., Dextromon®
niger, -gra, -grum	**schwarz**	Sambucus nigra, Nigella sativa, Piper nigrum
ruber, -bra, -brum	**rot**	Bilirubin, Rubus, Rubefacientia, Rubriment®

ÜBUNG: Wie lautet die lateinische Bezeichnung von: wasserfreie Ameisensäure, Arnikatinktur, gepulvertes Eisen, zusammengesetzte Kampfersalbe, Malvenblätter, Pfefferminzöl, weißer Ton? Wie lautet die deutsche Bezeichnung von: Folia Farfarae, Herba Absinthii, Saccharum amylaceum, Sirupus Thymi compositus, Unguentum Hydrargyri flavum? Wie heißen die zu den Substantiven Acetum, Aqua, Argentum, Capillus, Cerebrum, Oleum, Tartarus gehörigen Adjektive? Welche Wortprägungen leiten sich von albus, Cella, Fibra, Folliculus, Globulus, Granulum, Lana, Ovum, ruber, Trachea ab? Aus welchen lateinischen Wörtern setzen sich die Spezialitätennamen Bellafolin®, Crataegutt®, Labiosan®, Liquidepur®, Multifungin® zusammen?

ABSCHNITT IV

Lateinische Formenlehre II

C. Die dritte oder konsonantische und i-Deklination

Die Substantive dieser sehr formenreichen Deklination sind

a) **Masculina** mit den Endungen **-er, -es, -or, -os** (mit Ausnahmen!)

b) **Feminina** mit den Endungen **-is, -o, -s, -x** (mit Ausnahmen!)

c) **Neutra** mit den Endungen **-c, -e, -l, -ma, -men, -t, -ur, -us** (mit Ausnahmen!)

	Singular		**Plural**	
	Nominativ	**Genitiv**	**Nominativ**	**Genitiv**
Masculinum	verschieden a)	-is	-es	-(i)um
Femininum	verschieden b)	-is	-es	-(i)um
Neutrum	verschieden c)	-is	-(i)a	-(i)um

Da das Genus meist nicht an der Form des Nominativ Singular abzulesen ist, muß bei jedem Substantiv das Geschlecht sowie die jeweilige Genitiv-Form mitgelernt werden.

a) **Masculina** mit den Endungen **-er, -es, -or, -os:**

	Singular	**Plural**
Nominativ	Liqu-or	Liqu-or-es
Genitiv	Liqu-or-is	Liqu-or-um

b) **Feminina** mit den Endungen **-is, -o, -s, -x:**

	Singular	**Plural**
Nominativ	Soluti-o	Soluti-on-es
Genitiv	Soluti-on-is	Soluti-on-um

c) **Neutra** mit den Endungen **-c, -e, -l, -ma, -men, -t, -ur, -us:**

	Singular	**Plural**
Nominativ	Se-men	Se-min-a
Genitiv	Se-min-is	Se-min-um

Fachwörter

Folgende Übersicht enthält — in Masculina, Feminina und Neutra unterteilt — die wichtigsten Fachwörter der konsonantischen und i-Deklination, die z. T. griechischer sowie arabischer Herkunft und als Lehnwörter in die lateinische Sprache übernommen bzw. latinisiert worden sind (z. B. Aether, Rhizoma, Zea bzw. Alcohol, Elixir). Von den hierzu gehörigen Drogennamen werden lediglich diejenigen des DAB 7 bzw. EuAB berücksichtigt, wobei die jeweilige Stammpflanze im Kleinstdruck erscheint. Dagegen ist mitunter in runden Klammern das von dem betreffenden Substantiv ableitbare Adjektiv verzeichnet. Zu beachten ist, daß es in jeder der drei Gruppen **Ausnahmen bezüglich des Genus** gibt. Die Beispiele führen in Auswahl die jeweils entsprechenden Wortprägungen auf und zeigen deren vielfältige und verschiedenartige Verwendung in der Praxis.

a) **Masculina** auf **-er, -es, -or, -os** (Plural: -es, -um)

Bezeichnung	Bedeutung	Beispiele
Aether, Aetheris (aethereus)	**Äther**	Aether pro narcosi, ätherische Öle, Aether chloratus → Aethan
Calor, Caloris (calidus)	**Wärme**	Kalorie, Kalorimetrie
Color, Coloris	**Farbe**	Kolorimetrie, Viola tricolor, Tinctura Jodi decolorata
Dolor, Doloris	**Schmerz**	Dolorsan®, Dolviran®, Dolofungin®
Flos, Floris (floridus)	**(Blume), Blüte**	Floristik, Effloreszenz, Darmflora, Tubiflorae, Floripuran®
Fluor, Fluoris (fluidus)	**Ausfluß** **Fluor (F)**	Fluor vaginalis, Fluomycin® Fluoride, Fluothane®, Calcipot F® → Fluoreszenz
Liquor, Liquoris (liquidus)	**Flüssigkeit**	Liquor Kalii arsenicosi, Liquor cerebrospinalis
Odor, Odoris (odoratus)	**Geruch**	Desodorans, Viola odorata, Odol®

Ausnahmen: Neutra (Plural: -a, -um)

Elixir, Elixiris [Nom. Pl. Elixiria]	**Elixi(e)r**	Elixir e Succo Liquiritiae, Ferlixir®
Tuber, Tuberis (tuberosus)	**Höcker** **Knolle**	Tuberkel, Tuberkulose, Tubergen® Tubera Aconiti, Solanum tuberosum

b) Feminina auf -is, -o, -s, -x (Plural: -es, -[i]um)

Bezeichnung	Bedeutung	Beispiele
Arachis, Arachidis Arachis hypogaea	**Erdnuß**	Oleum Arachidis
Bilis, Bilis	**Galle**	Bilirubin, Biligrafin®, Gastribilin®
Cutis, Cutis (cutaneus)	**Haut**	Cuticula, perkutan, Kutin, Cutasept®
Digitalis, Digitalis Digitalis purpurea u. a.	**„Fingerhut"**	Folia Digitalis, Digitoxin, Digoxin, Digimerck®, Novodigal®
Dilatatio, Dilatationis	**Erweiterung**	Vasodilatation, Dilatol® ←→ Vasokonstriktion
Dosis, Dosis	**(Menge einer Arznei-)Gabe**	Einzeldosis, Maximaldosis, Dosis efficax
Emulsio, Emulsionis (emulsificans)	**Emulsion**	Emulsin, Unguentum emulsificans, Mulgatol®
Faex, Faecis	**Hefe**	Extractum Faecis, Faexojodan® → Faeces
Febris, Febris	**Fieber**	Antifebrin, Febrisan®
Hirudo, Hirudinis	**Blutegel**	Hirudin, Hirudoid®-Gel, Hirudal®
Lotio, Lotionis	**Lotion**	Lotio Zinci, Loticort® → Schüttelmixtur
Mays, Maydis Zea mays	**Mais**	Amylum Maydis
Nox, Noctis (nocturnus)	**Nacht**	Enuresis nocturna, Noxenur®, Dentinox®, Noctal® [aber: Noxa (nocere = schaden) = Noxe = krankheitserregende Ursache]
Pix, Picis	**Teer, Pech**	Pix liquida, Pix betulina
Radix, Radicis (radicalis)	**Wurzel**	Radix Althaeae → Radikale → Radicula
Salix, Salicis (salicylicus)	**Weide**	Acidum salicylicum, Salizell®, Salistoperm®, Salhumin®
Solutio, Solutionis (solubilis)	**Lösung**	Solutio Cordes®, Formaldehyd solutus, Aerosole, Solubilax®

Bezeichnung	Bedeutung	Beispiele
Tussis, Tussis	**Husten**	Tussamag®, Tussipect®, Pertussis, Pertussin® → Tussilago
Varix, Varicis (varicosus)	**Krampfader**	Varizen, Varicosanol®, Varix®-Binde
Vertigo, Vertiginis	**Schwindel (Drehen)**	Antivertiginosa, Vertigoheel® → Invertzucker, Invertase, irreversibel

Ausnahmen: Masculina (Plural: -es, -[i]um)

Adeps, Adipis (adiposus)	**Fett, Schmalz**	Adeps suillus, Adipositas, Adiposetten®
Carbo, Carbonis (carbonicus)	**Kohle**	Carbo medicinalis, Carboneum, Eucarbon® → Karbolsäure (Phenol) → carbocyclische Verbindungen (Carbonsäuren)
Cortex, Corticis	**Rinde**	Cortex Chinae, Semen Cucurbitae decorticatum → Cortison, adrenocorticotrop, Decortin®, Cortidermale®
Crinis, Crinis (crinalis)	**Haar**	Spiritus crinalis, Criniton® → Depilatorium
Dens, Dentis (dentalis)	**Zahn**	Dentition, Dentisat®, Pepsodent®
Infans, Infantis [Gen. Pl. Infantium] (infantilis)	**Kind**	Infantilität, pro infantibus, B_{12}-Nervinfant®
Mensis, Mensis	**Monat**	Menses, Menstruation, Praemenstron®
Pulmo, Pulmonis (pulmonalis)	**Lunge**	Pulmonalsklerose, Pulmonaria, Transpulmin®, Pulmonal®
Pulvis, Pulveris (pulver[is]atus)	**Pulver**	Pulvis salicylicus cum Talco, Osspulvit®
Sanguis, Sanguinis (sanguineus)	**Blut**	Sanguiniker, Sanguisorba, Sanguisuga, Sango-Stop®
Sapo, Saponis (saponatus)	**Seife**	Saponaria, Saponine, Sapo kalinus
Silex, Silicis	**Kieselstein**	Silikose, Silicium, Silikone, Aerosil®
Testis, Testis	**Hoden**	Testikel, Testosteron, Testicomb®
Vermis, Vermis	**Wurm**	Vermizide, Vermicompren®, Paravermin

c) Neutra auf **-c, -e, -l, -ma, -men, -t, -ur, -us** (Plural: -[i]a, -[i]um)

Bezeichnung	**Bedeutung**	**Beispiele**
Cor, Cordis [Gen. Pl. Cordium] (cordatus)	**Herz**	Cordabromin®, Cordalin®, Cordisanol®, Tilia cordata
Corpus, Corporis	**Körper**	Corpus ventriculi, Corpus-luteum-Hormon, Korpuskel
Fel, Fellis	**Galle**	Fel Tauri, Felviten®, Felicur®
Jecur, Jecoris	**Leber**	Oleum Jecoris Hippoglossi, Jecorol®
Lac, Lactis (lactifer, lactosus)	**Milch**	Lactose, Lactone, Laktation, Lactoflavin, Ablacton®, Gelusil®-Lac, Neutrilac®
Mel, Mellis (mellitus)	**Honig**	Mel rosatum cum Borace, Melrosum® → Diabetes mellitus
Os, Oris (oralis)	**Mund**	per os (peroral)
Os, Ossis [Gen. Pl. Ossium]	**Knochen**	Ossin®, Osspulvit®
Pectus, Pectoris (pectoralis)	**Brust**	Angina pectoris, Expectorantia, Optipect®
Pondus, Ponderis (ponderosus)	**Gewicht**	Magnesii subcarbonas ponderosus, Kilopond, Eupond®
Rhizoma, Rhizomatis	**Wurzelstock Rhizom**	Rhizoma Rhei, Rhizoma Iridis
Sal, Salis [auch masc.!]	**Salz**	Sal Carolinum factitium, Saline, Salureticum, Saltucin®, Sali-Presinol®
Semen, Seminis	**Samen**	Semen Lini, Insemination
Sulfur, Sulfuris (sulfuratus, sulfuricus)	**Schwefel**	Sulfur praecipitatum, Sulfoderm® Sulfonamide, Sulfa-Perlongit®, Sulfuno®
Ulcus, Ulceris (ulcerosus)	**Geschwür**	Ulcus cruris, Ulzerationen, Ulgastrin®, Ulcotest®
Vas, Vasis [Gen. Pl. Vasorum!] (vascularis)	**(Blut-)Gefäß**	vasomotorisch, Vasokonstriktor, Vasodilatator, Vasculat®, Vasopressin®, Vasoklin®

Bezeichnung	Bedeutung	Beispiele
Vulnus, Vulneris (vulnerarius)	**Wunde**	Vulneraria, Vulnotox®

Ausnahmen: Masculina (Plural: -es, -um)

Alcohol, Alcoholis (alcoholicus)	**Alkohol**	Alcoholes Lanae, Unguentum Alcoholum Lanae, Pin-Alcol®
Ren, Renis (renalis)	**Niere**	Adrenalin (Suprarenin), Renodoron®

Ausnahmen: Feminina (Plural: -es, -um)

Salus, Salutis (salvus)	**Gesundheit**	Salusan®, Nervisal®

Adjektive der dritten Deklination

Diese Adjektive besitzen verschiedene Endungen im Nominativ Singular und bestehen aus drei Gruppen:

a) Adjektive mit **drei Endungen: -er** (masc.), **-is** (fem.), **-e** (neutr.)

b) Adjektive mit **zwei Endungen: -is** (masc. und fem.), **-e** (neutr.)

c) Adjektive mit **einer Endung: -x** oder **-s** (masc., fem., neutr.)

Die Adjektive auf **-ans, -ens** und **-iens** sind von Verben abgeleitet und stellen jeweils das Partizip des Präsens dar.

	Singular		Plural	
	Nominativ	**Genitiv**	**Nominativ**	**Genitiv**
a) Masc.	ac-er	acr-is	acr-es	acr-ium
a) Fem.	acr-is	acr-is	acr-es	acr-ium
a) Neutr.	acr-e	acr-is	acr-ia	acr-ium
b) Masc.	fort-is	fort-is	fort-es	fort-ium
b) Fem.	fort-is	fort-is	fort-es	fort-ium
b) Neutr.	fort-e	fort-is	fort-ia	fort-ium
c) Masc.	simple-x	simplic-is	simplic-es	simplic-ium
c) Fem.	simple-x	simplic-is	simplic-es	simplic-ium
c) Neutr.	simple-x	simplic-is	simplic-ia	simplic-ium

Sie werden ebenso dekliniert wie die Substantive, haben aber stets in allen drei Geschlechtern die Endung **-ium** im Genitiv Plural und im Neutrum die Endung **-ia** im Nominativ Plural. — In runden Klammern ist mitunter das zu dem betreffenden Adjektiv gehörige Substantiv bzw. Verbum verzeichnet.

a) Adjektive auf -er, -is, -e

Bezeichnung	Bedeutung	Beispiele
acer, acris, acre	**scharf**	Ranunculus acer, Sedum acre
terrester, -ris, -re	**Erd-**	Herba Hederae terrestris

b) Adjektive auf -is, -e

Bezeichnung	Bedeutung	Beispiele
affinis, e	**verwandt**	Affinität, Paraffine
dorsalis, e	**Rücken-**	dorsal, dorsiventral
dulcis, e	**süß**	Dulzin, Solanum dulcamara, Dulcolax®
facialis, e (Facies)	**Gesicht-**	bifazial, Nervus facialis, Fazialislähmung
fertilis, e	**fruchtbar**	Fertilität, fertiler Sproß ←→ Sterilität
fortis, e	**stark**	Oleum camphoratum forte, Fortecortin®
gravis, e	**schwer**	Gravidität, Gravimetrie, Ruta graveolens
iuvenilis, e	**jugendlich**	Acne iuvenilis, juvenile Kardialgien
lateralis, e (Latus)	**Seite-**	bi-, iso-, kollateral
letalis, e	**tödlich**	Dosis letalis, Exitus letalis, Letalität
levis, e	**leicht**	Magnesii oxidum leve
mitis, e	**mild**	Mitigal®, Tofranil® mite
mobilis, e	**beweglich**	mobile Phase, Mobilisation, Mobilat® ←→ stationäre Phase
mollis, e	**weich**	Unguentum molle, Emollientia
omnis, e	**alles, ganz**	Omnacillin®, Omnival®

Bezeichnung	Bedeutung	Beispiele
partialis, e (Pars)	**Teil-**	Partialsynthese, partiell
senilis, e	**greisenhaft**	Senilität, Dementia senilis, Seniosan®, Seniovita®
stabilis, e	**feststehend**	Stabilisation, Stabilisator, Stabilocard®
sterilis, e	**unfruchtbar**	Sterilität, steriler Sproß ←→ Fertilität
	keimfrei	Sterilisation, Sterillium®
subtilis, e	**fein**	subtiliter pulveratus, pulvis subtilis

c) Adjektive auf -x oder -s

Bezeichnung	Bedeutung	Beispiele
absorbens (absorbere)	**aufsaugend**	Absorption, Lanugo Cellulosi absorbens ←→ Adsorption
adsorbens (adsorbere)	**anlagernd**	Adsorption, Carbo adsorbens, Vaccinum Influenzae adsorbatum, Adsorgan® → Sorbat, Sorptionsmittel ←→ Absorption
laxans (laxare)	**abführend**	Laxantia, Laxompin®
leniens (lenire)	**kühlend**	Unguentum leniens, Lenicet®
purgans (purgare)	**reinigend** **abführend**	Purgantia, Purgioletten®
recens	**frisch**	recenter paratus, Tinctura Convallariae ex Herba recenti
roborans (roborare)	**stärkend**	Roborantia, Robural®
simplex	**einfach**	Sirupus simplex, Simplicia
solvens (solvere)	**lösend**	Mixtura solvens (DRF), Solventia → Solvat, Solvatation

D. Die vierte oder u-Deklination

Die Substantive dieser Deklination sind **Masculina** mit der Endung **-us:**

	Singular	Plural
Nominativ	Fruct-us	Fruct-ūs
Genitiv	Fruct-ūs	Fruct-u-um

Fachwörter

Folgende Übersicht enthält die wenigen Fachwörter der u-Deklination, wobei zu beachten ist, daß die Substantive mit der Endung **-u** im Nominativ Singular (bzw. -ua im Nominativ Plural) Neutra sind.

Bezeichnung	Bedeutung	Beispiele
Abortus	**Fehlgeburt**	Abortiva, habitueller Abort
Abusus	**Mißbrauch**	Antabus®
Cornu [n.] (cornutus)	**Horn**	Secale cornutum, Cornina®, Cornusept®
Flatus	**Blähung**	Flatulenz, Euflat® → Meteorismus
Fructus	**Frucht**	Fructus Carvi, Fructose, Fruktifikation
Manus [f.] (manualis)	**Hand**	Manuale, Manole®, Manoject®
Pruritus	**(Haut-)Jucken**	Pruritus ani, Prurigo, Pruriderm®, Pruralgan®
Sensus (sensibilis, sensorius, sensualis)	**Empfindung**	Sensibilisierung, Sensatol®, Sensiotin®
Spiritus (spirituosus)	**(Wein-)Geist**	Spiritus dilutus, Spiritus Vini gallici, Lotio alba spirituosa
Usus (utilis)	**Gebrauch**	ad usum proprium, Linum usitatissimum, Dextrosum monohydricum ad usum parenterale
Vomitus	**Erbrechen**	Vomitiva, Vomex A®

E. Die fünfte oder e-Deklination

Die Substantive dieser Deklination sind **Feminina** mit der Endung **-es:**

	Singular	Plural
Nominativ	Speci-es	Speci-es
Genitiv	Speci-ei	Speci-e-rum

Fachwörter

Folgende Übersicht enthält die wenigen Fachwörter der e-Deklination, wobei besonders die jeweilige Bedeutung von „Species" zu beachten ist.

Bezeichnung	Bedeutung	Beispiele
Caries	**Fäulnis**	Zahnkaries
Dies [auch masc.!]	**Tag**	pro die
Rabies	**Tollwut**	Immunoserum antirabicum
Scabies	**Krätze**	Antiscabiosa, Unguentum contra Scabiem
Species, Speciei [Singular!]	**Art**	Subspecies → Spezialität → Spezifikum, spezifisch
Species, Specierum [Plural!]	**Tee(-mischung)**	Species diureticae, Species laxantes

ÜBUNG: Wie lautet die lateinische Bezeichnung von: ätherische Baldriantinktur, geschnittene Eibischwurzel, Fenchelfrüchte, Holzkohle, Kamillenblüten, Leinsamen, gefällter Schwefel, wasserhaltige Wollwachsalkoholsalbe, fein gepulverte Zimtrinde? Wie lautet die deutsche Bezeichnung von: Adeps solidus, Elixir e Succo Liquiritiae, Extractum Faecis spissum? Wie heißen die zu den Substantiven Facies, Liquor, Odor, Ren, Solutio, Spiritus gehörigen Adjektive? Welche Wortprägungen leiten sich von affinis, Bilis, Carbo, Cor, Lac, Silex, Vas ab? Aus welchen lateinischen Wörtern setzen sich die Spezialitätennamen Calcilact®, Dulcolax®, Felicur®, Osspulvit®, Solvefort®, Tussipect® zusammen?

ABSCHNITT V

Griechische Wortstämme I

Substantive

Folgende Übersicht enthält die wichtigsten griechischen Substantive, die vorwiegend als Wortstämme in zusammengesetzten Wörtern (Komposita) auftreten; diese stellen entweder Substantive, Adjektive oder auch Verben dar und sind in der Endung meist eingedeutscht (z. B. -logie statt -logia; -lyse statt -lysis). Unter jedem Wortstamm ist das zugrundeliegende Substantiv, gegebenenfalls mit seiner Genitivform und der entsprechenden lateinischen Bezeichnung, im Kleinstdruck vermerkt; ebenso erscheint unter den einzelnen Beispielen der zusätzliche Wortbestandteil, der ein griechisches bzw. lateinisches Wort(-element), Präfix oder Suffix sein kann.

Wortstamm	Bedeutung	Beispiele	Erklärung
Aden(o)- adēn, adenos → lat. Glandula	**Drüse**	Adenom -om ~ Geschwulst	Drüsengeschwulst
		Adenosin	Nukleosid aus Adenin und (Desoxy-)Ribose
		Adenovasin® lat. Vas = Gefäß	
		Adenylocrat® lat. Crataegus = Weißdorn	
-aemie → Haem(at)o- haima, haimatos → lat. Sanguis	**Blut(beschaffenheit)**	Anämie a(n)- ~ Verneinung	Blutarmut
		Hyperämisierung hyper = über(mäßig)	erhöhte Durchblutung
		Hyperämol®	
		Urämie ūron = Harn	Harnvergiftung (des Organismus) → Hämaturie
Aer(o)- aēr, aeros → lat. Aer	**Luft[sauerstoff]**	aerob b[ios] = Leben	Sauerstoff zum Leben benötigend ←→ anaerob
		Aerosil lat. Silex = Kieselstein → Silicium	kolloidale Kieselsäure

Wortstamm	Bedeutung	Beispiele	Erklärung
		Aerosol lat. Solutio = Lösung	kolloidale Dispersion von festen oder flüssigen Stoffen in Luft oder Gasen → Sprühmittel → Aerosoltherapie
		Anaerobionten a(n)- ~ Verneinung bios = Leben	keinen Sauerstoff zum Leben benötigende Mikroorganismen ←→ Aerobionten (Aerobier)
-aesthesie aisthēsis → lat. Sensus	**Empfindung**	Anaestheticum a(n)- ~ Verneinung	schmerzempfindung-ausschaltendes Mittel → Anaesthesin®
		Anaesthecomp® lat. compositus = zusammengesetzt	
		Hyperästhesie hyper = über(mäßig)	Überempfindlichkeit
		Parästhesie par(a)- ~ (Norm-)Abweichung	anomale Körperempfindung
Alg(o)-/-alg(es)ie algos → lat. Dolor	**Schmerz**	analgetisch a(n)- ~ Verneinung	schmerzstillend
		Analgit® forte lat. forte = stark	
		Neuralgie neuron = Nerv	Nervenschmerz
		Algesal® lat. Salus = Gesundheit	
Andr(o)- anēr, andros → lat. Vir	**Mann**	Androgene -gen ~ erzeugend	männliche Sexualhormone
		androgyn gynē = Frau	doppelgeschlechtig, zwittrig
		Androsteron stereos = fest → Steroid	männliches Keimdrüsenhormon (Ausscheidungsform) → Testosteron
		Femandren® lat. Femina = Frau	

Wortstamm	Bedeutung	Beispiele	Erklärung
Angi(o)- angeion → lat. Vas	**(Blut-)Gefäß**	Angiogramm gramma = Aufgezeichnetes	Röntgenbild von Blutgefäßen
		Angiografin® graphein = aufzeichnen	
		Angiospermae sperma = Samen	„Bedecktsamer" (Magnoliophytina) (Samen in [Kapsel-]Behälter) → Sporangium ←→ Gymnospermae
		Angioton® tonos = Spannung, Druck	
Anth(o)- anthos, anthūs → lat. Flos	**Blüte, Blume**	Anthere anthēros = blühend	Staubbeutel → Antheridien
		Anthozyane kyaneos = blau	Pflanzenfarbstoffe (→ pH-Wert)
		Exanthem exanthēma = Aufgeblühtes	endogen bedingter Hautausschlag
		Helianthus hēlios = Sonne	Sonnenblume
Arthr(o)- arthron → lat. Articulatio	**Gelenk**	Arthritis -itis ~ Entzündung	Gelenkentzündung
		Arthrosis (deformans) -ose ~ path. Zustand	(degenerative) Gelenkerkrankung
		Arthrodeformat®	
		Arthrosetten® -ette(n) ~ Tabletten	
Bio- bios → lat. Vita	**Leben**	Biologie -logie ~ Lehre (von)	Lehre von der belebten Natur und ihren Gesetzmäßigkeiten
		Mikroben mikros = klein	Kleinstlebewesen
		Symbiose syn = zusammen	Lebensgemeinschaft → Symbionten

Wortstamm	Bedeutung	Beispiele	Erklärung
		Multibionta® multus = viel	
Bronch(i/o)- bronchos → lat. Bronchus	**Bronchien (Luftröhrenäste)**	Asthma bronchiale asthma = Keuchen, Beklemmung	Atemnot (bedingt durch Spasmen der Bronchiolen)
		Bronchitis -itis ~ Entzündung	Entzündung der Luftröhrenäste-Schleimhaut
		Broncholyticum lyein = lösen	bronchialschleimlösendes Mittel
		Bronchikutan® lat. Cutis = Haut	
Chol- cholē/cholos → lat. Bilis/Fel	**Galle**	Cholagogum agōgos = führend	galletreibendes Mittel → Cholekinetica → Choleretica
		Cholesterin stereos = fest → Sterin	Sterinkörper (u. a. Bestandteil der Gallensteine)
		Melancholie melas = schwarz	Schwermut → Humoralpathologie → Choleriker
		Cholagutt-A® lat. Gutta = Tropfen	
Chrom(ato)- chrōma, chrōmatos → lat. Color	**Farbe**	Chromatographie graphein = aufzeichnen	analytisches Trennungsverfahren (DC, GC, PC) → Chromatogramm
		Chromatophoren pherein/phorein = tragen	Farbstoffträger (Farbstoffe enthaltende Zellorganellen)
		Chromomeren meros = Teil	(färbbare) Körnchenstruktur (Erbanlagen) → Chromonema
		Chromosomen sōma = Körper	(färbbare) artspezifische Kernschleifen im Zellkern
Derm(ato)- derma, dermatos → lat. Cutis	**Haut**	Dermatitis -itis ~ Entzündung	Hautentzündung

Wortstamm	Bedeutung	Beispiele	Erklärung
		Dermatologe -logie ~ Lehre (von)	Facharzt für Hautkrankheiten
		Epidermis epi = (dar)auf	Oberhaut → Epithel, Kutikula
		Pyodermie pyon = Eiter	Eiterausschlag
Emet-/-emesis emetos/emesis → lat. Vomitus	**Erbrechen**	Antemeticum ant(i)- = gegen	Mittel gegen Erbrechen
		Emetin	Alkaloid aus Radix Ipecacuanhae (Brechwurzel)
		Hyperemesis (gravidarum) hyper = über(mäßig)	sehr heftiges Erbrechen (der Schwangeren)
		Peremesin®	
Enter(o)- enteron → lat. Intestinum	**(Dünn-)Darm**	Dysenterie dys- ~ Störung	Ruhr
		Enteritis -itis ~ Entzündung	Dünndarmentzündung
		parenteral par(a)- = neben	unter Umgehung des Magen-Darm-Kanals erfolgend[e Applikation]
		Enterotropin® -trop ~ gerichtet auf	
Enzephal(o)- enkephalos → lat. Cerebrum	**Gehirn**	Elektroenzephalogramm (EEG) gramma = Aufgezeichnetes	Aufzeichnung des Verlaufs der Hirnaktionsströme
		Enzephalitis -itis ~ Entzündung	Gehirnentzündung → Meningitis
		Enzephalomyelitis myelos = Mark	Entzündung von Gehirn und Rückenmark
		Encephabol® (ana-)ballein = (hinauf-)werfen (→ aufbauen)	

Wortstamm	Bedeutung	Beispiele	Erklärung
-erg(ie) ergon	**Wirkung**	Allergene allos = anders -gen ~ erzeugend	Allergie hervorrufende Stoffe
		cholinergisch cholē = Galle → Cholin	auf Acetylcholin ansprechend (→ adrenergisch)
		Cholergol® cholē = Galle → Cholin	
		synergistisch syn = zusammen	zusammenwirkend ←→ antagonistisch
		Aber: Ergotismus engl./franz. ergot = (Hahnen-)Sporn, Mutterkorn (Secale cornutum)	Mutterkornvergiftung → Ergobasin, Ergotamin, Ergotoxin usw. → Ergo-Kranit® lat. Cranium = Kopf
Gam(eto)- gamos/gametēs	**Heirat (Fortpflanzung)**	anemogam anemos = Wind	windblütig (Bestäubungsart)
		Gametophyt phyton = Pflanze	Geschlechtszellen bildende Pflanze → Sporophyt (→ Generationswechsel)
		Gametozyten kytos = Zelle	Bildungszellen → Gameten
		Oogamie ōon = Ei	Verschmelzung einer Eizelle mit einer Samenzelle
Gastr(o)- gastēr, gastros → lat. Ventriculus	**Magen**	Gastrektomie ektemnein = herausschneiden	operative Entfernung des Magens
		gastrointestinal lat. Intestinum = Darmkanal	Magen und Darm betreffend
		Bilgast® lat. Bilis = Galle	
		Nervogastrol® lat. Nervus = Nerv	
Gen(o)- genos → lat. Genus	**Erb-**	Gen	Erbfaktor, Erbanlage → Genetik, Genotyp

Wortstamm	Bedeutung	Beispiele	Erklärung
-genese genesis	**Entstehung**	Pathogenese pathos = Leiden, Krankheit	Krankheitsentstehung
		Phylogenie phylon = Stamm	Wissenschaft von der Stammesgeschichte der Lebewesen ←→ Ontogenie (→ Biogenetisches Grundgesetz)
		Spermiogenese sperma = Samen	Entwicklung der Samenzellen im Hoden
Ger(onto)- gerōn, gerontos → lat. Senex	**Greis**	Geriatrie iatreia = Heilkunde	„Altersheilkunde" → Geriatrica
		Gerontologie -logie ~ Lehre (von)	Lehre von den Alterungsvorgängen und vom unterschiedlichen Krankheitsverlauf in den verschiedenen Lebensaltern
		Gerivit® lat. Vita = Leben	
		Lipogeron® lipos = Fett	
Gon(o)- gonē/gonos	**Zeugung** **Samen**	Archegonium archē = Anfang, Ursprung	weibliches Sexualorgan von Moosen und Farnen
		Gonaden	Geschlechtsdrüsen → gonadotrop (→ Gonidien)
		Gonorrhoe rhein = fließen	„Samenfluß", Tripper (Geschlechtskrankheit) → Gonokokken
		Sporogonie sporos/spora = Spore	Fortpflanzung durch Sporen → Sporogonium
Gyn(aeko)- gynē, gynaikos → lat. Femina	**Frau**	Gynäkologie -logie ~ Lehre (von)	Frauenheilkunde
		Gynergen® engl./franz. ergot = Mutterkorn → Ergotamin	

Wortstamm	Bedeutung	Beispiele	Erklärung
		Gynözeum oikos = Haus	Gesamtheit der Fruchtblätter einer Blüte ←→ Andrözeum
		prot(er)ogyn prōtĕros = früher	„vorweibig" (Reifung der weiblichen Geschlechtsorgane vor den männlichen) ←→ protandrisch
Haem(at)o- → -aemie haima, haimatos → lat. Sanguis	**Blut**	Hämatom -om ~ Geschwulst	Blutbeule, Bluterguß
		Hämoglobin lat. Globus = Kugel → Globin	Farbstoff der roten Blutkörperchen → Hämatin, Hämolyse
		Hämorrhoiden rhein = fließen	knotenförmige Erweiterungen des Venengeflechts (im unteren Mastdarm und am After)
		Hämocura® lat. Cura = Pflege	
Hepar-/Hepat(o)- hēpar, hēpatos → lat. Hepar/Iecur	**Leber**	Heparin	blutgerinnungshemmender Stoff (u.a. in der Leber vorkommend) → Thrombin
		Hepatopathie pathos = Leiden, Krankheit	Leberleiden (z. B. Hepatitis)
		Hepatose -ose ~ path. Zustand	chronische Lebererkrankung
		Solu-Hepar® lat. solubilis = löslich	
Hist(i/o)- histos/histion	**(Körper-)Gewebe**	Histidin	(körpereigene) basische Aminosäure → Histamin
		Histochemie	Lehre vom chemischen Aufbau der Gewebe und von den chemischen Vorgängen in den Geweben

Wortstamm	Bedeutung	Beispiele	Erklärung
		Histologie -logie ~ Lehre (von)	Lehre von den Körpergeweben → Zytologie
		Antistin® ant(i)- = gegen	
Hydr(o)- hydōr, hydatos → lat. Aqua	**Wasser**	Hydratation	Bindung von Ionen an Wassermoleküle bzw. Bindung von Wasser an Kolloidteilchen
		Hydrogenium -gen ~ erzeugt, erzeugend	Wasserstoff (H) → Hydrierung, Hydride, Hydroxide
		Hydrolyse lysis = (Auf-)Lösung	Spaltung chemischer Verbindungen durch Wasseraufnahme
		Hydrops(ie)	„Wassersucht" → Ödeme → Aszites
-iater/Iatro- iatros → lat. Medicus	**Arzt**	Archiater archē = Anfang, ober- → daraus: „Arzt"	„Erz"-Arzt
		iatrogen -gen ~ erzeugt	vom Arzt verursacht[e Krankheit]
		Jatroneural® neuron = Nerv	
-iatrie iatreia → lat. Medicina	**Heilkunde**	Pädiatrie pais [paidos] = Kind	Kinderheilkunde
Kard(io)- kardia → lat. Cor	**Herz**	Endokarditis endon = innen -itis ~ Entzündung	Entzündung der Herzinnenhaut
		Perikard peri = um-herum	Herzbeutel (äußerste Umhüllung des Herzens) → Epikard, Myokard
		Tachykardie tachys = schnell	„Herzjagen" (stark beschleunigte Herztätigkeit)
		Cardiasedon® lat. sedare = beruhigen	

Wortstamm	Bedeutung	Beispiele	Erklärung
-kine(sie) kinēsis → lat. Motus	**Bewegung**	Dyskinesie dys- ~ Störung	Störung im Bewegungsablauf → Hyperkinese
		Karyokinese karyon = Nuß, Kern	indirekte Zellkernteilung (Mitose) ←→ Reduktionsteilung (Meiose)
		Pharmakokinetik pharmakon = Heilmittel	Lehre von der Zeitfunktion der Arzneistoffbewegung im Organismus (Invasion, Elimination) → Pharmakodynamik
		Thrombokinase thrombos = Blutpfropf → Thrombozyten -ase ~ Enzym	Blut(gerinnung förderndes)-Ferment
Koll- kolla → lat. Gluten	**Leim**	Glykokoll glykys = süß	„Leimsüß" (Aminoessigsäure) → Kollagen
		Kollagen -gen ~ erzeugend	„Leimbildner" (Gerüsteiweiß)
		Kollenchym enchyma = Eingegossenes	pflanzliches Festigungsgewebe (Kantenkollenchym, Plattenkollenchym) ←→ Sklerenchym
		kolloid(al) -oid ~ Ähnlichkeit	„leimähnlich" → kolloiddisperse Systeme
Laryng(o)- larynx, laryngos → lat. Larynx	**Kehlkopf**	Laryngitis -itis ~ Entzündung	Kehlkopfentzündung (→ Pharyngitis, Gingivitis, Stomatitis, Tonsillitis)
		Laryngologe -logie ~ Lehre (von)	Facharzt für Kehlkopfleiden
		Laryngomedin® lat. medicare = heilen	
		Laryngsan® lat. sanus = gesund	

Wortstamm	Bedeutung	Beispiele	Erklärung
Lip(o)- lipos → lat. Adeps	**Fett**	Lipasen -ase ~ Enzym	fettspaltende Enzyme (→ Esterasen)
		lipoid -(o)id ~ Ähnlichkeit	fettähnlich → Lipoide, Lipide
		Lipolyse lysis = (Auf-)Lösung	Fettspaltung
		Lipostabil® lat. stabilis = fest (-stehend)	
Lith(o)- lithos → lat. Lapis	**Stein**	Cholelithiasis cholē = Galle	Gallensteinleiden, -kolik
		Galalith gala = Milch	„Kunsthorn" (gehärteter Kunststoff aus Casein)
		Lithanthrax anthrax = Glutkohle	Steinkohle → Pix Lithanthracis → Liquor Carbonis detergens
		Lithium	metallisches Element (Li)
Lys(o)-/-lyse lysis → lat. Solutio	**(Auf-)Lösung**	Hämolyse haima = Blut	Auflösung der roten Blutkörperchen (durch Austritt des roten Blutfarbstoffs)
		Lysoform® lat. Formica = Ameise → Formaldehyd	
		sekretolytisch lat. Secretum = Abgesondertes	schleimlösend
		Spasmolysin® spasmos = Krampf	
Mast(o)- mastos → lat. Mamma	**weibliche Brust**	Mastitis -itis ~ Entzündung	Brustdrüsenentzündung
		Mastodynie odynē = Schmerz	schmerzhafte Schwellung der weiblichen Brüste (vor der Monatsblutung)
		Mastodynon®	

Wortstamm	Bedeutung	Beispiele	Erklärung
		Mastopathie pathos = Leiden, Krankheit	Brustdrüsenerkrankung
Men(o)- mēn, mēnos → lat. Mensis	**Monat(sblutung)**	Menarche archē = Anfang	Zeitraum des ersten Eintritts der Monatsblutung → Menopause
		Menorrhagie rhēgnynai = reißen	abnorm starke und langanhaltende Monatsblutung → Hypermenorrhoe
		Menorrhoe rhein = fließen	Menstruation → Amenorrhoe Dysmenorrhoe
		Dismenol® dys- ~ Störung	
Mer(o)- meros → lat. Pars	**Teil**	Chromomeren chrōma = Farbe	Körnchenstruktur (Erbanlagen) → Chromonemen, Chromosomen
		Meristem histos = Gewebe	Teilungs- oder Bildungsgewebe → Ur- und Folgemeristeme
		Polymerisation polys = viel	Verkettung zahlreicher Einzel- zu Großmolekülen
		trimer tri- = drei	dreiteilig
-meter/-metrie metron → lat. Modus	**Maß** **Messung**	Aräometer araios = dünn	Senkspindel zur Dichtebestimmung von Flüssigkeiten (Densimeter u. a.)
		Gravimetrie lat. gravis = schwer	Gewichtsanalyse → quantitative Analyse
		Stöchiometrie stoicheion = Grundstoff	Lehre u. mathematische Berechnung von den chemischen Umsetzungen zugrundeliegenden Gewichtsverhältnissen → Aufstellung der Bruttoformeln

Wortstamm	Bedeutung	Beispiele	Erklärung
		Volumetrie lat. Volumen = Rauminhalt	Maßanalyse (Titration [franz. titre = Gehalt → Titer]) → Ampero-, Potentiometrie u. a.
Morph(o)- morphē → lat. Forma	**Gestalt, Form**	amorph a(n)- ~ Verneinung	formlos, gestaltlos
		Metamorphose meta- ~ Umwandlung	Gestaltwandel, Formveränderung
		Morphologie -logie ~ Lehre (von)	Lehre von Gestalt und Aufbau der Organismen und ihrer Organe
		zygomorph zygon = Joch	„jochgestaltig" (dorsiventrale, in zwei spiegelbildlich gleiche Hälften zerlegbare Blüten) → bilateral → radiär (aktinomorph)
	Aber:	Morphium Morpheus = Gott des Schlafes	Morphin (Hauptalkaloid des Opiums)
My(o)- mys, myos → lat. Musculus	**Muskel**	Myalgie algos = Schmerz	Muskelschmerz
		Myasthenie astheneia = Schwäche	krankhaft gesteigerte Ermüdbarkeit bestimmter Muskelgruppen
		Myokard kardia = Herz	Herzmuskel
		Myom -om ~ Geschwulst	Geschwulst des Muskelgewebes
Myk(o)- mykēs, mykētos → lat. Fungus	**Pilz**	Aureomycin lat. aureus = goldfarben → Streptomyces aureofaciens	Antibiotikum
		Dermato-mykosen derma = Haut	durch Hautpilze verursachte Hautkrankheiten
		Mykorrhiza rhiza = Wurzel	„Pilzwurzel" (Symbiose zwischen Samenpflanzen und Pilzen) → Myzel

Wortstamm	Bedeutung	Beispiele	Erklärung
		Myxomycetes myxa = Schleim	Schleimpilze → Mycophyta
Nark- narkē	**Lähmung Betäubung**	Narcoticum	Betäubungsmittel, Rauschmittel → Hypnotica → Sedativa
		Narkose	allgemeine Betäubung des Organismus (zentrale Schmerz- und Bewußtseinsausschaltung) → Inhalationsnarkose u. a. → Aether pro narcosi
		Narkotin	Opiumalkaloid
		Narcotussan® lat. Tussis = Husten	
Nephr(o)- nephros → lat. Ren	**Niere**	Nephrolith lithos = Stein	Nierenstein → Nephrolithiase
		Nephron	funktionelles Hauptstück der Niere (→ Harnbildung, -ausscheidung) → Nephrom
		Pyelonephritis pyelos = Trog, Becken -itis ~ Entzündung	Nierenbecken- und Nierenentzündung → Cystitis, Urethritis
		Nephri-Dolan® lat. Dolor = Schmerz	
Neur(o)- neuron → lat. Nervus	**Nerv**	Aneurin a[nti] = gegen	Vitamin B_1 (= Antineuritisches-, Antiberiberi-Vitamin, Thiamin)
		Neuralgie algos = Schmerz	Nervenschmerz → Antineuralgica
		Neuritis -itis ~ Entzündung	Nervenentzündung (akute oder chronische Erkrankung der peripheren Nerven) → Polyneuritis
		Neuro-Kranit® lat. Cranium = Kopf	

Wortstamm	Bedeutung	Beispiele	Erklärung
Ophthalm(o)- ophthalmos → lat. Oculus	**Auge**	Ophthalmie	Augenentzündung → Blepharitis, Keratitis, Konjunktivitis
		Ophthalmologie -logie ~ Lehre (von)	Augenheilkunde
		Ophtiole®	pipettenlose Plastik-Augentropf-Phiole
		Ophtopur® lat. purus = rein	
Ost(eo)- osteon → lat. Os, Ossis	**Knochen**	Osteochondrose chondros = Knorpel -ose ~ path. Zustand	Erkrankung des Knorpel-Knochen-Gewebes → Spondylose
		Osteomalazie malakos = weich	„Knochenerweichung" → Osteoporose (→ Rachitis)
		Osteomyelitis myelos = Mark -itis ~ Entzündung	Knochenmark-entzündung → Arthritis
		Periost peri = um-herum	Knochenhaut
Ot(o)- ūs, ōtos → lat. Auris	**Ohr**	Otitis media -itis ~ Entzündung lat. medius = mittlerer	„Mittelohrentzündung"
		otogen -gen ~ erzeugt	vom Ohr ausgehend
		Otosklerose sklēros = hart -ose ~ path. Zustand	(zu Schwerhörigkeit führende) Mittelohr-erkrankung
		Otalgan® algos = Schmerz	
Path(o)-/-path(ie) pathos → lat. Morbus	**Leiden, Krankheit**	Homöopath → Homöopathie	Vertreter des homöopathischen Heilverfahrens
		Pathologie -logie ~ Lehre (von)	Lehre von den Krankheiten → pathologisch

Wortstamm	Bedeutung	Beispiele	Erklärung
		Psychopathie psychē = Seele	(erblich disponierte) Abartigkeit des Gefühls- und Gemütslebens
		Sympathikus syn = zusammen, mit	Teil des vegetativen Nervensystems ←→ Parasympathikus
Pharmako- pharmakon → lat. Remedium Medicamen(tum) (Medicina)	**Heilmittel**	Pharmakognosie gnōsis = Kenntnis	Drogenkunde → Pharmazeutische Biologie
		Pharmakologie -logie ~ Lehre (von)	Arzneimittel(wirkungs)-lehre → Pharmakokinetik → Pharmakodynamik → Pharmakographie
		Pharmakopöe poiein = machen	amtliches Arzneibuch → DAB 7, Ph. Eur.
		Pharmazie pharmak(e)ia = (Gebrauch von) Arznei	Wissenschaft von der Arzneimittelgewinnung, -herstellung, -zubereitung und -untersuchung → Pharmazeutische Chemie → Pharmazeutische Technologie (Galenik) → Pharmazeutische Biologie (Pharmakognosie)
-phyll(-) phyllon → lat. Folium	**Blatt**	Chlorophyll chlōros = grüngelblich	Blattgrün (grüner Pflanzenfarbstoff)
		Mesophyll mesos = mitten	Mittelschicht des Blattgewebes (Palisaden- und Schwammparenchym)
		Podophyllin pūs [podos] = Fuß	Harz aus Rhizoma Podophylli
		[Tilia] platyphyllos platys = breit	breitblättrig[e Linde]
Phys(io)- physis → lat. Natura	**Natur, Wuchs**	Hypophyse hypo = unter (phyesthai = wachsen)	Hirnanhangsdrüse (unterer Hirnanhang) → Hormondrüsen
		Physik physikē = Naturlehre	Wissenschaft von den Zustands- und Energieveränderungen in der Natur

Wortstamm	Bedeutung	Beispiele	Erklärung
		Physiologie -logie ~ Lehre (von)	Lehre von den Lebensvorgängen und -funktionen
		physisch	körperlich ←→ psychisch
Phyt(o)- phyton → lat. Planta	**Pflanze**	Kormophyta kormos = Baumstumpf, Stamm	„Sproßpflanzen" (in Wurzel, Stamm und Blätter gegliedert) ←→ Thallophyta
		Phytochemie	Pflanzenchemie → Phytohormone (Auxine) → Phytotherapie
		Phycophyta phykos = Alge, Tang	Algen
		Thallophyta thallos = Sprößling, Zweig	„Lagerpflanzen" (undifferenzierte niedere Pflanzen) ←→ Kormophyta
-plasie **Plasmo-/-plasma** plasma	**Gebilde(tes)**	Hyperplasie hyper = über(mäßig) (plattein = bilden, formen)	Gewebe- und Organvergrößerung durch abnorme Zellvermehrung
		Plasmodesmen desmos = Band	fädige Plasmabrücken zwischen den Zellen
		Plasmolyse lysis = (Auf-)Lösung	Ablösung des Protoplasten von der Zellwand bei Osmose ←→ Deplasmolyse
		Protoplasma prōtos = erster	„Erstgebilde", lebende Innensubstanz der Zelle (Zytoplasma) → Karyoplasma
Pneumo- pneumōn → lat. Pulmo	**Lunge**	Pleuropneumonie pleura = Seite, Brustfell	kombinierte Rippenfell- und Lungenentzündung
		Pneumokokken kokkos = Kugel, Beere	Erreger der Lungenentzündung
		Pneumonektomie ektemnein = herausschneiden	operative Entfernung eines Lungenflügels

Wortstamm	Bedeutung	Beispiele	Erklärung
		Pneumonie	Lungenentzündung → Bronchopneumonie
Psych(o)- psychē → lat. Anima	**Seele**	psychogen -gen ~ erzeugt	seelisch bedingt → psychogene Neurosen
		Psychopharmaka pharmakon = Heilmittel	auf die seelischen Abläufe einwirkende Arzneimittel (auch zur Behandlung von Geisteskrankheiten verwendet)
		psychosomatisch sōma = Körper	seelisch-leibliche Wechselwirkung betreffend
		Psychotherapie therapeia = Pflege, Behandlung	Lehre von der Behandlung seelischer und körperlicher Erkrankungen (→ Hypnose, Suggestion, Psychoanalyse)
Pyr(o)- pyr/pyretos → lat. Febris	**Feuer** **Fieber**	Antipyrin ant(i) = gegen	Phenyldimethylpyrazolon (Phenazon) → Antipyretica
		Pyro- (Verbindungen)	(meist) Verbindungen, die infolge Erhitzung weniger chemisch gebundenes Wasser enthalten (z. B. Pyrophosphate, Pyrosulfate) → Ortho-, Meta-Verbindungen (→ Farbbezeichnung)
		Pyrogene -gen ~ erzeugend	fieberhervorrufende Bakterien-Stoffwechselprodukte (Lipopolysaccharide)
		Neopyrin® neos = neu	
Rhin(o)- rhis, rhinos → lat. Nasus	**Nase**	Rhinitis -itis ~ Entzündung	Nasenschleimhautentzündung (Nasenkatarrh, Schnupfen)

Wortstamm	Bedeutung	Beispiele	Erklärung
		Rhino-pharyngitis pharynx = Rachen -itis ~ Entzündung	Entzündung der Nasen- und Rachenschleimhaut
		Rhinorrhagie rhēgnynai = reißen	heftiges Nasenbluten → Hämorrhagie
		Rhinoinfant® lat. Infans = Kind	
Spasm(o)- spasmos → lat. Spasmus	**Krampf**	Pylorospasmus pylōros = Torhüter	Krampf des Magenpförtners
		Spasmolyticum lyein = lösen	krampflösendes Mittel
		Spasmex® lat. ex = aus	
		Spastretten® -ette(n) ~ Tabletten	
Sperm(ato)- sperma, spermatos → lat. Semen	**Samen**	Lithospermum lithos = Stein	Steinsame (Boraginaceae)
		Sperma	Samenflüssigkeit, Gesamtheit der Samenfäden (Spermien/Spermatozoen) → Spermatiden
		Spermatophyta phyton = Pflanze	Samenpflanzen (samenbildende Blütenpflanzen)
		Spermiogenese genesis = Entstehung	Entwicklung der Samenzellen im Hoden
Spor(o)- sporos/spora	**Spore**	Sporangium angeion = Gefäß	Sporenbehälter
		Sporogonium gonē = Zeugung	Sporen bildende, ungeschlechtliche Generation der Moose (Mooskapsel) → Sporogonie → Zoosporen

Wortstamm	Bedeutung	Beispiele	Erklärung
		Sporophylle phyllon = Blatt	umgewandelte, die Sporangien tragende Blätter (→ Farnpflanzen)
		Sporophyt phyton = Pflanze	Sporen erzeugende Pflanze → Generationswechsel
-stase/-stat- stasis	**(Still-)Stand**	bakteriostatisch gr./lat. Bacterium = Bakterium	Bakterienwachstum und -vermehrung hemmend
		Cholestase cholē = Galle	Stauung der Gallenflüssigkeit
		Metastase meta- ~ Umwandlung	Tochtergeschwulst (an vom Ursprung entfernt gelegenen Körperstellen entstandener Tumor)
		Thyreostat® thyreos = Schild[-drüse]	
Stom(ato)- stoma, stomatos → lat. Os, Oris	**Mund** **Mündung**	Anastomose anastomūn = eröffnen	natürliche Verbindung zwischen Nerven, Blut- oder Lymphgefäßen
		Stomata	Spaltöffnungen der Pflanzen → Gaswechsel und Transpiration
		Stomatitis -itis ~ Entzündung	Entzündung der Mundschleimhaut → Aphthen, Gingivitis, Soor
		Stomatomykose mykēs = Pilz -ose ~ path. Zustand	Pilzerkrankung der Mundhöhle
Tax- taxis, taxeōs → lat. Ordo	**(An-)Ordnung** **(Auf-)Stellung**	Arznei-Taxe	Liste der amtlich vorgeschriebenen Arzneimittel-, Zubereitungs- und Gefäßpreise → taxieren
		Taxien	reizausgelöste Ortsveränderungen → Chemotaxis, Phototaxis u. a. → Nastien, Tropismen

Wortstamm	Bedeutung	Beispiele	Erklärung
		Taxonomie onoma = Name, Benennung	Beschreibung, Benennung und Einordnung der Lebewesen in ein System → Systematik
		Taxilan®	
Thromb(o)- thrombos → lat. Thrombus	**geronnene Blutmasse, Blutpfropf**	Prothrombin (Thrombogen) lat. pro = vor	Glykoproteid, Vorstufe des Gerinnungsfermentes Thrombin → Thrombokinase
		Thrombophlebitis phleps = Vene -itis ~ Entzündung	Venenentzündung mit Ausbildung einer Thrombose
		Thrombose	teilweiser oder völliger Verschluß eines Gefäßes (durch ortsständige Blutgerinnsel) → Embolie
		Thrombophob® -phob ~ abwehrend	
Thyre(o)- thyreos → thyreoeidēs (→ lat. [Glandula] Thyr(e)oidea)	**Schilddrüse**	Hyperthyreose hyper = über(mäßig)	Überfunktion der Schilddrüse (→ Thyreotoxikose) → Morbus Basedow (→ Struma) → Thyreostatica
		thyreogen -gen ~ erzeugt	schilddrüsenbedingt
		thyreotropes Hormon -trop ~ gerichtet auf horman = antreiben	Hormon des Hypophysenvorderlappens → Steuerung der Schilddrüsentätigkeit
		Thyroxin oxys = sauer [-stoffhaltig]	Schilddrüsenhormon, Bestandteil des Thyreoglobulin
Ton(o)-/-tonie tonos → lat. Tonus	**Spannung (Blut-)Druck**	Hypotonie hypo = unter	Unterdruck → Atonie ←→ Hypertonie
		Tonicum	Kräftigungsmittel → Roborans

Wortstamm	Bedeutung	Beispiele	Erklärung
		Psychotonin® psychē = Seele	
		Tonoquil® lat. [tran]quil[lus] = ruhig	
Tox(iko)- toxikon (pharmakon) → lat. Venenum	**Gift**	Thyreotoxikose thyreos = Schild[-drüse]	Schilddrüsenüberfunktion mit toxischem Krankheitsbild (→ Hyperthyreose)
		[Rhus] toxicodendron dendron = Baum	Giftsumach
		Toxikologie -logie ~ Lehre (von)	Lehre von den Giften und den Vergiftungen (des Organismus → Toxämie) → Intoxikation, Toxizität, toxisch
		Toxine	von Bakterien, Pflanzen oder Tieren gebildete Giftstoffe ←→ Antitoxine
Troph(o)-/ -troph(ie) trophē → lat. Nutrimentum	**Ernährung Wachstum**	Atrophie a(n)- ~ Verneinung	„Auszehrung", Organ-, Gewebe-, Zellenschwund (bes. durch Ernährungsstörungen)
		heterotroph heteros = andersartig	andere Organismen bzw. organische Nahrungsstoffe verwertend ←→ autotroph
		Hypertrophie hyper = über(mäßig)	übermäßige Gewebe- oder Organvergrößerung → Hyperplasie
		Trophophylle phyllon = Blatt	der Ernährung der Pflanze dienende, assimilierende Blätter → Sporophylle
Ur(o)-/-urie ūron → lat. Urina	**Harn(beschaffenheit)**	Diurese di(a)- = hindurch	Harnausscheidung → Diuretica

Wortstamm	Bedeutung	Beispiele	Erklärung
		Hämaturie haima = Blut	„Blutharnen" (Ausscheidung nicht zerfallener roter Blutkörperchen mit dem Harn) → Urämie
		Urobilin lat. Bilis = Galle	Gallenfarbstoff (mit dem Harn ausgeschieden) → Urobilinogen, Bilirubin
		Urospasmon® spasmos = Krampf	
Zykl(o)- kyklos → lat. Cyclus	**Kreis, Ring**	Tetracycline tetra- = vier	Antibiotica (mit Vier-Ringgerüst)
		zyklische Kohlenwasserstoffe	Kohlenwasserstoffe, deren C-Atome ringförmig verbunden sind → iso-/heterozyklisch → azyklische (aliphatische) Kohlenwasserstoffe
		Zyklus	(periodische) Monatsblutung (Menstruation)
		Cycloven® lat. Vena = Vene	
Zyst(o)- kystis → lat. Vesica (urinaria)	**(Harn-)Blase**	Cystitis -itis ~ Entzündung	Entzündung der Harnblase
		Zyste	flüssigkeitsgefüllter Hohlraum im Gewebe
		Zystin	schwefelhaltige Aminosäure (u. a. in Nieren- und Blasensteinen) → Zystinurie
		Zystoskopie skopein = betrachten	Blasenspiegelung
Zyt(o)- kytos → lat. Cellula	**Zelle**	anomocytisch a(n)-homos = un-gleich	unregelmäßig angeordnete Zellen (um die Spaltöffnungen) aufweisend (Ranunculaceen-Typ) → aniso-, dia-, paracytischer Typ

Wortstamm	Bedeutung	Beispiele	Erklärung
		Cytostaticum stasis = Stillstand	Zellwachstum und -vermehrung hemmendes Mittel
		Phagozyten phagein = fressen	„Freßzellen", Fremdkörper unschädlich machende weiße Blutkörperchen → Phagozytose
		Zytologie -logie ~ Lehre (von)	Lehre von Aufbau und Funktion der Zelle

ÜBUNG: Wie lauten die griechischen Wortstämme für die wichtigsten Organbezeichnungen? Aus welchen der folgenden Elemente ist der Terminus für „Ohrenschmerz" zusammengesetzt: -aesthesie-, -odynie-, -erg-, -algie-, -ost-, -angi-, -ot-, -urie-, -pathie-, -itis-? Worauf wirken adenotrope, gonadotrope und thyreotrope Stoffe? Welche griechischen Wortstämme sind in folgenden Fachausdrücken enthalten: Astheniker, Biometrie, Cholecystokinin, Enterotoxine, Enzephalomalazie, Hämorrhagie, Hydrophthalmus, Hypaesthesie, Nephrektomie, Neurom, Phototaxis, Stomatologie? Welche griechischen und lateinischen Wortstämme sind in folgenden Spezialitätennamen enthalten: Aspasmon®, Aurophyll®, Hepaduran®, Myalgol®, Mycatox®, Spasdilat®, Thrombimed®, Ulgastrin®?

ABSCHNITT VI

Griechische Wortstämme II

Adjektive

Folgende Übersicht enthält die wichtigsten griechischen Adjektive, die vorwiegend als Wortstämme in zusammengesetzten Wörtern (Komposita) auftreten; diese stellen entweder Substantive oder Adjektive dar und sind in der Endung meist eingedeutscht. Unter jedem Wortstamm ist das zugrundeliegende Adjektiv mit der entsprechenden lateinischen Bezeichnung im Kleinstdruck vermerkt; ebenso erscheint unter den einzelnen Beispielen der zusätzliche Wortbestandteil, der ein griechisches bzw. lateinisches Wort(element), Präfix oder Suffix sein kann.

Wortstamm	Bedeutung	Beispiele	Erklärung
all(o)- allos → lat. alius	**anders**	Allergie ergon = Werk, Wirkung	durch Antikörperbildung krankhaft veränderte Körperreaktion → Allergen → Idiosynkrasie
		Allogamie gamos = Heirat	Fremdbestäubung ←→ Autogamie
		Allopathie pathos = Leiden, Krankheit	Therapie mit der Krankheit entgegengesetzten Heilmittelwirkungen ←→ Homöopathie
		Allotropie tropos = Richtung	Elementvorkommen in mehreren Modifikationen (z. B. Schwefel, Kohlenstoff)
arist(o)- aristos → lat. optimus	**bester**	Aristolochia locheia = Geburt	Osterluzei (früher als „geburtsfördernd" angesehen)
		Aristamid®	
		Aristochol® cholē = Galle	
aut(o)- autos → lat. ipse	**selbst**	Autoklav lat. Clavis = Schlüssel	Hochdrucksterilisator

Wortstamm	Bedeutung	Beispiele	Erklärung
		autonom nomos = Gesetz	eigengesetzlich → autonomes (vegetatives) Nervensystem
		Autopsie opsis = Sehen	„Inaugenscheinnahme" (des Leichnams → Sektion)
		autotroph trophē = Ernährung	„selbsternährend" (aus anorganischer Substanz) (autotrophe Bakterien) → Photosynthese ←→ heterotroph
		Aut(o)oxydation oxys = sauer (→ Oxydation = Sauerstoffaufnahme)	Selbstoxydation (ohne chemische und physikalische Faktoren, z. B. „Ranzigwerden") ←→ Ant(i)oxydantien
		Tautomerie (to auto) + meros = Teil	gleichzeitiges Nebeneinanderbestehen von zwei verschiedenen Isomeren einer Verbindung (z. B. Keto-/Enolform)
bar(y)- barys → lat. gravis	**schwer**	Barium	Erdalkalimetall (Ba) → Bariumsulfat = Schwerspat → Barytwasser
		Neobar® neos = neu	
		Isobare isos = gleich	1. Isotope von gleichem Atomgewicht, aber verschiedener Kernladung 2. Linien gleichen Luftdrucks
		Barometer metron = Maß	[Luft-]Druckmesser → Millibar
chlor(o)- chlōros → lat. viridis	**grünlich gelblich**	Chlor	Halogen (Cl) → Chloroform, Chloramphenicol
		Chlorophyll phyllon = Blatt	Blattgrün (grüner Pflanzenfarbstoff) → Photosynthese
		Chlorose -ose ~ path. Zustand	„Bleichsucht" (Form der Anämie)

Wortstamm	Bedeutung	Beispiele	Erklärung
erythr(o)- erythros → lat. ruber	**rot**	Erythem(a) erythēma = Rötung	„Hautrötung" (durch Hyperämie)
		Erythroxylon [coca] xylon = Holz	Kokastrauch → Folia Cocae
		Erythrozyten kytos = Zelle	rote Blutkörperchen ←→ Leukozyten
glyk(o)- glykys → lat. dulcis	**süß**	Glucose -ose ~ Zuckerart	Traubenzucker (Dextrose = Saccharum amylaceum) → Glucosid, Glykosid
		Glycerin	dreiwertiger Alkohol
		Glycyrrhiza [glabra] rhiza = Wurzel	Süßholzstrauch → Radix Liquiritiae
		Glykogen -gen ~ erzeugt, erzeugend	Polysaccharid (tierische Stärke) → Glykolyse
		Glykole -ol ~ Alkohol	zweiwertige Alkohole
		Hypoglykämie hypo = unter haima = Blut	zu niedriger Zuckergehalt des Blutes
hetero- heteros ~ lat. varius	**andersartig verschieden**	Heterozyklen kyklos = Kreis	chem. Ringverbindungen (aus C- und anderen Atomen) ←→ Isozyklen
		heterogen -gen ~ erzeugt	heterogene Stämme → Kolloidchemie ←→ homogen
		Heteromorphie morphē = Gestalt	1. ungleichmäßige Organausbildung 2. Vorkommen eines Stoffes in zwei (Dimorphie) oder mehreren Kristallformen (z. B. Schwefel)
		Heterophyllie phyllon = Blatt	Vorkommen verschiedengeformter Blätter an verschiedenen Pflanzensproßteilen → Dimorphismus → Anisophyllie

Wortstamm	Bedeutung	Beispiele	Erklärung
homo- homos ~ lat. par	**gleich**	Homogenisierung -gen ~ erzeugend	[maschinelle] Vereinheitlichung der dispersen Phase eines Systems → Emulsion
		homolog homologos = übereinstimmend	1. homologe Reihen (nur durch die Anzahl der jeweils gleichen funktionellen Gruppe unterschieden, z. B. Paraffin-Kohlenwasserstoffe) → Reihenformel 2. homologe Organe (gleichen Ursprungs oder im Bau übereinstimmend) ←→ analog
		Homolyse lysis = (Auf-)Lösung	symmetrische Spaltung der kovalenten Bindung eines Moleküls → Radikale
homöo- homoios → lat. similis	**gleichartig ähnlich**	Homöopathie pathos = Leiden, Krankheit	Therapie mit hochverdünnten Mitteln (die in höheren Dosen die Symptome der zu behandelnden Krankheit hervorrufen) ←→ Allopathie
		homöopolar lat. Polus = Drehpunkt, Pol	homöopolare Bindung (Atombindung) ←→ heteropolare Bindung (Ionenbindung)
hygro- hygros → lat. humidus	**feucht, naß**	Hygrometer metron = Maß	[Luft-]Feuchtigkeitsmeßinstrument
		hygroskopisch skopein = (be)trachten (nach)	wasseranziehend → Blaugel, Silikagel
		Hygroton® tonos = Druck	
iso- isos ~ lat. aequus	**gleich**	isomer meros = Teil	isomere Verbindungen (Verbindungen mit gleicher Brutto-, aber verschiedener Strukturformel bei gleichem Molekulargewicht) → Konstitutionsisomerie u.a.
		Isomorphie morphē = Gestalt	1. Organgleichheit verschiedener Pflanzenarten 2. gleiche Kristallform chemisch verschiedener Stoffe

Wortstamm	Bedeutung	Beispiele	Erklärung
		isotonisch tonos = Druck	isotonische Lösungen (von gleichem osmotischen Druck) → Physiologische Kochsalzlösung und Blutserum ←→ hypertonisch, hypotonisch
		Isotope topos = Ort	Atome (eines Elementes) mit gleicher Kernladung, aber unterschiedlicher Masse (→ Periodensystem) → Isobare
krypt(o)- kryptos → lat. latens	**verborgen**	Kryptogamen gamos = Heirat	blütenlose Sporenpflanzen ←→ Phanerogamen
		Krypton	(seltenes) Edelgas (Kr)
		kryptokristallin	kryptokristalline Stoffe (anscheinend amorph, aufgebaut aus winzigen Kristalliten)
leuk(o)- leukos → lat. albus	**weiß**	Leucin	essentielle Aminosäure
		Leukozyten kytos = Zelle	weiße Blutkörperchen ←→ Erythrozyten
		Leukämie haima = Blut	„Weißblütigkeit" (geschwulstartige Wucherung blutbildender Systeme, meist mit Vermehrung pathologischer Formen der Leukozyten)
		Leucovorin® lat. vorare = fressen	
		Leukoplasten plastos = geformt	farblose Zellorganellen ←→ Chromoplasten, Chromatophoren
		Leukichtan® ichthys = Fisch → Ichthyol®	
		Leukomycin® mykēs = Pilz	
makro- makros [→ mega(lo)-] → lat. magnus	**groß**	Makromoleküle lat. Molecula = kleine Masse	Moleküle mit einem Molekulargewicht von über 10 000 → Polymerisation

Wortstamm	Bedeutung	Beispiele	Erklärung
		makroskopisch skopein = betrachten	mit bloßem Auge sichtbar ←→ mikroskopisch
		Makrobiotik bios = Leben	Lehre von der Lebensverlängerung
melan(o)- melas → lat. niger	**schwarz** **dunkel**	Kalomel kalos = schön	Quecksilber(I)-chlorid
		Melaena	Blutstuhl („Schwarzruhr") → Melaena neonatorum
		Melancholie cholē = Galle	Schwermut → Melancholiker
		Melanin	dunkler Farbstoff → Melanom → Melanose
mes(o)- mesos → lat. medius	**mitten** **mittlerer**	Mesencephalon enkephalos = Gehirn	Mittelhirn
		Mesokarp karpos = Frucht	Mittelschicht der Fruchtwand
		Mesophyll phyllon = Blatt	Mittelschicht des Blattgewebes (Palisaden- und Schwammparenchym)
mikro- mikros → lat. parvus	**klein**	Mikron	Mikrometer (physikalische Meßeinheit: µ)
		Mikropyle pylē = Tür	1. Zugang zur pflanzlichen Samenanlage 2. Öffnung in der Eihülle
		Mikroskop skopein = betrachten	optisches Gerät zur Betrachtung kleinster Objekte unter Vergrößerung
mon(o)- monos → lat. solus	**allein, einzeln**	monochrom chrōma = Farbe	einfarbig → monochromatisches Licht

Wortstamm	Bedeutung	Beispiele	Erklärung
		monoklin klinē = Lager, Bett	Frucht- und Staubblätter in einer Blüte vereint ←→ diklin
		Mono-kotyle(done)n kotylēdōn = Saugnapf	einkeimblättrige Pflanzen → Dikotyle(done)n
		monözisch oikos = Haus	einhäusig (getrenntgeschlechtliche [männliche und weibliche] Blüten auf einer Pflanze vereint) ←→ diözisch
		Monosaccharide lat. Saccharum = Zucker	einfache Zucker → Oligo-/Polysaccharide
neo- neos → lat. novus	**neu**	Neon	Edelgas (Ne)
		Neonatus lat. natus = geboren	neugeborenes Kind → Perinatalmedizin
		Neosalvarsan® lat. salvus = gesund -ars- ~ Arsen-(präparat)	
		Neoteben® -tebe- = Tb (Tuberkulose)	
olig(o)- oligos → lat. paucus	**wenig, gering**	oligodynamisch dynamis = Kraft	in kleinsten Mengen wirkend
		Oligoplex(e)® lat. plectere = (ver)flechten	
		Oligosaccharide lat. Saccharum = Zucker	Kohlenhydrate aus 2—4 Monosacchariden
		Oligurie ūron = Harn	verminderte Harnausscheidung ←→ Polyurie
orth(o)- orthos → lat. rectus	**aufrecht, gerade richtig**	Orthopädie paideia = Erziehung	Lehre von den angeborenen und erworbenen Fehlern des Haltungs- und Bewegungsapparates

Wortstamm	Bedeutung	Beispiele	Erklärung
		ortho-Stellung 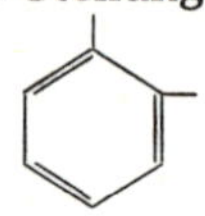	o-Stellung (Stellung des Substituenten am Benzolring: Substitutionsisomerie) → meta- (m-), para- (p-) Stellung
		Ortho-Säuren	„wasser"reichste Säureform → Meta-Säuren, Pyro-Säuren
		orthotrop tropos = Richtung	aufwärtsgerichtet ←→ plagiotrop
oxy- oxys → lat. acer, acutus, acidus	**scharf, spitz sauer(stoffhaltig)**	[Crataegus] oxyacantha akantha = Dorn	Weißdorn
		Oxalis [acetosella]	Sauerklee → Oxalsäure
		Oxygenium -gen ~ erzeugend	Sauerstoff → Oxid, Oxydation
		Oxymel lat. Mel = Honig	Sauerhonig (Arzneiform)
		Oxyuren ūra = Schwanz	Madenwürmer
pan- pas → lat. totus, omnis	**ganz, alles**	Pandemie dēmos = Volk	sich weit verbreitende Seuche → Epidemie ←→ Endemie
		Pankreas kreas = Fleisch	Bauchspeicheldrüse → Pankreatin, Pankreon®
		Panzytopenie kytos = Zelle penia = Armut	Verminderung der Blutzellen aller Systeme → Panmyelopathie
		Panflavin® lat. flavus = gelb	
		Pantopon® -op- → Opium	Gesamtalkaloide des Opiums enthaltendes Präparat (auf 50% Morphingehalt eingestellt)

Wortstamm	Bedeutung	Beispiele	Erklärung
		Pantothensäure pantothen = von überall her	Vitamin des B-Komplexes
poly- polys → lat. multus	**viel, zahlreich**	Polymerisation meros = Teil	Verkettung zahlreicher Einzel- zu Großmolekülen
		Polyneuritis neuron = Nerv -itis ~ Entzündung	Entzündung vieler Nerven
		Polypodium [vulgare] podion = Zipfel, Füßchen	Tüpfelfarn
		polyvalent lat. valere = Kraft haben	in mehrfacher Richtung wirksam (z. B. polyvalenter Impfstoff)
		Polypeptide pepsis = Kochen, Verdauung	Verbindungen aus mehreren, verketteten Aminosäuren (Eiweißabbauprodukte durch das Enzym Pepsin) → Peptone
		Polybion® bios = Leben	
prot(o)- prōtos → lat. primus	**erster**	Protein	Eiweißkörper → Proteid
		Prot(er)andrie proteros = früher anēr = Mann	Vorreifung der Staubblätter vor den Narben
		Proton	positiv geladenes Elementarteilchen
		Protoplasma plasma = Gebilde(tes)	„Erstgebilde", Zellinnensubstanz (lebender Grundstoff der Organismen)
		Protozoen zōon = Lebewesen	„Urtierchen", einzellige Organismen
		Protovita® lat. Vita = Leben	

Wortstamm	Bedeutung	Beispiele	Erklärung
pykn(o)- pyknos → lat. densus	**dicht**	pyknisch	von gedrungenem Körperbau (Konstitutionstyp) → athletisch, asthenisch, leptosom
		Pyknometer metron = Maß	Gefäß zur Dichtebestimmung von Flüssigkeiten → Harnanalyse
skler(o)- sklēros → lat. durus	**hart**	Sklerenchym enchyma = Eingegossenes	Pflanzenfestigungsgewebe
		Sklerose -ose ~ path. Zustand	krankhafte Gewebe- oder Organverhärtung (z. B. Arteriosklerose)
		Sklerobion® bios = Leben	
		Sklerotium	„Hartkörper", Dauermyzel (Vegetationskörper) der Pilze
sten(o)- stenos → lat. angustus	**eng, verengt**	Stenokardie kardia = Herz	Herzbeklemmung → Angina pectoris
		Stenocrat® lat. Crataegus = Weißdorn	
		Stenose -ose ~ path. Zustand	Verengerung
ster(eo)- stereos ~ lat. solidus	**starr, fest (räumlich)**	Stereochemie	Raumchemie (die räumliche Lage der Atome und Atomgruppen betreffend) → Stereoisomerie
		Sterine	polyzyklische Kohlenwasserstoffe (z. B. Sitosterin, Cholesterin) → Steroide
		Steranabol® anaballein = hinaufwerfen (→ aufbauen)	

Wortstamm	Bedeutung	Beispiele	Erklärung
strept(o)- streptos ~ lat. tortus	**gedreht** **kettenförmig**	Streptokokken kokkos = Kugel	kettenförmig angeordnete Kokken
		Streptase -ase ~ Enzym	Streptokinase (von Streptokokken gebildetes Enzym)
		Streptomycin mykēs = Pilz	Antibiotikum
therm(o)- thermos → lat. calidus	**warm**	endotherm endon = innen	wärmebindend (z. B. endotherme Reaktion) ←→ exotherm
		Thermometer metron = Maß	Temperatur-meßinstrument
		Thermosan® lat. sanus = gesund	
xanth(o)- xanthos → lat. flavus, luteus	**gelb**	Xanthin	2,6-Dihydroxypurin → Purine
		Xanthophyll phyllon = Blatt	gelber Farbstoff
		Xanthoprotein-reaktion prōtos = erster → Protein	Nachweis von bestimmten Eiweißstoffen unter Gelbfärbung
xer(o)- xeros → lat. siccus	**trocken**	Axerophthol a(n)- ~ Verneinung ophthalmos = Auge	Vitamin A (gegen Xerophthalmie = Austrocknung der Binde- und Hornhaut des Auges)
		Xerogele lat. Gelatina = Gel(atine)	ausgetrocknete Gele
		Xerophyten phyton = Pflanze	trockenen Standorten angepaßte Pflanzen
zyan(o)- kyaneos → lat. caeruleus	**blau**	Anthozyan anthos = Blüte	Pflanzenfarbstoff
		[Centaurea] cyanus	Kornblume

Wortstamm	Bedeutung	Beispiele	Erklärung
		Cyanophyceae phykos = Alge, Tang	Blaualgen → Phykozyan
		Zyankali	„blausaures“ Kalium (KCN)

ÜBUNG: Wie lauten die griechischen Wortstämme für die wichtigsten Farbbezeichnungen? Aus welchen der folgenden Elemente ist der Terminus für „Blutzucker“ zusammengesetzt: -olig-, -glyk-, -leuk-, -haemat-, -ose-, -asthenie-, -aemie-, -ger-, -trop-, -zyan-? Welche griechischen Adjektive bezeichnen eine „Gleichartigkeit“? Welche griechischen Wortstämme sind in folgenden Fachausdrücken enthalten: Arteriosklerose, Autoprotolyse, heterotroph, Homöostase, Mesoderm, Monozyt, Panmyelopathie, Phycoerythrin, Polyurie, Stereoisomerie, Streptomyces, thermodynamisch? Welche griechischen und lateinischen Wortstämme sind in folgenden Spezialitätennamen enthalten: Allergo-Dolan®, Aristogyn®, Microcillin®, Neo-Pyocyanase®, Orthangin®, Stenocardin®?

ABSCHNITT VII

Griechische und Lateinische Suffixe

Folgende Übersicht enthält Partikel, die sich von Substantiven, Adjektiven oder Verben ableiten und streng genommen keine echten Suffixe (→ Abschnitt II), sondern vielmehr griechische bzw. lateinische Wortstämme darstellen. Da diese Partikel jedoch in zusammengesetzten Fachwörtern häufig nur als zweiter adjektivierender Bestandteil auftreten, nehmen sie in solchen Fällen gleichsam den Charakter von Suffixen an.

-fer (lat.) ∼ **tragend, (weg-)führend, bringend**

→ gr. -phor

Beispiel	Erklärung	Beispiel	Erklärung
somnifer Somnus-ferre = Schlaf-bringen	schlafbringend → Papaver somniferum	sudorifer Sudor-ferre = Schweiß-wegführen	schweißtreibend → Glandulae sudoriferae → [Remedia] Sudorifera (= Diaphoretica, Hidrotica)
Cruciferae Crux-ferre = Kreuz-tragen	„Kreuzblütler" (= Brassicaceae) (Kreuzstellung der Blütenblätter)	Umbelliferae Umbella-ferre = Schirm-tragen	„Doldenblütler" (= Apiaceae) (schirmähnlicher Blütenstand)

-gen (gr.) ∼ **1. erzeugend, verursachend, bildend** [aktiv!]

Beispiel	Erklärung	Beispiel	Erklärung
Chalkogene chalkos-genēs = Erz-bildend	„Erzbildner" (O, S, Se, Te) → Chalkogenide	Halluzinogene [h]a[l]lucinari-genēs = gedankenlos sein, träumen-verursachend	Sinnestäuschung hervorrufende Stoffe → Halluzination
Halogene hals [halos]-genēs = Salz-bildend	„Salzbildner" (F, Cl, Br, J) → Halogenide	kanzerogen Cancer-genēs = Krebs-erzeugend	krebserzeugend (karzinogen)
Kollagene kolla-genēs = Leim-bildend	„Leimbildner" (Gerüsteiweiß)	pathogen pathos-genēs = Krankheit-verursachend	krankmachend → Pathogenese → Ätiologie → Nosologie (systemat. Einordnung und Beschreibung der Krankheiten)
pyrogen pyr [pyros]-genēs = Fieber-erzeugend	fiebererzeugend → Pyrogene	teratogen teras [teratos]-genēs = Ungeheuer, Mißgeburt-erzeugend	(körperliche oder organische) Mißbildungen hervorrufend (während der Embryonalentwicklung)

Beispiel	Erklärung	Beispiel	Erklärung

-gen (gr.) ~ 2. erzeugt, verursacht, entstanden aus [passiv!]

Beispiel	Erklärung	Beispiel	Erklärung
endogen endon-genēs = innen-erzeugt	im (Körper-) Inneren erzeugt, von innen kommend → endogene Psychosen ←→ exogen	exogen exō-genēs = außen-erzeugt	außerhalb des Organismus erzeugt, von außen kommend → exogene Psychosen ←→ endogen
lysigen lysis-genēs = Auflösung-entstanden	durch Auflösung entstanden ←→ schizogen	schizogen schizein-genēs = spalten, zerreißen-entstanden	durch „Spaltung" entstanden (Auseinanderweichen) → schizogene Interzellularräume, Ölbehälter, Harzgänge ←→ lysigen

-gen (gr.) ~ 3. erzeugend und erzeugt [aktiv und passiv!]

Beispiel	Erklärung	Beispiel	Erklärung
Glykogen glykys-genēs = süß-erzeugend/erzeugt	tierische Stärke (Polysaccharid) a) in Glucose zerlegbar b) aus Glucose aufgebaut	häm(at)ogen haima [haimatos]-genēs = Blut-erzeugt/erzeugend	a) aus dem Blut stammend (Entstehung oder Lokalisierung) b) blutbildend

-phil (gr.) ~ zu etwas neigend

←→ -phob

Beispiel	Erklärung	Beispiel	Erklärung
hydrophil hydōr-philos = Wasser-liebend	wasserbindend → lyophile Sole bzw. Kolloide → Hydratation, Solvatation	lipophil lipos-philos = Fett-liebend	„fettlöslich" (in Fett, Öl u. ä. leicht lösliche Stoffe bzw. Atom- oder Molekülgruppen)

-phob (gr.) ~ etwas abwehrend

←→ -phil

Beispiel	Erklärung	Beispiel	Erklärung
chromophob chrōma-phobos = Farbe-Furcht	schlecht bzw. nicht färbbar → Histologie	hydrophob hydōr-phobos = Wasser-Furcht	wasserabstoßend → lyophobe Sole bzw. Kolloide

Beispiel	Erklärung	Beispiel	Erklärung

-phor (gr.) ∼ tragend

→ lat. -fer

Beispiel	Erklärung	Beispiel	Erklärung
Karpophor karpos-pherein/ phorein = Frucht-tragen	„Fruchtträger" (die Teilfrüchtchen tragende Mittelsäule bei den Umbelliferen)	Phosphor phōs-pherein/ phorein = Licht-tragen	„Lichtträger", chemisches Element (P) (der weiße [gelbe] Phosphor leuchtet im Dunkeln)

-trop (gr.) ∼ auf (gegen) etwas gerichtet bzw. einwirkend, wendend

Beispiel	Erklärung	Beispiel	Erklärung
azeotrop a-zeein-tropos = nicht-sieden-Richtung	konstant siedend (gleiche Zusammensetzung von Dampf und Flüssigkeit eines Gemisches) → azeotrop(isch)e Gemische → azeotrope Destillation	gonadotrop gonē-tropos = Zeugung-Richtung	auf die Keimdrüsen einwirkend → Gonadotropin
plagiotrop plagios-tropos = schräg-Richtung	schräg-gerichtet (zur Sproßachse) → orthotrop	thixotrop thixis-trepein = Berührung-wenden, umkehren	die Struktur ohne Temperatureinfluß ändernd (Erstarrung eines Sols zu einem Gel, das sich durch Schütteln wieder verflüssigt u.s.f.) → Kolloidchemie

-zid (lat.) ∼ vernichtend

Beispiel	Erklärung	Beispiel	Erklärung
bakterizid Bacterium-caedere = Bakterie-töten	bakterien-vernichtend (keimtötend) → bakteriostatisch	fungizid Fungus-caedere = Pilz-töten	(Haut-)pilz-vernichtend → fungistatisch
Insektizide Insectum-caedere = Insekt-töten	insekten-vernichtende (chemische) Mittel	Suizid suus-caedere = sein-töten	Selbstmord

Folgende Übersicht enthält die wichtigsten griechischen und lateinischen Suffixe (Silbenanhänge oder Auslautgruppen), wobei bestimmte Suffixe bzw. deren spezielle Bedeutung in der botanischen und chemischen Nomenklatur gesondert behandelt werden (→ Abschnitt X). In den nachstehenden substantivischen und adjektivischen Auslautgruppen ist die jeweilige Flexionsendung durch einen Trennungspunkt von dem eigentlichen Suffix abgesetzt. Ferner sind jeweils die Genitiv- bzw. Genusformen vermerkt sowie die eingedeutschten bzw. entsprechenden deutschen Endungen im Kleinstdruck aufgeführt; Suffixkombinationen, z. B. -al·i·tas, -ar·i·tas, -bil·i·tas (aus -alis, -aris, -bilis und -(i)tas), erscheinen unter der gemeinsamen Auslautsilbe.

VII

1. Substantivische Suffixe

-cul·us/·a/·um (lat.) ~ Diminutiv

→ dt. -kel

Beispiel	Erklärung	Beispiel	Erklärung
Cuticula Cutis = Haut Häutchen	Kutikula (äußerste Membranlamelle über den Außenwänden der Epidermiszellen)	Fasciculus Fascis = Bündel, Paket Bündelchen	Faszikel (kleines Bündel von Muskel- oder Nervenfasern)
Molecula Moles = Masse kleine Masse	Molekel (Molekül [franz.])	Musculus Mus = Maus Mäuschen	Muskel
Testiculus Testis = Hoden kleiner Hoden	Testikel (Hoden)	Tuberculum Tuber = Höcker kleiner Höcker	Tuberkel (Knötchen, -Geschwulst → Tuberkulose)

-ell·us/·a/·um (lat.) ~ Diminutiv
-ill·us/·a/·um (lat.)

→ dt. -ell(e), -ille

Beispiel	Erklärung	Beispiel	Erklärung
Fibrilla Fibra = Faser Fäserchen	Fibrille (feines Muskel- oder Nervenfäserchen)	Lamella Lamina = Platte, Blatt Plättchen	Lamelle (Plättchen) → Mittellamelle
Micella Mica = Krume kleine Krume	Mizelle(n) (Molekülaggregate)	Myrtillus Myrtus = Myrte kleine Myrte	[Vaccinium] myrtillus (Heidelbeere)
Organellum organon = Werkzeug kleines Organ	Organell(e) (Feinstruktur der tierischen und pflanzlichen Zelle, z. B. Mitochondrien)	Varicella [Variola = Pocken] „kleine Pocken"	Varizelle(n) (Wind-, Schafpocken)

-ett(e) (franz./ital.) ~ Diminutiv

Beispiel	Erklärung	Beispiel	Erklärung
Rosetta Rosa = Rose kleine Rose	Rosette (Sproß mit gestauchten Internodien) → Rosettenstadium	Tabuletta Tabula = Tafel Täfelchen	Tablette → Compretten®, Linguetten® (→ Spezialitätennamen auf -etten)

Beispiel	Erklärung	Beispiel	Erklärung

-go, -ginis (lat.) ~ 1. Ähnlichkeit, Zugehörigkeit

Beispiel	Erklärung	Beispiel	Erklärung
Aerugo Aes [Aeris] = Erz, Kupfer	„Grünspan", Kupferrost (Cuprum subaceticum)	Lanugo Lana = Wolle	„Wolliges", Verbandwatte → Lanugo Gossypii absorbens
Mucilago Mucus = Schleim	Schleim-zubereitung (dickflüssige Arzneiform) → Mucilago Salep → [Remedia] Mucilaginosa	Plumbago [europaea] Plumbum = Blei	a) Bleiwurz (bleigraue Blattfärbung) b) Graphit (→ „Blei"-Stifte)

-go, -ginis (lat.) ~ 2. Krankheitszustand

Beispiel	Erklärung	Beispiel	Erklärung
Impetigo impetere = anfallen	Eitergrind, Eiterflechte (entzündliche Hauterkrankung)	Intertrigo interterere = dazwischenreiben	Wundsein, „Hautwolf"
Prurigo prurire = jucken	„Juckblattersucht" (Hauterkrankung mit Bildung juckender Hautknötchen) → Pruritus	Vertigo vertere = drehen	Schwindel (durch Gleichgewichtsstörungen)

-ias·is, -ias·is (gr.) ~ Krankheitsprozeß, -zustand

→ dt. -iase

Beispiel	Erklärung	Beispiel	Erklärung
Cholelithiasis cholē = Galle lithos = Stein	Gallenstein-leiden, -kolik	Elephantiasis elephas [elephantos] = Elefant	Hautverdickung (speziell durch Lymphstauungen hervorgerufen)
Helminthiasis helmi[n]s [helminthos] = (Eingeweide-)Wurm	Wurmkrankheit → [Remedia] Anthelminthica	Trypanosomiasis [Trypanosoma = Gattung der Geißeltierchen]	Schlafkrankheit (durch Trypanosomen hervorgerufene Infektionskrankheit) → Tsetse-Fliege

-(t)io, -(t)ionis (lat.) ~ Vorgang bzw. dessen Ergebnis

→ dt. -ion bzw. -ung

Beispiel	Erklärung	Beispiel	Erklärung
Combustio comburere = verbrennen	Verbrennung (Kombustion)	Contusio contundere = zerstoßen, zerquetschen	Quetschung (Kontusion)

Beispiel	Erklärung	Beispiel	Erklärung
Cumulatio cumulare = häufen	Anhäufung (Kumulation) (Arzneistoffanhäufung in Blut oder Gewebe) ←→ Elimination	Eliminatio eliminare = entfernen	Ausscheidung (Elimination) (Konzentrationsabnahme des Arzneimittels im Körper) → Exkretion → Biotransformation ←→ Invasion
Lactatio lactare = Milch geben, säugen	Milchabsonderung (Laktation) → Stillen	Mutatio mutare = verändern	a) Stimmbruch b) plötzlich eintretende Erbänderung (Mutation) → Modifikation

-itis, -itidis (gr.) ~ entzündliche Erkrankung

Beispiel	Erklärung	Beispiel	Erklärung
Adnexitis Adnexum = Anhang	Entzündung der Gebärmutteradnexe (der Eierstöcke und Eileiter) → Salpingitis	Appendicitis Appendix = Anhang	„Blinddarmentzündung" (Entzündung des Wurmfortsatzes des Blinddarms)
Keratitis keras [keratos] = Horn	Entzündung der Augenhornhaut → Cornea	Kolpitis kolpos = Scheide	Entzündung der weiblichen Scheide
Meningitis mēninx [mēningos] = (Hirn-)Haut	Hirnhautentzündung (Entzündung der Hirn- und Rückenmarkshäute) → Enzephalitis	Parodontitis para-odūs [odontos] = neben-Zahn („Zahnbett")	Zahnfleischsaumentzündung → Parodontose
Poliomyelitis polios-myelos = grau-Mark	Entzündung der grauen Rückenmarksubstanz → „spinale Kinderlähmung"	Proktitis prōktos = After, Mastdarm	Entzündung des Mastdarms

-ol·us/·a/·um (lat.) ~ Diminutiv
-ul·us/·a/·um (lat.)

Beispiel	Erklärung	Beispiel	Erklärung
Campanula Campana = Glocke Glöckchen	Glockenblume	Cellula Cella = Kammer, Behältnis kleine Zelle	Zelle (kleinste Lebenseinheit aus Zytoplasma und Kern)

Beispiel	Erklärung	Beispiel	Erklärung
Nucleolus Nucleus = Kern kleiner Kern	Kernkörperchen (innerhalb des Zellkerns) → Ribonukleinsäure	Ovulum Ovum = Ei kleines Ei	(eiförmiges) Scheidenzäpfchen (Vaginalkugel)
Tubulus Tubus = Röhre kleine Röhre	(sehr kleiner, schlauchförmiger) Körperkanal → Tubuli renales	Vakuole vacuus = leer kleiner Leerraum	Hohlraum (im Zellplasma oder -kern [Zellsaftraum])

-om(a), -omatis (gr.) ~ Geschwulst(bildung)

→ dt. -ome [Plural]

Adenom adēn = Drüse	(gutartige) Drüsenepithelgeschwulst	Fibrom Fibra = Faser	(gutartige) Geschwulst aus Bindegewebe
Granulom Granulum = Körnchen	Granulationsgeschwulst (bes. an der Zahnwurzelspitze)	Karzinom karkinos = Krebs	(bösartige) Epithelgeschwulst (Krebs) → Metastasen
Malignom malignus = bösartig	bösartige Geschwulst → maligne Tumoren	Sarkom sarx [sarkos] = Fleisch	(bösartige) Bindegewebsgeschwulst → Metastasen

-or, -oris (lat.) ~ (Krankheits-)Zustand

→ -tor

Fluor fluere = fließen	Ausfluß aus den weiblichen Geschlechtsteilen → Fluor albus	Tremor tremere = zittern	Muskelzittern (motorische Reizerscheinung)
Tumor tumere = geschwollen sein	Geschwulst, Gewebswucherung, Gewächs ←→ Tumeszenz	Turgor turgere = angeschwollen sein	Flüssigkeitsdruck in einem Gewebe → Turgeszenz

-os·is, -os·is (gr.) ~ 1. (Biologischer) Vorgang bzw. dessen Ergebnis

→ dt. -ose bzw. -ung

Beispiel	Erklärung	Beispiel	Erklärung
Meiose meiūn = verringern	Reduktions-teilung (bei der Reifeteilung, haploide Chromo-Trennung des diploiden Chromosomensatzes → somensätze) → Geschlechtszellen ←→ Mitose	Mitose mitos = Faden	indirekte Zellkernteilung (Karyokinese, Längsspaltung der Chromosomen → vollständiger [diploider] Chromosomensatz) → Körperzellen ←→ Meiose
Osmose ōsmos = Stoß	begrenzte einseitige Lösungsmitteldiffusion (bei zwei Lösungen verschiedener Konzentration) durch eine semipermeable Membran → osmotischer Druck → Dialyse	Phagozytose phagein-kytos = fressen-Zelle	Auflösung und Unschädlichmachung von Fremdkörpern im Organismus durch Phagozyten („Freßzellen")

-os·is, os·is (gr.) ~ 2. pathologischer Zustand (u. a. Degeneration)

Beispiel	Erklärung	Beispiel	Erklärung
Nekrose nekros = Leichnam	örtlicher Gewebstod (Absterben von Zellen, Zellverbänden, Gewebs- oder Organbezirken) → nekrotisches Gewebe	Parodontose para-odūs [odontos] = neben-Zahn („Zahnbett")	Zahnfleisch-schwund (Dystrophie des Zahnbetts) → Parodontitis
Spondylose spondylos = Wirbelknochen, -bein	Erkrankung der Wirbelsäule	Tuberkulose Tuberculum = kleiner Höcker, Knötchen	„Knötchen-krankheit" (durch Tuberkelbakterien hervorgerufene chronische Infektionskrankheit [Tb/Tbc/Tbk])

-(i)tas, -(i)tatis (lat.) ~ allgemeiner (abstrakter) Begriff, Zustand

→ dt. -(i)tät

Beispiel	Erklärung	Beispiel	Erklärung
Adipositas adiposus = fetthaltig	Fettsucht, -leibigkeit	Debilitas debilis = schwächlich	Schwäche (Debilität)

Beispiel	Erklärung	Beispiel	Erklärung
Extremitas extremus = äußerst	Endteil eines Organs bzw. die Gliedmaßen (Extremitäten)	Flexibilitas flexibilis = biegsam	Biegsamkeit (Flexibilität)
Graviditas gravidus = (beschwert), schwanger	Schwangerschaft (Gravidität)	Varietas varius = verschiedenartig	Verschiedenheit (Varietät) → botanische Taxa

-tor, -toris (lat.) ~ Tätigkeit, Funktion

→ -or

Donator donare = schenken, geben	„Geber" → Elektronendonator ←→ Acceptor	Emulgator emulgere = ausmelken	emulsionsbildendes Bindemittel
Exsiccator exsiccare = austrocknen	luftdicht abschließbares Glasgefäß zum Trocknen von Stoffen (mit hygroskopischen Substanzen gefüllt)	Indikator indicare = anzeigen	„Anzeiger" (u. a. von saurer, neutraler, alkalischer Reaktion) → Maßanalyse (→ medizin. Indikation)
Receptor recipere = aufnehmen	Reizaufnahmeorgan (nervöse Empfangsorgane in der Haut und in inneren Organen)	Stabilisator stabilisare = festigen	festigendes Bindemittel → Stabilisation disperser Systeme → Gerinnungshemmung für die Blutkonservierung
Vasodilatator Vas-dilatare = Gefäß-ausdehnen	gefäßerweiternder Nerv bzw. (Arznei-)Stoff ←→ Vasokonstriktor	Vasokonstriktor Vas-constringere = Gefäß-zusammenschnüren	gefäßverengernder Nerv bzw. (Arznei-)Stoff ←→ Vasodilatator

-ur·a, -ur·ae (lat.) ~ Vorgang bzw. dessen Ergebnis

→ dt. -ur

Defectura deficere = fehlen	Defektur (Herstellung und Ergänzung fehlender Arzneimittelvorräte bzw. der hierfür vorgesehene Apothekenraum) → defektieren, Defektar	Fractura frangere = brechen	Fraktur ([Knochen-]Bruch)

Beispiel	Erklärung	Beispiel	Erklärung
Fissura findere = spalten	Fissur (Spalte, Furche, Schrunde)	Mixtura miscere = mischen	Mixtur (flüssige Arzneimischung)
Receptura recipere = entgegennehmen → Rezept	Rezeptur (Arzneimittelzubereitung nach Rezeptanweisung bzw. der hierfür vorgesehene Teil der Offizin) → rezeptieren, Rezeptar	Tinctura tingere = färben	Tinktur („gefärbter" Drogenauszug)

2. Adjektivische Suffixe

-ace·us, -a, -um (lat.) ~ **Ähnlichkeit (der Farbe, des Stoffes), Stoffbeschaffenheit**

-(a)e·us, -a, -um (gr./lat.)

→ dt. -(e)n, -ig
→ Botanik und Chemie (Abschnitt X)

amylaceus Amylum = Stärke	Stärkemehl stärkehaltig, aus → Capsulae amylaceae	cinereus Cinis = Asche	aschfarben, grau → Unguentum Hydrargyri cinereum
corneus Cornu = Horn	hörnern (aus verhornten Zellen bestehend) → Cornea (Augenhornhaut, aus nicht verhorntem Plattenepithel!)	papyraceus papyros = Papyrus(staude)	papierartig, papieren → Capsulae papyraceae
purpureus Purpura = Purpurschnecke, -farbe	purpurfarben, purpurn → Purpureaglykoside	vitreus Vitrum = Glas	glasig, gläsern → Vitriol

-al·is, -is, -e (lat.) ~ **Zugehörigkeit (örtliche Beziehung, Verwendung)**

-ar·is, -is, -e (lat.)

→ dt. -al, -ell / -ar, -är
→ Botanik und Chemie (Abschnitt X)

abdominalis Abdomen = Bauch	zum Bauch (Unterleib) gehörend	animalis Animal = Lebewesen, Tier	zum Tier gehörend, tierisch (animalisch) → Carbo animalis
cerebralis Cerebrum = Gehirn	zum Gehirn gehörend, das Gehirn betreffend	dentalis Dens = Zahn	zu den Zähnen gehörend, die Zähne betreffend

Beispiel	Erklärung	Beispiel	Erklärung
intestinalis Intestinum = Darmkanal	zum Darmkanal gehörend, den Darmkanal betreffend	medicinalis Medicina = Arznei(-kunst)	zur Medizin gehörend, die Medizin betreffend, arzneilich verwendet → Sanguisuga medicinalis (Hirudo)
molecularis Molecula = kleine Masse	die Moleküle betreffend (molekular) → Molekulargewicht	muscularis Musculus = Muskel	zu den Muskeln gehörend, die Muskulatur betreffend → intramuskulär
nasalis Nasus = Nase	zur Nase gehörend, die Nase betreffend	officinalis Officina = Offizin (Apotheke)	amtlicher Vorschrift entsprechend (DAB/Ph. Eur.), in allen Apotheken vorrätig (offizinell, nicht offiziell!) → Althaea officinalis
parietalis Paries = Wand	zur Wand gehörend, seitlich, wandständig → parietale Plazentation	venalis Venus = Verkauf	den Handel betreffend, handelsüblich → Sapo kalinus venalis

-at·us, -a, -um (lat.) ~ **Ergebnis eines Vorgangs** [Verbaladjektive]

→ Botanik und Chemie (Abschnitt X)

cristallisatus cristallisare = kristallisieren	kristallisiert → cristallinus	depuratus depurare = reinigen	gereinigt → depurativus
examaratus examarare = entbittern	entbittert → amarus	praeparatus praeparare = vorbereiten	zubereitet, präpariert → Präparat

-escens, -escentis (lat.) ~ **Beginn eines Vorgangs bzw. dessen Ergebnis** [Verbaladjektive des Incohativs]

→ -ns
→ dt. -eszenz [Substantiv]

adolescens adolescere = heranwachsen → adultus = erwachsen	Adoleszenz (Jugendalter)	inflorescens inflorescere = erblühen	Infloreszenz (Blütenstand)

Beispiel	Erklärung	Beispiel	Erklärung
luminescens [luminescere = aufleuchten] Lumen = Licht	Lumineszenz (Aufleuchten eines Stoffes ohne gleichzeitige Temperaturerhöhung dieses Stoffes) → Fluoreszenz, Phosphoreszenz	opalescens [opalescere = opalisieren Opalus = Opal	Opaleszenz (Trübung [von Lösungen])
tumescens tumescere = anschwellen	Tumeszenz (diffuse Anschwellung) ←→ Tumor	turgescens turgescere= aufschwellen	Turgeszenz (Volumenzunahme bzw. Gespanntheit von Zellen, Geweben und Organen durch vermehrten Blut- bzw. Flüssigkeitsgehalt) → Turgor

-ic·us, -a, -um (gr./lat.) ~ Zugehörigkeit (örtliche Beziehung, Funktion)

→ dt. -isch bzw. -ik [Substantiv]
→ Botanik und Chemie (Abschnitt X)

aromaticus arōma = Gewürz	aromatisch (würzig, wohlriechend) → Tinctura aromatica	ataracticus a-taraktos = nicht-verwirrt, ruhig	ataraktisch (beruhigend, erregungsdämpfend) → [Remedia] Ataractica
botanicus botanē = Weide, Futterkraut, Gras	botanisch (die Pflanzen betreffend) → Botanik	colicus kōlon = Grimmdarm	zum Grimmdarm gehörend → Kolik → Kolibakterium (Escherichia coli)
hepaticus hēpar = Leber	hepatisch (zur Leber gehörend, die Leber betreffend) [→ Hepatica nobilis (Leberblümchen)]	lymphaticus Lympha = Quellwasser, Lymphe	lymphatisch (die Lymphe oder die Lymphknoten betreffend) → Nodus lymphaticus
ophthalmicus ophthalmos = Auge	ophthalmisch (zum Auge gehörend, das Auge betreffend) → [Remedia] Ophthalmica	pharmaceuticus pharmakeutikē [technē] = Arzneibereitungskunst	pharmazeutisch (die Arzneimittelherstellung betreffend) → „Pharmazeutik"
physicus physis = Natur → physikē = Naturlehre	die Natur (des Menschen) betreffend a) physisch (körperlich) ←→ psychisch b) physikalisch (die Naturvorgänge betreffend) → Physik c) „Physicus" (Physiker bzw. Arzt) → Physikum (ärztliches Vorexamen)	systematicus systēma = Zusammengestelltes, Vereinigung (mehrerer Dinge in einem Ganzen)	systematisch (auf ein System bezogen) → Systematik

Beispiel	Erklärung	Beispiel	Erklärung

-(o)id(e·us, -a, -um) (gr./lat.) ~ Ähnlichkeit

[aus: gr. id[es] → eidos = Form, Aussehen + lat. -eus]
→ dt. -(o)id(e) bzw. -id(en)
→ Botanik und Chemie (Abschnitt X)

Beispiel	Erklärung	Beispiel	Erklärung
adenoideus adēn = Drüse	drüsenähnlich (adenoid)	colloid(alis) kolla = Leim	„leimähnlich" (kolloid[al]) → kolloiddisperse Systeme → Sulfur colloidale
thyr(e)oideus thyreos = Schild(-drüse)	schildförmig (die Schilddrüse betreffend) → [Glandula[Thyr(e)oidea	Tracheiden trachys = rauh → Trachea = Luftröhre	röhrenförmige Einzelzellen (zur Wasser- und Nährsalzleitung) → Tracheen

-in·us, -a, -um (gr./lat.) ~ Stoffbeschaffenheit, Ähnlichkeit

→ dt. -in(e)
→ Botanik und Chemie (Abschnitt X)

Beispiel	Erklärung	Beispiel	Erklärung
cristallinus Crystallus = Kristall	kristallin („kristallähnlich") → cristallisatus	hyalinus hyalos = Kristall, Glas	hyalin (glasartig, durchsichtig, aus Hyalin bestehend) → hyaline Zylinder (Harnzylinder)
salinus Sal = Salz	salinisch (salzig, salzartig) → Saline	trichinus thrix [trichos] = Haar	Trichine (haardünner, parasitischer Fadenwurm)

-iv·us, -a, -um (lat.) ~ Funktion, Fähigkeit [aktiv/passiv]

→ dt. -iv

Beispiel	Erklärung	Beispiel	Erklärung
abortivus aboriri = abgehen	abtreibend (abortiv) → Abortiva	adhaesivus adhaerere = anhaften	anhaftend (adhäsiv) → Emplastrum adhaesivum
carminativus carminare = Wolle krempeln, reinigen	blähungstreibend → [Remedia] Carminativa	palliativus palliare = mit einem Mantel bedecken	lindernd (palliativ) → [Remedia] Palliativa
sedativus sedare = beruhigen	beruhigend (sedativ) → [Remedia] Sedativa	vegetativus vegetare = in Bewegung setzen, beleben	das autonome Nervensystem betreffend (vegetativ) → vegetative Dystonie

Beispiel	Erklärung	Beispiel	Erklärung

-ns, -ntis (lat.) ~ Funktion, Fähigkeit

[Verbaladjektive der Verben auf -are, -ere, -ire]

→ -escens
→ dt. -end

Beispiel	Erklärung	Beispiel	Erklärung
adstringens adstringere = zusammenziehen	zusammen-ziehend → [Remedia] Adstringentia	corrigens corrigere = geraderichten	(geschmacks-) verbessernd → Corrigentia
descendens descendere = herabsteigen	absteigend → Deszendenz(lehre)	laxans laxare = schlaff machen, lockern	abführend → [Remedia] Laxantia
leniens lenire = lindern	lindernd (kühlend) → Unguentum leniens	roborans roborare = stärken	stärkend → [Remedia] Roborantia

-os·us, -a, -um (lat.) ~ reich an, -haltig

→ dt. -ös bzw. -ig
→ Botanik und Chemie (Abschnitt X)

Beispiel	Erklärung	Beispiel	Erklärung
adiposus Adeps = Fett	fetthaltig, fettig (adipös)	callosus Callus = verhärtete Haut, Schwiele	von Kallus überzogen, schwielig (kallös)
gelatinosus Gelatina = Gallerte, Leim, Gelatine	gallertig, leimig, gelatinehaltig (gelatinös) → Capsulae gelatinosae	oleosus Oleum = Öl	ölhaltig, ölig → Mixtura oleoso-balsamica
varicosus Varix = Krampfader	krampfaderig (varikös)	vinosus Vinum = Wein	weinhaltig, weinig → Tinctura Rhei vinosa

ÜBUNG: Welche Suffixe drücken eine „Verkleinerung" und „Ähnlichkeit", eine „entzündliche Erkrankung" und „Geschwulst(bildung)" aus? Welche Bedeutung besitzt die Auslautsilbe -gen in „kanzerogen" und „psychogen"? Welche Auslautsilbe drückt die gegenteilige Bedeutung von -phil aus? Welche Wortform bezeichnen die Suffixe -atus, -escens, -ns? Welche Bedeutung besitzen die Suffixe -alis/-aris und -osus?

ABSCHNITT VIII

Griechische und Lateinische Präfixe

Folgende Übersicht enthält die wichtigsten griechischen und lateinischen Präfixe (Vorsilben), die als selbständige Wörter meist Präpositionen darstellen (→ Abschnitt II). Dabei ist zu beachten, daß in Wortzusammensetzungen mit Präfixen aufeinanderstoßende Konsonanten oft assimiliert oder z. T. eliminiert, aufeinanderstoßende Vokale hingegen durch einen eingefügten Konsonanten miteinander verbunden oder ebenfalls z. T. ausgeschieden werden.

Beispiel	Erklärung	Beispiel	Erklärung
a-, an- (gr.) [alpha privativum] **Verneinung, Mangel an (ohne)** → lat. in- (2.)			
Amenorrhoe a-mēn[o]-rhein = kein-Monats-fließen	Fehlen der Monatsblutung	Amentia a-Mens = kein - Verstand	Irresein (Amenz) → Dementia (Demenz)
Amitose a-mitos = ohne-Faden	direkte Zellkernteilung ←→ Mitose (Karyokinese)	Apathie a-pathos = ohne Leiden[schaft]	Teilnahmslosigkeit
apetal a-petalon = ohne (Blüten)Blatt	blütenblattlos	Arrhythmie a-rhythmos = ohne - Gleichmaß	ungleichmäßige Herzschlagfolge
Asepsis a-sēpsis = ohne-Fäulnis	Keimfreiheit → Antisepsis	Asymmetrie a-sym-metron = ohne - Ebenmaß	Unregelmäßigkeit → asymmetrisches Kohlenstoffatom
Atom a-tomos = un-teilbar	Atom	Atonie a-tonos = ohne - Spannung	Erschlaffung (der Muskulatur) → Hypotonie (1.)
Avitaminose a-vit(amin)-ose = ohne-Vitamine	Vitaminmangelkrankheit	Axerophthol a-xero[s]-ophthalmos = nicht-trocken[es]-Auge	Vitamin A (gegen Xerophthalmie)
azyklisch a-kyklos = kein-Kreis	azyklisch[e Verbindungen] (keine Ringverbindungen) → aliphatisch	anaerob an-aēr-bios = ohne-Luft-lebend	keine[n] Luft[sauerstoff] benötigend → anaerobe Bakterien
Anämie an-haima = Blutmangel	„Blutarmut"	Anaesthesie an-aisthēsis = ohne - Empfindung	Unempfindlichkeit, Schmerzbetäubung → Narkose

Beispiel	Erklärung	Beispiel	Erklärung
Analgeticum an-algos = nicht-Schmerz	schmerzstillendes **Mittel**	Anhydride an-hyd[ö]r-id = ohne - Wasser	wasserfreie Verbindungen → Säureanhydride
Anisophyllie an-isos-phyllon = un-gleiches-Blatt	Ungleich-blättrigkeit (→ anisocytischer Typ)	Anomalie an-homalos = un-eben	(krankhafte) Abweichung → anomal (abnorm)

a(b)-, abs- (lat.) von . . . weg

→ gr. apo-

Beispiel	Erklärung	Beispiel	Erklärung
Abortivum ab-oriri = abgehen	Abtreibungsmittel	Absorption ab-sorbere = auf-saugen	Aufnahme → Absorptions-spektrum ←→ Adsorption
Abszeß abs-cedere = weg-gehen	Eiterherd, Eiteransammlung	Abusus ab-uti = mißbrauchen	Mißbrauch, übermäßiger Gebrauch

ad- (lat.) an, nahe bei, heran, zu

Beispiel	Erklärung	Beispiel	Erklärung
Adaptation ad-aptare = anpassen	Anpassung (des Auges) → Akkommodation	Adhäsion ad-haerere = anhangen (haften)	Haftkraft ←→ Kohäsion
Adrenalin ad-Renes = bei den Nieren	Nebennieren-rindenhormon (Suprarenin)	Adsorption ad-sorbere = an-saugen	(Oberflächen-) Anlagerung ←→ Absorption
Acceptor accipere = an-nehmen	[Elektronen-] Akzeptor ←→ Donator	Affektion afficere = hinzu-tun, (an-tun)	(Krankheits-) Befall
Affinität ad-Finis = an der Grenze	(chemische) Verwandtschaft → Paraffine	Aggregat ad-gregare = bei-gesellen	Anhäufung, Vereinigung → Aggregatzustand
Agglutination ad-glutinare = zusammenleimen	Zusammenballung (u. a. von Zellen)	Akkumulator ad-cumulare = auf-häufen	Stromerzeuger (→ kumulative [Arzneimittel-] Wirkung)
Appendix ad-pendere = an-hangen	Anhang (Wurmfortsatz des Blinddarms)	Applikation ad-plicare = an-legen	Verabreichung (z. B. von Medikamenten)
Approbation ad-probare = (als tüchtig) an-erkennen	Bestallung (des Arztes, Apothekers)	Assimilation ad-similare = ähnlich machen	Stoffwechsel (Aufnahme und Umwandlung der Nahrung zu körpereigenen Stoffen) ←→ Dissimilation

Beispiel	Erklärung	Beispiel	Erklärung

amph(i/o)- (gr.) beiderseits, beide zugleich

→ lat. amb(i)-

Beispiel	Erklärung	Beispiel	Erklärung
Amphibien amphi-bios = beiderseits - Leben	Lebewesen zweier Bereiche (Land-Wasser)	amphiphil amphi-philos = beiderseits-zugeneigt	von zweiseitigem Aufbau (Assoziationskolloide)
Ampholyte amphō-lyein = beide-zugleich-lösen	amphotere Elektrolyte	amphoter amphoteros = beide, beidseitig	doppelverhaltend (teils als Säure, teils als Base, je nach pH)

an(a)- (gr.) 1. hinauf, auf

←→ gr. kata-

(aber: ana [partes aequales] → ana = je)

Beispiel	Erklärung	Beispiel	Erklärung
Anabolismus ana-ballein = hinaufwerfen	Stoffwechsel-aufbauphase	Analepticum ana-lambanein = in die Höhe nehmen	anregendes Mittel
Anastomose ana-stomūn = eröffnen, münden	natürliche Verbindung zwischen Nerven, Lymph- oder Blutgefäßen	Anion ana-iōn = hinaufgehend	negativ geladenes Teilchen, zur Anode wandernd (ana-hodos = Aufweg, positiver Pol) ←→ Kation

an(a)- (gr.) 2. auseinander

Beispiel	Erklärung	Beispiel	Erklärung
Analyse ana-lyein = auseinander-lösen	Zerlegung eines Ganzen in seine Teile und deren Bestimmung → qualitative/quantitative Analyse eines Stoffes ←→ Synthese	Anatomie ana-temnein = zerschneiden	„Zergliederungskunst“, Lehre vom Bau des Körpers und seiner Organe

ant(i)- (gr.) gegen, entgegen

→ lat. contra-

Beispiel	Erklärung	Beispiel	Erklärung
Antibioticum anti-bios = gegen - Leben	Mittel gegen (das Leben von) Mikroorganismen	Antidotum anti-doton = Gegengabe (Gegengift)	Antidot (speziell: Neutralisator von Giftwirkungen)
Antigene anti-[somato]-gen = Gegen-[körper]erzeugend	spezifische Antikörper erzeugende Stoffe → Allergie	Antipoden anti-pūs = gegen-Fuß	„Gegenfüßler“, der Eizelle der Angiospermen gegenüberliegende Zellen

Beispiel	Erklärung	Beispiel	Erklärung
Antipyreticum anti-pyr = gegen Fieber	Mittel gegen Fieber → Antipyrin	Antisepsis anti-sēpsis = gegen-Fäulnis	Keimvernichtung, Keimwachstumshemmung → Asepsis
Antagonismus anti-agōnistēs = Gegen-Kämpfer	Gegenwirkung ←→ Synergismus	Antemeticum anti-emesis = gegen-Erbrechen	Mittel gegen Erbrechen ←→ Vomitivum

apo- (gr.) von . . . weg, (getrennt)

→ lat. ab-

Beispiel	Erklärung	Beispiel	Erklärung
Apoenzym apo-Enzym = (Teil-)Enzym	Trägergruppe des Enzyms ←→ Coenzym (Apo- + Coenzym = Holoenzym)	Apogamie apo-gamos = weg von-Heirat	Vermehrung unter Ausfall der geschlechtlichen Fortpflanzung
apokarp apo-karpos = getrennt-Frucht	getrennt stehende Frucht[blätter]	Apotheke apo-tithēnai = ab-legen	„Lagerraum", Apotheke

bi(s)- (lat.) zweifach

→ gr. di-

Beispiel	Erklärung	Beispiel	Erklärung
Aqua bidestillata bi-destillare = zweimal-destillieren	zweifach destilliertes Wasser	bifazial bi-Facies = zweierlei-Aussehen	„zweigesichtig" (verschiedene Ober- und Unterseite eines Blattes)
bilateral bi-Latus = zwei-Seite	zweiseitig (disymmetrisch)	bipolar bi-Polus = zwei-Pol	zweipolig

con- (lat.) zusammen, mit, (verstärkend)

→ gr. syn-

Beispiel	Erklärung	Beispiel	Erklärung
Konjunktivitis con-iungere = verbinden (→ Coniunctiva = Augenbindehaut)	(Augen-)Bindehautentzündung	Kondensation con-densare = verdichten	1. Gasverflüssigung 2. Molekülverbindung unter Wasseraustritt

Beispiel	Erklärung	Beispiel	Erklärung
Konformation con-formare = formen	Form eines Moleküls → Konformations-analyse → Konstellation	Konfiguration con-figurare = gestalten	1. Organform, Verformung 2. nähere Bestimmung von optisch aktiven Verbindungen (D- oder L-Form)
Konstitution con-stituere = aufstellen, bestimmen	1. (körperliche) Gesamtverfassung 2. Zusammensetzung (genaue Lage und Verkettung der Atome eines Moleküls) → Konstitutions-formel → Strukturformel ←→ Bruttoformel	Kontraktion con-trahere = zusammen-ziehen	Zusammenziehung (z. B. Muskelkontraktion) → Constrictor ←→ Dilatator
Composita con-ponere = zusammen-setzen	zusammengesetzte Arzneimittel ←→ Simplicia	Compositae con-ponere = zusammen-setzen	Korbblütler (Blüten in Blütenständen [Korb] vereinigt)
Corrigens con-rigere = geraderichten	(geschmacks-) verbessernder Zusatz	Koagulation con-agulare = gerinnen machen	Gerinnung, Ausflockung → Koagulans ←→ Antikoagulantien
kollateral con-Latus = zusammen - Seite	auf gleicher Seite, benachbart	Komplikation con-plicare = zusammen-falten, verwickeln	Verschlimmerung eines [Krankheits-]Zustandes
Kompresse con-primere = zusammen-drücken	(nasser) Umschlag (→ Compressi [Tabletten])	kovalent con-valere = wert sein	gleichwertig (unpolare [Atom]Bindung) → Valenz(Wertigkeit)

contra- (lat.) **gegen, entgegen**

→ gr. anti-

Contraceptivum contra-[con]-cipere = gegen - aufnehmen (empfangen)	empfängnisverhütendes Mittel	Kontraindikation contra-indicare = gegen-anzeigen	Gegenanzeige (Umstand, der eine an sich zweckmäßige Therapie verbietet) ←→ Indikation (→ Indikator [Anzeiger eines chemischen Reaktionsstadiums])

de- (lat.) 1. ab, herab

→ gr. kata-

Beispiel	Erklärung	Beispiel	Erklärung
Depot de-ponere = ab-legen (→ franz. dépot = Lager)	Depot-[Wirkung] (durch Speicherung verlängerte [Arzneimittel-] Wirkung)	Derivat de-rivare = ab-leiten	Abkömmling (von einer chemischen Substanz abgeleitete Verbindung, z. B. Morphinderivate)
Destillatio de-stillare = herab-tropfen	Destillation (Verdampfung und Kondensation meist flüssiger Stoffe)	Deszendenz de-scendere = herab-steigen	Abstammung, Nachkommenschaft

de- (lat.) 2. von . . . weg, ent-

Beispiel	Erklärung	Beispiel	Erklärung
Dehydrierung de-hydōr = ent-Wasser[stoff]	Abspaltung von Wasser[stoff] → Dehydrase (→ Dehydratation: [Wasserentzug])	Aqua demineralisata de-mineralisatus = ent-mineralisiert	entmineralisiertes Wasser (durch Ionenaustauscher)
Desaggregierung de(s)-aggregare = ent-vereinigen	Zerfall (z. B. von Tabletten)	Desinfektion de(s)-inficere = ent-anstecken	Entkeimung
Desodorans de(s)-odorare = ent-riechend machen	geruchsbindendes oder -beseitigendes Mittel	Desoxydation de(s)-oxys = ent-Sauer[stoff]	Abspaltung von Sauerstoff

di(plo)- (gr.) zwei(fach)

dicho- (gr.) zweierlei

→ lat. bi-

Beispiel	Erklärung	Beispiel	Erklärung
Kalium dichromicum di-chromicus = zweifach-chromsauer (→ chrōma = Farbe)	doppelt chromsaures Kalium	Dimethyl- di-methyl- = zwei-Methyl [-gruppen]	zwei Methylgruppen enthaltend
diploid	diploid[er Zellkern] (mit doppeltem [vollständigem] Chromosomensatz) ← → haploid	Dipol di-Polus = zwei-Pol	Zweipol (Molekül mit zwei elektrischen Polen) → Dipolmoment
Dichogamie dicho-gamos = zweierlei - Heirat	verschiedenzeitige Staub- und Fruchtblätterreifung einer Blüte → prot(er)andrisch → prot(er)ogyn	dichotom dicho-tomein = zwei-teilen	gabelig (dichotome Verzweigung)

Beispiel	Erklärung	Beispiel	Erklärung
diklin di-klinē = zweierlei - Bett, Lager	eingeschlechtig[e Blüten] ←→ monoklin	diözisch di-oikos = zweierlei - Haus	zweihäusig (männliche und weibliche Blüten auf verschiedene Pflanzenindividuen verteilt) ←→ monözisch

di(a)- (gr.) 1. durch . . . hindurch, zwischen

→ lat. per-

Beispiel	Erklärung	Beispiel	Erklärung
Diabetes dia-bainein = hindurch-gehen	Harnruhr → Diabetes mellitus („Zuckerkrankheit") → Glykosurie	Diaphragma dia-phragma = zwischen - Wand	1. Zwerchfell 2. Scheidewand (Membran bei der Elektroosmose)
Diarrhoe dia-rhein = durch-fließen	„Durchfall"	Diurese dia-ūrein = hindurch-harnen	Harnausscheidung → Diuretica

di(a)- (gr.) 2. auseinander

→ lat. dis-

Beispiel	Erklärung	Beispiel	Erklärung
Diagnose dia-gignōskein = unterscheiden	Krankheitserkennung → Prognose	Dialyse dia-lyein = auseinander-lösen	Stofftrennung (durch halbdurchlässige Membran) → Osmose
Diaphorese dia-phorein = auseinander-tragen	Schweißsekretion → Diaphoretica (→ Hyperhidrosis)	Diathese dia-tithenai = auseinander-stellen	Krankheitsanfälligkeit (Disposition) → Konstitution

di(s)- (lat.) auseinander, von . . . weg

→ gr. dia-

Beispiel	Erklärung	Beispiel	Erklärung
Diffusion dis-fundere = auseinander-gießen	Durchmischung (von Flüssigkeiten und Gasen) → Osmose	Digestion di[s]-gerere = auseinander-treiben	1. Verdauung → Digestiva 2. Extraktionsverfahren
Dilatation di-latare = aus-weiten	Erweiterung (z. B. von Gefäßen) → Dilatator ←→ Konstriktion	Dispersion di-spergere = auseinander-streuen	1. [Licht-]Zerlegung (Farbenzerstreuung) → Spektrum 2. [kolloidale] Verteilung → Dispersionsgrad
Dissimilation dis-similare = unähnlich machen	Abbau körpereigener Substanz unter Energiegewinn ←→ Assimilation	Dissoziation dis-sociare = entvergesellschaften	1. Koordinationsstörung 2. Zerfall der Elektrolytmoleküle in Ionen (= elektrolytische Dissoziation)

dys- (gr.) Normabweichung, Störung

←→ gr. eu-

Beispiel	Erklärung	Beispiel	Erklärung
Dysenterie dys-enteron = gestörte-Eingeweide	Ruhr	Dyskrasie dys-krasis = gestörte [Säfte]-Mischung (→ Humoralpathologie)	fehlerhafte [Blut-]Zusammensetzung ←→ Eukrasie
Dysmenorrhoe dys-mēn(o)-rhein = gestörtes-Monatsfließen	schmerzhafte Monatsblutung, Menstrualkolik	Dyspepsie dys-pepsis = gestörte Verdauung (→ Pepsin)	Verdauungsstörung
Dystonie dys-tonos = gestörte - Spannung	Störung des Muskel- und Gefäßspannungszustandes → vegetative Dystonie	Dystrophie dys-trophē = gestörte-Ernährung	Ernährungsstörung

e(k/x)- (gr./lat.) aus . . . heraus

→ gr. exō-

→ lat. extra-

←→ gr. en- / lat. in- (1.)

Beispiel	Erklärung	Beispiel	Erklärung
Exitus ex-ire = heraus-gehen	Ausgang, Tod → Exitus letalis	Exokarp exō-karpos = außen - Frucht	äußere Fruchtwandschicht
Expectorans ex- Pectus = aus-der Brust	auswurfförderndes [Husten]Mittel	Extrakt ex-trahere = heraus-ziehen	Auszug (u. a. aus Pflanzenteilen)
Ekzem ek-zēma = heraus-Gekochtes	Ausschlag (Hautentzündung)	Emulsion e-mulgere = aus-melken	„milchähnliche" Arzneizubereitung (disperses System [flüssig/flüssig])
Emission e-mittere = heraus-senden	1. Entleerung (z. B. des Harns) 2. Aussendung einer Wellen- oder Teilchenstrahlung → Spektralanalyse	Extinktion ex-(s)tinguere = aus-löschen	Lichtabsorption (Schwächung von Lichtstrahlen beim Durchgang durch einen absorbierenden Körper)

en/m- (gr.) in, hinein

→ lat. in- (1.)

Beispiel	Erklärung	Beispiel	Erklärung
Embolie em-ballein = hinein-werfen	Gefäßverstopfung → Thrombose	Embryo em-bryein = innen - sprossen	1. ungeborene Leibesfrucht → Fetus 2. Keim (im pflanzl. Samen) → Bryophyta

Beispiel	Erklärung	Beispiel	Erklärung
Emphysem em-physēma = hinein-Geblasenes	Luftansammlung, Aufblähung (z. B. Lungenemphysem)	Enzym en-zymē = in - Sauerteig	„biologischer Katalysator" (Ferment) der Stoffwechselvorgänge → Metabolite

endo- (gr.) innerhalb

←→ gr. exō-

Beispiel	Erklärung	Beispiel	Erklärung
endogen endon-genēs = innen - erzeugt	von innen kommend (Organe, Stoffe, Krankheiten) ←→ exogen	endokrin endon-krinein = innen - abscheiden	nach innen abscheidend → endokrine Drüsen → Hormone ←→ ekkrin

ep(i)- (gr.) auf, darauf

Beispiel	Erklärung	Beispiel	Erklärung
Epidermis epi-derma = Ober-Haut	Oberhaut → Epithel	Epilepsie epi-lambanein = erfassen (anfallen)	„Fallsucht"
Epiphyten epi-phyton = auf - Pflanze	[u. a. auf Bäumen] aufsitzende Pflanzen (autotroph) ←→ Parasiten (heterotroph)	Epithel epi-thēlein = darüber-wachsen	oberste Zellschicht des Hautgewebes → Epidermis

eu- (gr.) wohl (beschaffen), gut

←→ gr. dys-

Beispiel	Erklärung	Beispiel	Erklärung
Eucerin eu-Cera = gut - Wachs	Wollwachsalkoholzubereitung (Salbengrundlage)	Eucalyptus eu-kalyptein = gut-verhüllen	Eukalyptus (Blütenknospen durch Kelchblätter eingehüllt)
Eumycetes eu-mykēs = gut - Pilz	„echte" Pilze (Asco-, Basidiomycetes) ←→ Phycomycetes	Euphorie eu-phorein = wohl-tragen	gehobene Gemütsverfassung (im Rausch, bei Krankheiten)

Beispiel	Erklärung	Beispiel	Erklärung

hemi- (gr.) **halb**

→ lat. semi-

(→ franz. demi-)

Hemicellulosen **hemi-Cellulose = halb - Zellstoff (→ cellula)**	Holzpolyosen **(früher als niedermolekulare Zellulosegruppe angesehen)**	Hemikranie **hemi-kranion = halb - Schädel**	halbseitige (anfallartige) Kopfschmerzen **→ Migräne [franz.] = [He]mikrania**
Hemiparasiten **hemi-para-sitos = halb-neben-Nahrung**	nur teilweise autotroph lebende Organismen **(z. B. Mistel)**	Hemiplegie **hemi-plēgē = halb - Schlag**	halbseitige Lähmung

hyper- (gr.) **über(mäßig), Überfunktion**

→ lat. super-

Hyperazidität **hyper-acidus = über-sauer**	zu hoher Säuregehalt **(z. B. des Magensaftes)**	Hyperämie **hyper-haima = über - Blut**	Blutfülle **(lokal erhöhte Durchblutung)**
Hyperhidrosis **hyper-hidrōs = über - Schweiß**	übermäßige Schweißabsonderung **→ Diaphorese** **→ Hidrotica**	Hypertonie **hyper-tonos = über - Druck, Spannung**	1. Bluthochdruck 2. erhöhte [Muskel-] Spannung 3. erhöhter Augeninnendruck **←→ Hypotonie**

hyp(o)- (gr.) **unter(halb), Unterfunktion**

→ lat. sub-

(aber: hypnos = Schlaf [→ Hypnotikum])

Hypaesthesie **hyp[o]-aisthēsis = unter - Empfindung**	Unterempfindlichkeit **(leichterer Anaesthesiegrad)** **←→ Hyperaesthesie**	Natrium hypochlorosum **hypo-chlorosus = unter-chlorigsauer**	Natrium-hypochlorit **(unterchlorigsaures Natrium)**
Hypodermis **hypo-derma = unter-Haut**	Unterhautgewebe (Subkutis)	Hypokotyl **hypo-kotylēdōn = unter-Saugnapf (→ Keimblatt)**	Keimachse **(von Wurzelhals und Keimblatt begrenzt)**

Beispiel	Erklärung	Beispiel	Erklärung
Hypophyse hypo-phyesthai = unten - wachsen	Hirnanhangsdrüse → Hormondrüsen	Hypotonie hypo-tonos = unter - Druck, Spannung	1. Blutunterdruck 2. Abnahme der [Muskel-]Spannung → Atonie 3. verminderter Augeninnendruck ←→ Hypertonie

in- (lat.) **1. in, hinein**

→ lat. intra-, intus-

→ gr. en-

←→ gr./lat. e(k/x)-

Beispiel	Erklärung	Beispiel	Erklärung
Infarkt in-farcire = hinein-stopfen	Absterben eines Gewebebezirkes durch Arterienverschluß → Embolie	Infektion in-ficere = hinein-tun, anstecken	Ansteckung (Eindringen und Wachstum von Krankheitserregern) → Kontamination ←→ Desinfektion
Influenza in-fluere = hinein-fließen	„Grippe" → Vaccinum Influenzae inactivatum	Infusion in-fundere = hinein-gießen (→ Infus(um) = Aufguß [Drogenauszug]) (→ Infusorien = „Aufguß"-tierchen)	Einführung größerer Flüssigkeitsmengen in den Körper (intravenös, subkutan, rektal → Irrigator)
Injektion in-icere = hinein-werfen	Einspritzung (z. B. intravenös, subkutan, intramuskulär [intraglutäal])	Intoxikation in-toxikon = hinein - Gift	Vergiftung (schädigende Einwirkung von [Gift]Stoffen auf den Organismus)

in- (lat.) **2. Verneinung**

→ gr. a(n)-

Beispiel	Erklärung	Beispiel	Erklärung
indifferent in-differre = nicht-unterscheiden	1. harmlos, gleichgültig → „indifferente" Mittel 2. neutral → indifferente Stoffe (Träger- und Arzneiverteilungsstoffe)	Inhibition in-hibere = an-halten	Hemmung von chemischen Vorgängen durch Inhibitoren → Antienzyme → Antioxygene, Antioxydantien ←→ Aktivatoren

Beispiel	Erklärung	Beispiel	Erklärung
Inkompatibilität in-compingere = nicht-zusammen-fügen (→ incompatibilis)	Unverträglichkeit 1. Blutgruppen → Transfusion 2. Arzneimittel-kombinations-wirkungen 3. Reaktionen des Arzneimittel-trägers mit dem Arzneistoff	Immunität in-Munus = ohne-Amt (Freisein)	erworbene spezifische Infektions- (oder Gift-) Unempfindlichkeit → Immunisierung → Immunsera → Resistenz (natürliche Immunität)
Insomnia in-Somnus = kein - Schlaf	Schlaflosigkeit (Asomnie)	Insuffizienz in-sufficere = nicht-genügen	Funktions-schwäche eines Organs

infra- (lat.) **unterhalb**

←→ lat. supra-

Beispiel	Erklärung	Beispiel	Erklärung
Infrarot	jenseits von Rot liegender unsichtbarer (langwelliger) Teil des Spektrums (Ultrarot) (Wärmestrahlen) → IR-Spektroskopie	Infraschall	unterhalb der menschlichen Hörgrenze liegender akustischer Schwingungs-bereich → Ultraschall

inter- (lat.) **zwischen**

Beispiel	Erklärung	Beispiel	Erklärung
Interferenz inter-ferre = zwischen-tragen	1. Überlagerung kohärenter Schwingungen 2. Phasenverschiebung bei rhythmisch ablaufenden Vorgängen 3. Hemmung eines biologischen Vorgangs	interkalar inter-kalon = zwischen-Holz	interkalares Wachstum (Wachstumszone zwischen zwei ausgewachsenen Pflanzenteilen)
intermediär inter-Medium = zwischen - Mitte	eine Zwischen-stellung einnehmend	Internodie(n) inter-Nodus = zwischen - Knoten	zwischen zwei Sproßknoten liegender Sproßachsenteil

Beispiel	Erklärung	Beispiel	Erklärung

intra- (lat.) innerhalb

←→ lat. extra-

Beispiel	Erklärung	Beispiel	Erklärung
intramuskulär intra-Musculus = innerhalb - Muskel	in den Muskel [erfolgende Injektion] (i.m.)	intravenös intra-Vena = innerhalb - Vene	in die Vene [erfolgende Injektion] (i.v.)

kat(a)- (gr.) 1. herab

→ lat. de-

←→ gr. ana-

Beispiel	Erklärung	Beispiel	Erklärung
Katabolismus kata-ballein = nieder-werfen	Stoffabbau im Rahmen des Körperstoffwechsels → Katabolite ←→ Anabolismus	Katarrh kata-rhein = herab-fließen	Schleimhautentzündung (besonders der Atmungsorgane, mit Absonderungen) → Rhinitis
Katheter kata-ienai = hinab-senken	Sonde (Röhrchen zur Einführung in Körperorgane, z. B. Harnblase)	Kation kata-iōn = herab-gehend	positiv geladenes Teilchen, zur Kat(h)ode wandernd (kata-hodos = Hinabweg, negativer Pol) ←→ Anion

kat(a)- (gr.) 2. über ... hin

Beispiel	Erklärung	Beispiel	Erklärung
Katalysator kata-lyein = (überhin)-lösen	Beschleuniger (bzw. Verzögerer) einer chemischen Reaktion ohne eigene Veränderung → Katalyse	Kataplasma kata-plasma = (darüber-hin)-Geformtes	Breiumschlag, weiche Paste

met(a)- (gr.) 1. zwischen, nach

Beispiel	Erklärung	Beispiel	Erklärung
Meta-Säuren	an „Wasser"-gehalt den Ortho-Säuren nachstehend → Pyro-Säuren	meta-Stellung 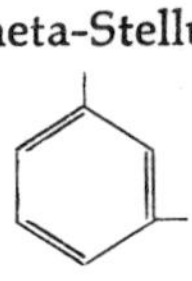	Stellung des Substituenten am Benzolring (nach der ortho-[benachbarten] Stellung) → para-Stellung

Beispiel	Erklärung	Beispiel	Erklärung

met(a)- (gr.) 2. Umwandlung, Veränderung

Beispiel	Erklärung	Beispiel	Erklärung
Metabolit meta-ballein = um-werfen (verändern)	1. Umwandlungsprodukt (z. B. eines Arzneimittels) → Metabolismus 2. stoffwechselwirksame Substanz → Enzyme, Vitamine, Hormone	Metamorphose meta-morphē = um-Gestalt[ung]	Umbildung 1. der Grundorgane der Pflanze zu besonderen Funktionen 2. bei degenerativen Vorgängen
Metaplasie meta-plattein = um-bilden	Gewebeumbildung (z. B. durch Verkalkung)	Metastase meta-stasis = um - Ansiedlung	1. Tochtergeschwulst 2. Organverlagerung

ob- (lat.) gegenüber, gegen . . . hin

Beispiel	Erklärung	Beispiel	Erklärung
obsolet ob[s]-olescere = nach und nach vergehen	veraltet[es Arzneimittel]	Obstipation ob-stipare = gegen . . . hindrängen (stopfen)	Stuhlverstopfung (Konstipation) → Obstipantia

par(a)- (gr.) 1. neben, (da)bei

(aber: Paraffin → parum affinis)

Beispiel	Erklärung	Beispiel	Erklärung
para-Stellung 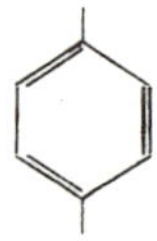	Stellung des Substituenten am Benzolring → ortho-, meta-Stellung	Paraldehyd par[a]-al[cohol] dehyd[rogenatus]	Polymerisationsprodukt des Acetaldehyds
Parenchym para-enchyma = daneben - Eingegossenes	[Funktions-] Organgewebe	parenteral para-enteron = neben - Darm	unter Umgehung des Magen-Darm-Kanals erfolgend[e Arzneimittelapplikation] → Injektion (ad usum parenterale)
Parasiten para-sitos = neben - Nahrung	„Schmarotzer", unselbständige (heterotrophe) Organismen	Parasympathikus para-Sympathicus = neben-Sympathikus	Teil des vegetativen Nervensystems → Parasympathikolytica → Parasympathikomimetica ←→ Sympathikus

Beispiel	Erklärung	Beispiel	Erklärung

par(a)- (gr.) 2. (Norm-)Abweichung

Beispiel	Erklärung	Beispiel	Erklärung
paradox para-doxa = wider-Ansicht	widersinnig	Paranoia para-noia[nūs] = wider-Verstand	Geistesstörung (Entwicklung von Wahnvorstellungen)

per- (lat.) durch, hindurch, (verstärkend)

→ gr. dia-

(aber: Peroxide = [Su]peroxide)

a) räumlich

Beispiel	Erklärung	Beispiel	Erklärung
Perforation per-forare = **durch-löchern** → [Hypericum] perforatum	Durchbrechen eines Geschwüres	Perkolation per-colare = durchseihen	Extraktions-verfahren (unter kontinuierlicher Lösungsmittelzugabe)
perkutan **per-Cutis** = durch - Haut	durch die Haut hindurch (Applikationsform bes. von Salben) → subkutan ←→ peroral, rektal	permeabel per-meare = hindurch-gehen	durchlässig[e Membran] → Osmose → Diaphragma → semipermeabel (halb-durchlässig)

b) zeitlich

Beispiel	Erklärung	Beispiel	Erklärung
perennierend per-ennis = durch das Jahr hindurch (→ per annum)	ausdauernd[e Gewächse] (Stauden, Sträucher, Bäume) ←→ annuell	permanent per-manere = (ver-)bleiben	dauernd

peri- (gr.) um . . . herum

→ lat. circum-

Beispiel	Erklärung	Beispiel	Erklärung
Perianth peri-anthos = um die Blüte herum	doppelte Blütenhülle (Kelch- und Kronblätter) ←→ Perigon (einheitliche Blüten-hülle: kelch- oder kronblattartig)	Periderm peri-derma = um-herum-Haut	pflanzliches Korkgewebe (Korkkambium und Korkrinde)
Perikarp peri-karpos = um die Frucht herum	Fruchtwand (Schale der echten Früchte, z. B. Pericarpium Aurantii)	Perikard peri-kardia = um das Herz herum	Herzbeutel

Beispiel	Erklärung	Beispiel	Erklärung
peripher peri-pherein = herum-tragen	außenliegend (in den Randgebieten des Körpers) → periphere Durchblutungsstörungen ←→ zentral	Peristaltik peri-stellein = um-fassen	aufeinanderfolgende Kontraktionen bes. der Verdauungsorgane

post- (lat.) **hinter, nach (zeitlich)**

←→ lat. ante-

Beispiel	Erklärung	Beispiel	Erklärung
postoperativ post-operari = nach-arbeiten → Operatio[n]	nach einer Operation auftretend (z. B. Blutungen)	posttraumatisch post-trauma = nach - Wunde	nach einer Verletzung auftretend[e Folgekrankheiten]

prae- (lat.) **vor, voran (zeitlich)**

Beispiel	Erklärung	Beispiel	Erklärung
Praezipitat prae-cipitare = vornüber-stürzen	Fällung, Niederschlag (z. B. Hydrargyrum praecipitatum album: weißes Präzipitat) → Präzipitine (Koaguline)	praecox prae-coquere = vor-kochen, reifen	vorzeitig, frühzeitig → Dementia praecox
Praeparat prae-parare = vor-bereiten	Stoff bzw. Zubereitung (mit Hilfe chemisch-technologischer Methoden hergestellt) → Präparative Chemie → (Arznei)präparat	praeventiv prae-venire = zuvor - kommen	vorbeugend[e Behandlungsmethode] → Schutzimpfung → Prophylaxe

pro- (gr./lat.) **vor, für**

Beispiel	Erklärung	Beispiel	Erklärung
Prognose pro-gignōskein = vorher - erkennen	Vorhersage (Aussicht) des Krankheitsverlaufes	Prophylaxe pro-phylattein = vor (etwas)-wachen	vorbeugende Behandlung → Prophylactica
Prostata pro-statēs = vor-Steher	Vorsteherdrüse	Prothallium pro-thallos = vor-Sprößling, Zweig	Vorkeim der Farnpflanzen
Prothese pro-tithenai = vor-setzen, ersetzen	künstlicher Ersatz (z. B. Zahnprothese, Beinprothese)	protrahiert pro-trahere = vorwärts-ziehen (hinziehen)	verzögert[e bzw. verlängerte Arzneimittelwirkung] → retard

Beispiel	Erklärung	Beispiel	Erklärung
re- (lat.) zurück, wieder, (verstärkend)			
Reagenz re-agere = wieder-wirken	Prüfungsmittel (die zu [unter]suchende Substanz anzeigend) → chemische Reaktion → Kettenreaktion (→ körperliche Reaktion, Disposition)	Reduktion re-ducere = zurück-führen	Elektronenzufuhr („Rückgängigmachen der Oxydation") → Redoxsystem (→ Reduktionsteilung)
Reflexion re-flectere = zurück-biegen	Zurückwerfen (der Licht-, Schallwellen) (→ Reflexe: unwillkürliche [Muskel-]Reaktion)	Refraktion re-frangere = wieder-brechen	Lichtbrechung (Dioptrik) → Refraktometrie → Brechungsindex
Regeneration re-generare = wieder-hervorbringen	1. allgemeiner Heilungsvorgang 2. Ersatz von zerstörtem Gewebe (z. B. von Pflanzenorganen)	Rehabilitation re-Habilitas = wieder-Tauglichkeit	Wiederertüchtigung (Wiedereingliederung des Kranken in seine Umwelt) → Rekonvaleszenz (Genesung)
retard re-tardare = zurückhalten (verzögern)	verzögert[e, längeranhaltende Arzneimittelwirkung] → protrahiert → Liberation (→ Retardation: Entwicklungshemmung)	Resorption re-sorbere = wieder-aufsaugen	wiederholte Aufnahme von Stoffen aus dem Darm (z. B. nach hepatoenteralem Kreislauf) → Resorbentia (resorptionsfördernde Mittel)
reversibel re-vertere = wieder-umdrehen	umkehrbar[e Reaktion] → Kolloidchemie ←→ irreversible Reaktion	Rezept re-cipere = (entgegen-)nehmen → Rp.	ärztliche Verordnung (schriftliche Anweisung an den Apotheker für die Bereitung und Abgabe von Arzneien) → Rezeptur, rezeptieren (→ Rezeptor: Reizaufnahmeorgan)
rezessiv re-cedere = zurück-treten	verdeckt[es Erbmerkmal], latent ←→ dominant	Rezidiv re-cidere = zurück-fallen	Rückfall (in eine Krankheit)
se- (lat.) von ... weg, aus ... heraus			
Sekretion se-cernere = ab-sondern	Absonderung (eines bes. in Drüsen produzierten Funktionsstoffes: Sekret) ←→ Exkretion (→ Exkrement)	Selektion se-ligere = aus-lesen	1. natürliche Auslese → Evolution 2. künstliche Auslese → Zuchtwahl 3. selektive Reaktion

Beispiel	Erklärung	Beispiel	Erklärung

sub- (lat.) unter(halb)

→ gr. hypo-

Beispiel	Erklärung	Beispiel	Erklärung
subkutan sub-Cutis = unterhalb - Haut	unter die Haut [appliziert] (s.c.) → perkutan	Sublimation sublimare = [von unten] erhöhen (→ sublimis)	Verdampfen und Wiederverdichten eines (flüchtigen) festen Stoffes unter Ausfall der flüssigen Phase → „Sublimat" (Quecksilber(II)-chlorid)
sublingual sub-Lingua = unter - Zunge	unter die Zunge [appliziert] → lingual → buccal	Subspecies sub-Species = unter-Art	Unterart (taxonomische Kategorie in Botanik und Zoologie)
Substitution sub-stituere = unter-stellen	Ersatz 1. (unzulässiger) Austausch gleich- oder ähnlichwirkender Arzneimittel 2. chemische Substitution (Austausch von Atomen oder Atomgruppen einer Verbindung → Substituenten) 3. Substitutionstherapie → Organotherapie → Hormontherapie	Substrat sub-sternere = unter-streuen	Grundlage 1. Nährboden (z. B. für Bakterienkulturen) 2. Substanz, in der die Fermentwirkung ansetzt
Suppositorium sub-ponere = (von) unten - ansetzen	Zäpfchen → rektale Applikation	Suspension sub-pendere = (von unten)- aufhängen (in der Schwebe halten)	Aufschwemmung (feinster Teilchen in einer Flüssigkeit) → Kolloidchemie

super- (lat.) über(mäßig)

→ gr. hyper-

Beispiel	Erklärung	Beispiel	Erklärung
Superoxide	Peroxide (hergeleitet von Wasserstoff[su]peroxid) → Per-Verbindungen	„Superphosphat"	Düngemittel (Gemisch von Kalziummonophosphat und Gips)

Beispiel	Erklärung	Beispiel	Erklärung

supra- (lat.) oberhalb

←→ lat. infra-

Beispiel	Erklärung	Beispiel	Erklärung
Supraleitung	erhöhte elektrische Leitfähigkeit der Metalle (in der Nähe des absoluten Nullpunktes)	Suprarenin supra-Renes = oberhalb - Nieren	Nebennierenrindenhormon (Adrenalin)

syn- (gr.) zusammen, mit

→ lat. con-

Beispiel	Erklärung	Beispiel	Erklärung
Symbiose syn-bios = zusammen-Leben	Lebensgemeinschaft (Zusammenleben von Organismen zu gegenseitigem Nutzen)	Systole syn-stellein = zusammen-ziehen	Zusammenziehung (eines muskulären Hohlorgans, bes. des Herzmuskels) ←→ Diastole
Symptom syn-piptein = zusammen-fallen, -treffen (→ Zufall)	Krankheitszeichen → Syndrom → Symptomatologie, symptomatisch ←→ Ätiologie (Lehre von den Krankheitsursachen)	Synergisten syn-ergazesthai = zusammen-arbeiten (→ Synergiden)	1. Organe (bzw. Muskeln), die gleichsinnig zusammenwirken ←→ Antagonisten 2. sich ergänzende Arzneimittel (additiv oder potenzierend)
Syndrom syn-dromos = zusammen-Lauf	Symptomenkomplex (Krankheitsbild mit mehreren typischen Symptomen)	Synthese syn-tithenai = zusammen-setzen	Aufbau von chemischen Verbindungen aus einfacheren Stoffen → synthetisch (künstlich [chemisch] hergestellt) ←→ Analyse

trans- (lat.) 1. hindurch, hinüber

Beispiel	Erklärung	Beispiel	Erklärung
Transaminasen	Aminoferasen (Fermentsystem, das die Umaminierung [Übertragung der Aminogruppe] katalysiert) → Transferasen	Transfusion trans-fundere = hinüber-gießen	[Blut-] Übertragung → Infusion

Beispiel	Erklärung	Beispiel	Erklärung
Transpiration tran[s]-spirare = hindurch-atmen	Ausdünstung 1. Schwitzen → Diaphorese → [Hyper-]Hidrosis 2. Wasserdampf-abgabe (bes. durch die Blätter) → kutikuläre, stomatäre Transpiration	Transplantation trans-plantare = hinüber-pflanzen	Verpflanzung von lebendem Gewebe und Organen → Implantation

trans- (lat.) **2. jenseits von**

←→ lat. cis-

Beispiel	Erklärung	Beispiel	Erklärung
trans-Form 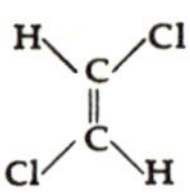	Isomeres der cis-trans-Isomerie (Substituenten stehen sich diametral gegenüber) ←→ cis-Form (Substituenten auf derselben Seite) 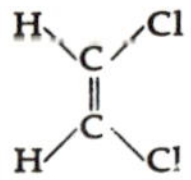	Transurane	künstliche Elemente (im Periodensystem „jenseits“ des Urans stehend [Ordnungszahlen 93 bis 102])

ultra- (lat.) **jenseits, über ... hinaus**

Beispiel	Erklärung	Beispiel	Erklärung
Ultrafilter	Spezialfilter (z. B. Gelatinefilter zum Aussondern von Bakterien, Viren u. a.)	Ultraviolett	auf Violett folgender, unsichtbarer (kurzwelliger) Teil des Spektrums → Pigmentbildung → UV-Spektroskopie

ÜBUNG: Welche Präfixe drücken eine „Verneinung“ und „Störung“, eine „Unter-“ und „Überfunktion“ aus? Welche Bedeutung besitzt das Präfix para- in „parenteral“ und „paranoid“? Welche griechischen Präfixe entsprechen den lateinischen Vorsilben ab-, bi-, circum-, con-, contra-, di(s)-, in-, per-, semi-, sub-, super-? Bei welchen Präfixen werden aufeinanderstoßende Konsonanten assimiliert? Welche verschiedenen Bedeutungen besitzen die Präfixe ana-, de-, in-, meta-?

ABSCHNITT IX

Grundzüge der medizinischen Terminologie

Wie die pharmazeutische Fachsprache, so besteht auch die **Terminologie der Medizin** hauptsächlich **aus griechischen und lateinischen Wörtern** bzw. daraus zusammengesetzten Bezeichnungen, wobei in der Medizin — insgesamt gesehen — der Anteil griechischer Ausdrücke bzw. Wortelemente überwiegt. Bezüglich der sprachlichen Herkunft und Verbindlichkeit der jeweiligen Namen in den großen medizinischen Teilgebieten Anatomie, Physiologie sowie Pathologie und den klinischen Disziplinen läßt sich darüberhinaus folgende Unterscheidung treffen:

Die **Anatomie** ist durch einen vorwiegend **lateinischen Wortschatz** gekennzeichnet und verfügt außerdem als nahezu einziger Teilbereich in der medizinischen Terminologie über eine **eigene international angewandte Nomenklatur** in Form der 1955 in Paris festgelegten **Pariser Nomina Anatomica (PNA);** diese umfassen ca. 5700 Fachwörter, die im wesentlichen die makroskopische Anatomie betreffen, jedoch keine allgemeine Nomenklatur der menschlichen Embryologie, Histologie und Zytologie beinhalten. Die **Physiologie** besitzt demgegenüber **keine eigene verbindliche Nomenklatur** und weist ferner in ihrem vornehmlich griechisch-lateinischen Wortschatz eine Reihe von landessprachlichen Ausdrücken auf; diese entstammen — soweit sie dem 19. Jahrhundert angehören — vor allem dem deutschen und französischen Sprachbereich, während sich seit Beginn des 20. Jahrhunderts immer stärker das Einströmen englischer Bezeichnungen bemerkbar macht (z. B. clearance, intrinsic activity). Die **Allgemeine** und die **Spezielle Pathologie** (Pathologische Anatomie) sowie die **klinischen Disziplinen** sind im wesentlichen durch einen **griechischen Wortschatz** geprägt und verfügen ebenfalls über **keine eigene Nomenklatur;** allerdings verwenden sie bei der Namensbildung gelegentlich charakterisierende Suffixe bzw. Endungen, die sprachlich auf eine bestimmte Krankheitsform hindeuten (z. B. -itis auf Entzündung, -om(a) auf Geschwulst).— Die **Pharmakologie** schließlich bedient sich u. a. des medizinischen, chemischen und pharmazeutischen Wortschatzes; ihre Terminologie soll hier nur hinsichtlich der allgemeinen lateinischen Bezeichnungen einzelner Arzneimittelgruppen bzw. pharmakologischer Wirkungsgruppen berücksichtigt werden.

Insgesamt stellt sich demnach die heutige medizinische Terminologie — ähnlich der pharmazeutischen — als Ergebnis eines langen historischen Prozesses dar, der seinen sachlichen wie sprachlichen Ursprung in der griechisch-lateinischen Antike hat und in dessen Verlauf alle Erkenntnisse, Entdeckungen und Neuerungen dem überkommenen Begriffssystem weitgehend eingegliedert bzw. angeglichen wurden. Nachstehende Zusammenstellungen sollen Umfang und Methode dieser Begriffs- und Namensbildung in Auswahl veranschaulichen sowie vor allem der systematischen Wiederholung des in den Abschnitten V—VIII Erlernten dienen. Demgemäß werden sprachliche bzw. sachliche Erläuterungen nur bei bisher noch nicht erwähnten Wörtern bzw. bei solchen Ausdrücken gegeben, deren Bedeutung sich nicht oder nur ungenau aus den Wortelementen ableiten läßt.

A. ALLGEMEINE PATHOLOGIE

Folgende Übersicht enthält wichtige Begriffe bzw. Bezeichnungen der Allgemeinen Pathologie, wobei die Zusammenstellung weder Anspruch auf Vollständigkeit erhebt noch in dieser Anordnung allgemein verbindlich ist. Dies gilt insbesondere für die Aufzählung der Infektionskrankheiten und ihrer Erreger, die jedoch in dieser Form eine Darlegung der inhaltlichen Bezüge ermöglicht.

1. STÖRUNGEN DER ENTWICKLUNG (MISSBILDUNGEN)

Embryologie Lehre von der Entwicklung des Embryos

Teratologie Lehre von den Mißbildungen

Aplasie gr. plattein = bilden	fehlende Ausbildung (eines Organs)
Hypoplasie	(Organ-)Unterentwicklung
Atresie gr. trēsis = Loch	fehlende Umbildung von solidem Organ zum Hohlorgan. Fehlen einer Körperöffnung
Obliteration lat. oblinere = überstreichen, beschmieren	Verwachsung, Verödung, Rückbildung von Hohlorganen und -öffnungen
Stenose	verengte Lichtung, z. B. bei unvollkommener Entwicklung von Hohlorganen
Hyperplasie	(Organ-)Überentwicklung
Hydrocephalus gr. kephalē = Kopf	Wasserkopf
Teratom	angeborene Gewebsgeschwulst (kann verschiedene Gewebe umfassen)

2. STÖRUNGEN DES KREISLAUFS

allgemeine, vaskuläre (gefäßbedingte) und kardiale (herzbedingte) Kreislaufstörungen

Schock **Kollaps** lat. collabi = zusammenbrechen	Mißverhältnis zwischen Gefäß- und Blutvolumen. (u. a. Verminderung des venösen Rückstromes zum Herzen verursachend)
Stase	(reversible) Gefäßverstopfung durch Strömungsverlangsamung (z. B. infolge Viskositätserhöhung)
Thrombose	Blutgerinnung in der Gefäßbahn
Thrombus	Blutgerinnsel
Embolie → Infarkt	Steckenbleiben eines Embolus in der Gefäßbahn
Embolus	In der Blutgefäßbahn verschlepptes Treibteilchen
Hämorrhagie (Extravasation)	Blutaustritt aus Gefäßen
Hämatom	Bluterguß
Hyperämie	(lokal) vermehrte „Durchblutung"
aktive Hyperämie (arterielle H.)	Blutströmungserhöhung der Arterien durch verschiedenartige Reize

passive Hyperämie (venöse H.)	Überfüllung der Venen durch Verzögerung des Blutabflusses
Senkungs-Hyperämie (Hypostase)	Verbleib des Blutes in jeweils tieferen Körperteilen durch mangelnden arteriellen Druck
Hypoxämie	zu niedriger Sauerstoffgehalt des Blutes
Hypoxie	Sauerstoffmangel im Körpergewebe
Anämie	Blutarmut, zu geringer Hämatokritwert des Blutes (Hämatokritwert = Volumenanteil der roten Blutzellen an der Gesamtblutmenge in %) gr. krinein = scheiden, trennen
Oligämie	Abnahme der Blutmenge bei normaler Zusammensetzung
Ischämie gr. ischein = zurückhalten	Blutleere infolge mangelnder Blutzufuhr (z. B. Thrombose, Gefäßverschluß)
Infarkt → Zell- und Gewebsveränderung	Gewebstod (Nekrose) als Folge von Arterienverschluß(-Verstopfung) ohne andere Blutzufuhr (z. B. Kollateralkreislauf)
Ödem gr. oidēma = Schwellung	Flüssigkeitsaustritt aus den Gefäßen und Durchtränkung der Gewebe
Hydrops gr. hydrōps = Wassersucht	Hautwassersucht, Flüssigkeitsansammlung in einzelnen Höhlen

3. KRANKHAFTE VERÄNDERUNG DER ZELLEN UND GEWEBE

Störungen der Zellvermehrung
Störungen des Zellstoffwechsels (Degeneration, Dystrophie)
Regeneration

a) Störungen des Wasserstoffwechsels

trübe Schwellung	Trübungen des Protoplasmas
vakuoläre Degeneration	Vakuolenbildung in den Zellen

b) Störungen des Eiweißstoffwechsels
→ Anabolika: Eiweißansatz fördernde Stoffe
→ Katabolika: Eiweißabbau fördernde Stoffe

Hypoproteinämie	zu geringer Eiweißgehalt im Blutserum
Hyperproteinämie	zu großer Eiweißgehalt im Blutserum

c) Störungen des Fettstoffwechsels
Störungen der Fettaufnahme
pathologische Fettablagerungen

Adipositas	Fettleibigkeit
Obesitas lat. obesus = fett	allgemeine Fettsucht
Lipomatose	Fettdurchwachsung eines Organs oder multiple Lipome

d) Störungen, die auf Cholesterinablagerungen beruhen

Xanthom	(gelbe) Wucherung cholesterinesterhaltiger Zellen

Xanthomatosen	Krankheiten mit vermehrter Cholesterinablagerung im Gewebe; auch: multiple Xanthome
Atheromatose gr. athērē = Mehlbrei	cholesterinhaltige (breiartige) Ablagerungen in der Gefäßinnenwand (durch Bildung von Bindegewebe und Kalkeinlagerung → **Arteriosklerose**)

e) Störungen des Kohlehydratstoffwechsels

Diabetes mellitus (z. B. Altersdiabetes)	Zuckerharnruhr (erhöhter Blutzuckergehalt)

f) Pigmentstörungen als Krankheit und als Symptom von Krankheiten

Melanose	Überpigmentierung mit Melaninablagerung lat. Pigmentum = Farbstoff
Melanom	Geschwulst mit übermäßiger Melaninablagerung
Melaninmangel	
Albino	Patient mit generellem Melaninmangel
Vitiligo lat. Vitiligo = Hautausschlag	lokaler Melaninmangel (weiße Flecken)
Nävus lat. Naevus = Mal	Muttermal
Ikterus gr. ikteros = Gelbsucht	Gelbsucht (Hyperbilirubinämie)

g) Störungen durch — sowie pathologische Bildung von — Mineralstoffen und festen Substanzen

Störungen des Natrium-Kaliumhaushaltes

Alkaliämie

Störungen des Kalziumhaushaltes

Calcificatio lat. Calx = Kalk	Kalkablagerung an Organen und Gefäßen (Verkalkung)
Urate	Salze der Harnsäure. Erhöhte Konzentration im Blutserum bei **Gicht** und **Leukämie**
Konkremente lat. concrescere = zusammenwachsen	„Steine"
Cholelith(iasis)	Gallenstein(leiden)
Nephrolith(iasis)	Nierenstein(leiden)
Urolith(iasis)	Blasenstein(leiden)

h) Zelltod und Nekrose

Nekrose	lokaler Gewebstod
Mumifikation lat. Mumia = Mumie	„trockener Brand"
Gangrän gr. gangraina = fressendes Geschwür	„feuchter Brand"
Decubitus lat. decumbere = daniederliegen	Drucknekrose, „Druckbrand" (bei Bettlägerigen)
Infarkt	Nekrose durch ungenügende Zufuhr von arteriellem Blut

i) Regressive Störungen
lat. regredi = zurückgehen

Atrophie	Rückbildung (von Organen, Geweben, Zellen)
Druckatrophie	
Hungeratrophie	(verbunden mit Wassereinlagerung)
Involution lat. involvere = einrollen	physiologische Rückbildung im Alter (normal), vor dem Alter (pathologisch)

j) Progressive Veränderungen
lat. progredi = vorwärtsgehen, fortschreiten

Regeneration	Gewebsneubildung (dem verlorenen gleichwertig)
Hypertrophie	Organvergrößerung durch Zellenvergrößerung
Hyperplasie	Organvergrößerung durch Zellenvermehrung (z. B. Struma = Kropf)
Metaplasie	Umwandlung einer Gewebsart in eine andere; (Fehl-)Differenzierung
Heterotopie	Auftreten von ortsfremdem Gewebe
Transplantation	**Verpflanzung von lebendem Gewebe oder Organen**
Autotransplantation	Spender und Empfänger sind identisch oder eineiige Zwillinge
Homotransplantation	von einem Individuum derselben Art stammend
Heterotransplantation	von einem Individuum einer fremden Art stammend

4. REIZ UND REIZBEANTWORTUNG DES KÖRPERS

negative Anergie	Körper reagiert nicht auf den Reiz
positive Anergie	Immunität
Hyp(o)ergie	verminderte Reaktion
Normergie	normale Reaktion
Allergie (Hyperergie)	zu heftige Reaktion hervorgerufen durch Allergene, beginnend mit Sensibilisierung beim ersten Kontakt (Antigen-Antikörperreaktion)
Idiosynkrasie	angeborene (auch erworbene) Überempfindlichkeit
allergische Reaktion	
anaphylaktische Reaktion gr. phylattein = beschützen	Sofortreaktion → anaphylaktischer Schock
Tuberkulin-Typ	verzögerte Reaktion

5. ENTZÜNDUNG = INFLAMMATIO, PHLEGMASIE, PHLOGOSE

lat. inflammare = anzünden
gr. phlegma = Brand, Hitze [aber auch „Körperschleim" → Humoralpathologie]
gr. phlogōsis = Brand, Entzündung → [Remedia] Antiphlogistica

Entzündung — komplexer Reaktionsvorgang des Gefäß- und Bindegewebsapparates
(akute, exsudative Entzündung — chronische, proliferative Entzündung)

I. Entzündungsformen (morphologisch)

a) alterative Entzündung

Alteration lat. alterare = ändern	Gewebsschädigung
aktive Hyperämie	lokale Blutströmungserhöhung
Proliferation lat. Proles = Sprößling lat. ferre = tragen	Bildung von Granulationsgewebe (kann zur Vernarbung führen)

b) exsudative Entzündung

Exsudation lat. exsudare = ausschwitzen	Austritt von Serum, Plasma und Zellen (Leukozyten)
seröse Entzündung lat. Serum = Molke, wäßriger Teil	Entzündung mit Ödembildung
fibrinöse Entzündung	Entzündung mit Fibrinausfällung

c) eitrige Entzündung

Phlegmone gr. phlegein = brennen	flächenhaft fortschreitende, eitrige Entzündung
Abszeß	Eiteransammlung in einem durch Gewebszerfall entstandenen Hohlraum
Furunkel ~ lat. Fur = Dieb [Diminutiv: kleiner Dieb (an Körpersäften)]	eitrige Haarbalg- und Talgdrüsenentzündung
Karbunkel lat. Carbo = Kohle [Diminutiv: kleine Kohle, Geschwür]	Furunkelansammlung
Empyem gr. pyon = Eiter	Eiteransammlung in vorgebildeten Höhlen

d) hämorrhagische Entzündung

e) lymphoplasmozytäre Entzündung

II. Entzündungsformen (ätiologisch)

a) Entzündungen durch Fremdkörper und abgestorbene Teile

b) Entzündungen (Infektionen, Granulome) durch belebte Erreger (Pilze, Spaltpilze, [Schizomyzeten], Rickettsien, Viren)

Bakteriämie	Eindringen von Erregern in die Blutbahn
Sepsis	Überschwemmung des Körpers mit einer Vielzahl hochvirulenter Erreger
Pyämie	Sepsis mit Absiedlung des Erregers in den Organen und Abszeßbildung

INFEKTIONEN

Infektionserreger	Erkrankung
1. Pilze	**Mykosen** z. B. **Soor** (grauweißer Mundschleimhautbelag) **Histoplasmose** **Aktinomykose** (Strahlenpilzkrankheit) gr. aktis, aktinos = Strahl
2. Spaltpilze	
a) Kokken	
Staphylococcus gr. staphylē = Traube	z. B. **Staphylomykose** **Osteomyelitis**
Streptococcus	z. B. **Erysipel** gr. erys- = rost(rot)- ~ lat. Pellis = Haut **Scarlatina** (Scharlach) lat. Scarlatinum = rote Farbe
Pneumococcus	z. B. **Pneumonie** (Lungenentzündung)
Meningococcus	**Meningitis epidemica**
Gonococcus	**Gonorrhoe**
b) Enterobakterien	
Colibacterium	verschiedene Infektionen (bes. des Darmtraktes)
Typhusbacterium gr. typhos = Rauch	**Typhus**
Salmonellen (Eponym nach Salmon [1850—1914])	z. B. **Paratyphus**
c) Parvobakterien	
Pestbacterium	**Pest**
Influenzabacterium	verschiedene Rachen- und Kehlkopfentzündungen
Keuchhustenbacterium	**Pertussis** (Keuchhusten)

Infektionserreger	Erkrankung
d) **Chlostridien**	grampositive anaerobe Sporenbildner
Chlostridium botulinum lat. Chlostridium = Spindel lat. Botulus = Darm, Wurst	**Botulismus** (bakterielle Lebensmittelvergiftung)
e) **Bazillen**	grampositive aerobe Sporenbildner
Tetanusbacillus	**Tetanus** (Wundstarrkrampf) gr. tetanos = Spannung, Krampf
Gasbrandbacillus	**Gasbrand**
Bacillus anthracis	**Anthrax** (Milzbrand)
f) **Mykobakterien**	
Mycobacterium tuberculosis	**Tuberkulose**
Mycobacterium Leprae	**Lepra** (Aussatz) gr. lepra = Aussatz
g) **Korynebakterien** gr. korynē = Keule	
Diphtheriebacterium	**Diphtherie** gr. diphthera = Haut
h) **Spirillen** gr. speira = Windung	
Vibrio comma lat. vibrare = zittern	**Cholera** ~ gr. cholera = Traufe [Stärke des Durchfalls] ~ hebr. chaul rah = böse Krankheit
i) **Spirochäten** gr. speira = Windung gr. chaitē = langes Haar	
Treponema pallidum gr. trepein = drehen gr. nēma = Faden lat. pallidus = bleich	**Syphilis** (Lues) Literar. Eponym nach dem Titel von Fracastoros „Syphilis"-Gedicht (1530) (lat. Lues = unreine Flüssigkeit, Seuche)
Leptospira icterohaemorrhagiae	**Icterus infectiosus** (infektiöse Gelbsucht)
3. **Rickettsien** (Eponym nach Ricketts [1871—1910])	
Rickettsia Prowazeki	**Typhus exanthematicus** (Fleckfieber)
4. **Viren**	**Hepatitis epidemica**
	Maul- und Klauenseuche
	Poliomyelitis („Kinderlähmung")
	„common cold" (Erkältung)
	Morbilli (Masern) Dim. von lat. Morbus = Krankheit

Parotitis epidemica (Mumps)

Herpes zoster (Gürtelrose)
gr. herpēs = Hautgeschwür
gr. zōstēr = Gürtel

Herpes simplex („Reizbläschen")

Variola (Pocken)
lat. varius = mannigfach, buntgefleckt

Varizellen (Windpocken)
„Kleine Pocken", [falsches] Dim. zu lat. Variola

Rabies (Tollwut)

Psittakose (Papageienkrankheit)
gr. psittakos = Papagei

Trachom (ägyptische Augenkrankheit)
gr. trachys = rauh, uneben

GRANULOME

Rheumatismus gr. rheumatismos = das Herumfließen [antike Vorstellung von im Körper herumfließenden Krankheitsstoffen]	„Rheuma", schmerzhafte Erkrankung der Gelenke, Muskeln, Nerven, Sehnen und innerer Organe, z. B. Herz
Erythematodes	„Zehrrose"
Mycosis fungoides	„Wucherflechte"
Lymphogranulom	granulomatöse Wucherung des lymphatischen Gewebes

6. PARASITÄRE ERKRANKUNGEN

Toxoplasmose	durch Toxoplasmen (überwiegend intrazelluläre Parasiten) hervorgerufene Infektionskrankheit
Malaria ital. mala aria = schlechte Luft	Sumpffieber, Wechselfieber
M. tertiana	mit jeden dritten Tag wiederkehrenden Fieberanfällen
M. quartana	mit jeden vierten Tag wiederkehrenden Fieberanfällen
M. tropica	„Tropenfieber"

Helminthiasis — **Wurmkrankheit**

Erreger		Erkrankung
a) **Zestoden** gr. kestos = Gürtel, Band	Bandwürmer	
Diphyllobothrium latum gr. bothrion = Grübchen	Fischbandwurm	**Taeniasis**
Echinococcus granulosus gr. echinos = Igel	Hundebandwurm	**Taeniasis**
Taenia solium lat. Taenia = Band, Binde	Schweinebandwurm	**Taeniasis**
Taenia saginata	Rinderbandwurm	**Taeniasis**

Erreger		Erkrankung
b) Nematoden gr. nēma = Faden	Fadenwürmer	
Ascaris lumbricoides gr. askos = Schlauch	Spulwurm	**Askaridiasis**
Oxyuris vermicularis gr. ūra = Schwanz	Madenwurm	**Oxyuriasis**
Ankylostoma duodenale gr. ankylos = gekrümmt	Hakenwurm	**Ankylostomiasis**
Filaria Bancrofti lat. Filum = Faden	Fadenwurm(art)	**Filariosis**
Trichinella spiralis gr. trichinos = aus Haaren	Trichine	**Trichinosis**

7. GESCHWÜLSTE (TUMOREN)

Onkologie Lehre von den Geschwülsten
gr. onkos = Masse, Anschwellung

Geschwulst	mehr oder weniger von der Regulation des Organismus unabhängige Zell- und Gewebswucherung im Gegensatz zu Regenerationswucherung und Hyperplasie
Metastasen	räumlich getrennte, aber gleichartige Sekundärgeschwülste
Rezidive	(nach kurzer oder längerer Zeit) erneute Wucherung von (nicht völlig entfernten) Geschwülsten

gutartige (benigne) → -om		bösartige (maligne) → -sarkom; → -karzinom → Cancer(o)-
	a) Binde- und Stützgewebe	
Fibrom	Bindegewebe-(Knoten-)Geschwulst	**Fibrosarkom**
Lipom	Fettzellengeschwulst	**Liposarkom**
Myxom	schleimgewebeartige Geschwulst	**Myxosarkom**
Hämangiom	Geschwulst aus (neugebildeten) Blutgefäßen (und Bindegewebe)	**Hämangioendotheliom (Angiosarkom)**
Lymphangiom	geschwulstmäßige Neubildung von Lymphgefäßen	**Lymphosarkom**
Myom	Muskelgeschwulst	**Myosarkom**
	b) (Fibro-)epitheliales Gewebe	
	Krebs(geschwulst)	**Karzinom**
Papillom lat. Papilla = Brustwarze	Warzen(Haut)geschwulst	

gutartige (benigne) → -om		bösartige (maligne) → -sarkom; → -karzinom → Cancer(o)-
Kondylom gr. kondylos = Gelenk, Geschwulst	Feigwarze, Hautpapel	
Polyp gr. polypūs = vielfüßig	(gestielte) Schleimhautgeschwulst	
Adenom	Drüsengeschwulst	**Adenokarzinom**
Zyst(aden)om	Drüsengeschwulst mit blasigen Erweiterungen	
Karzinoide	semimaligne Tumoren, u. a. vor allem: Darm-, Bronchiengeschwülste	
	c) Nervengewebe	
Neurom	Nerven(-fasern, -zellen)geschwulst	
	Geschwulst (aus Vorstufen der Ganglienzellen)	**Neuroblastom** gr. blastos = Sproß, Trieb
	d) Knorpelgewebe	
Chondrom	Knorpelgeschwulst	**Chondrosarkom**
	e) Knochengewebe	
Osteom	Knochengeschwulst	**Osteosarkom**
	f) Granulationsgewebe	
Granulom	1. geschwulstartige Wucherung des Granulationsgewebes 2. durch Infektion oder chronisch-entzündliche Prozesse hervorgerufene Wucherung (z. B. der Zahnwurzel)	

B. SPEZIELLE PATHOLOGIE (PATHOLOGISCHE ANATOMIE)

Folgende Übersicht enthält wichtige Begriffe bzw. Bezeichnungen der Speziellen Pathologie (Pathologischen Anatomie) sowie der klinischen Fächer, wobei die Zusammenstellung weder Anspruch auf Vollständigkeit erhebt noch in dieser Anordnung allgemein verbindlich ist. Aufgrund des inneren Zusammenhangs erscheinen gelegentlich unter „Anatomische Bezeichnung" Begriffe, die eigentlich den Bereichen der Histologie, Physiologie u. a. angehören und die deshalb — ebenso wie einige unter „Erkrankungen" aufgeführte physiologische Vorgänge — in eckigen Klammern verzeichnet sind.

1. HERZ = COR, KARD(IO)-

Kardiologie

Anatom. Bezeichnung	Deutsche Bedeutung	Erkrankungen und Symptome
Perikard	Herzbeutel	**Perikarditis**
Myokard	Herzmuskel	**Myokarditis, Myokardinfarkt, Kardiektasie (Dilatatio Cordis) Herzinsuffizienz**
Systole	Kontraktion des Herzmuskels	**Extrasystole** (vorzeitige Herzkontraktion innerhalb der normalen Herzschlagfolge)
Diastole	(mit der Systole abwechselnde) Erschlaffung des Herzmuskels	**Fibrillatio cardiaca** (Herzflimmern) **Bradykardie** (Verlangsamung der Herzschlagfolge) gr. bradys = langsam **Tachykardie** („Herzjagen") **Palpitatio cordis** (Herzklopfen) lat. palpitare = klopfen **Arrhythmie**
Koronargefäße	Herzkranzgefäße	**Koronarinsuffizienz, Koronarsklerose, Koronarspasmen** **Stenokardie (Angina pectoris)**
Atrium cordis lat. Atrium = Innenhof	Vorhof zur Herzkammer	
Ventriculus cordis	Herzkammer	
Endokard	Herzinnenwand	**Endokarditis**
[Valvae cordis] lat. Valva = Türflügel	Herzklappen	**Klappenvitien** (Klappenfehler) lat. Vitium = Schaden, Fehler
	Segelklappen	
Valva atrioventricularis dextra (V. tricuspidalis)	Trikuspidalklappe	
Valva atrioventricularis sinistra (V. mitralis)	Mitralklappe	**Mitralinsuffizienz** (ungenügende Schließfähigkeit der Mitralklappe) gr. mitra = (Bischofs)Haube **Mitralstenose** (Verengung der Mitralklappenlichtung)
	Taschenklappen	
Valva aortae	Aortenklappe	**Aorteninsuffizienz** **Aortenstenose** gr. aortē = Hauptschlagader
Valva trunci pulmonalis	Pulmonalklappe	**Pulmonalvitien** **Pulmonalinsuffizienz**

Anatom. Bezeichnung	Deutsche Bedeutung	Erkrankungen und Symptome

2. GEFÄSS(E) = VAS(A), ANGIO-

Angiologie

		Angioneurosen (funktionell bedingte Gefäßerkrankungen)
		Angiom
Arteria gr. aeirein = anbinden, aufhängen (→ aortē)	Schlagader, Arterie	**Atheromatose** (Stoffwechselstörung in der Arterienwand mit breiartigen Ablagerungen)
		Atherosklerose
		Arteriosklerose
		Arteriitis
		Aneurysma (Arterienausbuchtung) gr. aneurysma = Erweiterung
		Pulmonalsklerose
		Zerebralsklerose
Arteriole(n)	kleinste Arterie(n)	**Arteriolosklerose**
Vena, Phleb(o)-	Blutader, Vene	**Phlebitis**
		Thrombose
		Thrombophlebitis
Venula(e)	kleinste Vene(n)	**Phlebektasie** („Venenerweiterung") gr. ektasis = Ausdehnung
		Varizen
		Hämorrhoiden
Anastomosen	netzartige Vereinigung von Blut-, Lymphgefäßen oder Nerven (→ Kollateralkreislauf)	
Kapillaren	Kapillargefäße (Haar[feine] Gefäße)	

3. BLUT UND BLUTBILDENDES GEWEBE

A. Blut = Sanguis, Häm(at)o-

Hämatologie

		hämorrhagische Diathese (Blutungsneigung)
		Hämophilie (Bluterkrankheit)
		Purpura (Diapedeseblutungen) (Blutfleckenkrankheit [Durchtritt von Blutkörperchen durch die unverletzte Gefäßwand]) lat. Purpura = Purpurfarbe (gr. pēdaein = springen)

Bezeichnung	Deutsche Bedeutung	Erkrankungen und Symptome
		Plethora (Blutmengenvermehrung) gr. plēthōrē = Anfüllung
		Oligämie (Blutmengenverminderung)
		Ischämie (Blutleere [einzelner Organe]) gr. ischein = zurückhalten → ischämischer Insult ([Schlag]Anfall) lat. insilire = hineinspringen
		Azidose (Blutübersäuerung)
[Blutbestandteile]		
Erythrozyten	rote Blutkörperchen	**Erythrozytose** (Vermehrung der Erythrozyten)
		Anämie (Verminderung der Erythrozyten)
		hypochrome Anämie (durch Eisenmangel bedingte Anämie)
		hyperchrome Anämie (perniziöse Anämie) (durch fehlenden „intrinsic factor" [Antiperniciosastoff] bedingte Anämie) lat. perniciosus = verderblich
Hämoglobin	Farbstoff der Erythrozyten	
Hämolysin	Hämolyse bewirkender Antikörper	**Hämolyse** (Auflösung der Erythrozyten)
Thrombozyten	„Blutplättchen"	**Thrombopathie** (Krankhafte Veränderung der Thrombozyten [allgemein])
		Thrombo(zyto)penie (Verringerung der Thrombozyten) gr. penēs = arm
Leukozyten	weiße Blutkörperchen	**Leukozytose** (vorübergehende Vermehrung der Leukozyten)
Lymphozyten		**Lymphozytose**
Monozyten		**Monozytose**
		Leuko(zyto)penie
Granulozyten		**Agranulozytose** (starke Abnahme, schließlich Fehlen der Granulozyten)
Myelozyten		**Myelozytose**
		Leukose (tumorartige Vermehrung der Leukozyten) **(Leukämie)** **Myelose** **Lymphadenose**
Blutplasma	Blutflüssigkeit	**Hydrämie**
		Anhydrämie
		Lipämie

Anatom. Bezeichnung	Deutsche Bedeutung	Erkrankungen und Symptome

B. Lymphoretikuläres System

lat. Lympha = Quell-, Flußwasser
lat. Reticulum = kleines Netz

Lymphgefäß = Lymphang(i)-

		Lymphangitis
		Lymphangiektasie
		Lymphangiom
Nodi lymphatici	Lymphknoten	**Lymphdrüsentuberkulose**
		Hyperplasie
Lymphoblasten Lymphozyten		**Lymphogranulomatose (Hodgkin-Krankheit)**
		Lymphadenose
		Lymphadenitis
		Lymphozytose
Retikulumzelle	netzförmig verzweigte Gewebszelle des retikulären Bindegewebes	**Retikulozytose** (Vermehrung unreifer Erythrozyten)

C. Milz = Lien, Splen(o)-

		Splenomegalie (krankhafte Milzvergrößerung)
		Perisplenitis
		Anthrax (Milzbrand)

4. DRÜSEN MIT INNERER SEKRETION (INKRETSYSTEM)

Endokrinologie
Hypofunktion = zuwenig Hormonproduktion und Ausschüttung
Hyperfunktion = zuviel Hormonproduktion und Ausschüttung
gr. horman = in Bewegung setzen, antreiben

Hypophyse (Glandula pituitaria) lat. Pituita = zähe Flüssigkeit, Schleim	Hirnanhangsdrüse	**Endokrine Störungen**
Hypophysen-hinterlappen-zwischenhirn-system		**Diabetes insipidus** („Wasserharnruhr") lat. sapere = schmecken [nicht (süß) schmeckend]

Anatom. Bezeichnung	Deutsche Bedeutung	Erkrankungen und Symptome
Hypophysen-vorderlappen		**Akromegalie** (abnorme Vergrößerung der Körperteil-Enden z. B. Nase, Kinn, Extremitäten) gr. akros = am äußeren Ende befindlich **Nanosomia pituitaria** (Zwergwuchs) gr. nanos = Zwerg **Morbus Cushing** **Hypopituitarismus** (Hypophysen-vorderlappeninsuffizienz)
Glandula thyr(e)oidea	Schilddrüse	**Thyreoiditis** **Struma** (Kropf) **Endokrine Störungen** **Hypothyreose** **Myxödem** (Wucherung im Unterhautbindegewebe) gr. oidēma = Schwellung **Kretinismus** (angeborene Unterfunktion oder Aplasie der Schilddrüse) franz. crétin = Schwachsinniger **Hyperthyreose** **Morbus Basedow**
Glandulae para-thyr(e)oideae	Nebenschilddrüsen (Epithelkörperchen)	**Endokrine Störungen** **Hypoparathyreoidismus** **Tetanie** (neuromuskuläre Übererregbarkeit) **Hyperparathyreoidismus**
Glandulae suprarenales	Nebennieren	
Cortex glandulae suprarenalis → Corticoide (NNR-Hormone)	Nebennierenrinde	**Endokrine Störungen** **Hypokortizismus** **Morbus Addison** **Adynamie** (Kraftlosigkeit) gr. dynamis = Kraft **Kachexie** („Abzehrung") gr. kakos + hexis = schlechte Beschaffenheit **Hyperkortizismus** **Morbus Cushing** **Aldosteronismus** → Aldosteron
Inselorgan des Pankreas Insulinbildende B(eta)-Zellen der Langerhansschen Inseln lat. Insula = Insel		**Insulinmangel** **Diabetes mellitus (Pankreasdiabetes)** lat. mellire = honigsüß machen **Hyperglykämie** **Glykosurie**

Anatom. Bezeichnung	Deutsche Bedeutung	Erkrankungen und Symptome
		übermäßige Insulinzufuhr oder -produktion **Hypoglykämie** **hypoglykämischer Schock (Koma)** gr. kōma = Tiefschlaf
Thymus	Bries, innere Brustdrüse	**Thymitis** **Thymom**

5. NERVENSYSTEM = SYSTEMA NERVOSUM

Neurologie, Neurochirurgie, Psychiatrie
→ Psychotherapie

Zerebrospinales Nervensystem
lat. Spina = Dorn

Zentrales Nervensystem (ZNS)

Peripheres Nervensystem (PNS)

Autonomes (vegetatives) Nervensystem
→ vegetative Dystonie

Sympathicus, Parasympathicus

A. Hirn(Rückenmarks-)häute = Meninges

Anatom. Bezeichnung	Deutsche Bedeutung	Erkrankungen und Symptome
Pachymeninx gr. pachys = dick **(Dura mater)**	harte Hirnhaut	**Pachymeningitis**
Leptomeninges gr. leptos = zart	weiche Hirnhäute	**Leptomeningitis** **(Meningitis cerebrospinalis)**
Arachnoidea gr. arachnē = Spinne	mittlere Hirnhaut	**Arachnitis**
		Meningiom
Pia mater lat. pius = fromm (zart) lat. Mater = Mutter (Umhüllung)	innere Hirnhaut	

B. Gehirn = Cerebrum, Enzephal(o)-
Rückenmark = Medulla spinalis, Myel(o)-

Anatom. Bezeichnung	Deutsche Bedeutung	Erkrankungen und Symptome
Myelencephalon	Markhirn	
Medulla oblongata	verlängertes Rückenmark	
Metencephalon	Hinterhirn	
Cerebellum	Kleinhirn	
Pons	Brücke	
Mesencephalon	Mittelhirn	
Diencephalon	Zwischenhirn	

Anatom. Bezeichnung	Deutsche Bedeutung	Erkrankungen und Symptome
Thalamus gr. thalamos = Schlafgemach	Sehhügel	
Hypothalamus		
Telencephalon	Endhirn	
Cerebrum	Großhirnhemisphären	

Erkrankungen und Symptome	Erkrankungen und Symptome
Hirnödem	**Zerebralsklerose**
Enzephalomalazie	**multiple Sklerose**
Paralysis agitans (Schüttellähmung) lat. agitare = treiben, schütteln	**Meningoenzephalitis**
(Morbus Parkinson)	**Meningitis luetica** **Meningitis tuberculosa**
Apoplexie („Schlagfluß", Schlaganfall) gr. plēgē = Schlag	**Enzephalitis lethargica** g. lethē = Vergessenheit gr. argia = Trägheit
Hemiplegie	
Hemikranie	**progressive Paralyse** (Syphilis-Spätstadium)
Enzephalitis	**Lyssa/Rabies** (Tollwut) gr. lyssa = (Hunds-)Wut lat. Rabies = (Hunds-)Wut
Polioenzephalitis	
Tabes dorsalis (Rückenmarksschwindsucht: Syphilisspätstadium) lat. Tabes = Auszehrung	**Leukenzephalitis**
	Epilepsie
Myelitis	**Commotio cerebri** (Gehirnerschütterung) lat. commovere = bewegen, schütteln
Poliomyelitis	**Contusio cerebri**

C. Nerv = Nervus, Neur(o)-

Nervenknoten = Ganglien

gr. ganglion = Knoten

Neuralgie	**Ischias** (Hüftneuralgie) gr. ischion = Hüfte
Prosopoplegie (Lähmung der mimischen Gesichtsmuskulatur) **(Fazialislähmung)**	**Herpes zoster** (Gürtelrose)
Neuritis	**Neurom** **(Gangliom)**
Polyneuritis	**[Erethismus]** (krankhaft gesteigerte Erregbarkeit) gr. erethizein = reizen
Neurinom	

Erkrankungen und Symptome	Erkrankungen und Symptome

D. Verstand, Seele, Geist = Mens, Psych(o)-, Phren-

Psychiatrie, Psychopathologie, Psychotherapie

a) Psychogene Störungen

Hypochondrie („Krankheitswahn")
gr. hypochondria = das unter dem Brustkorb Liegende [antike Lokalisation der Gemütskrankheiten]

Hysterie
(neurotische Verhaltensweise)
gr. hystera = Gebärmutter [in der Antike dort lokalisierter Ausgangspunkt der Erkrankung]

Neurosen

Anankasmus (Zwangsneurose)
gr. anankē = Zwang

b) Psychosen

1. Endogene Psychosen

Manie (Besessenheit, krankhaft gehobene Stimmung)
gr. mania = Raserei

Depression
(Niedergeschlagenheit)
lat. deprimere = niederdrücken

Schizophrenie
(„Spaltungsirresein")
(Dementia praecox)

Hebephrenie
(„Jugendirresein")
gr. hēbē = Jugend

2. Exogene Psychosen
(Organische Psychosyndrome)

c) Psychopathien

d) Oligophrenien (Schwachsinn)

Debilität
lat. debilis = schwach

Imbezillität
lat. imbecillus = gebrechlich

Idiotie
gr. idiōtēs = Privatmann, Laie

6. VERDAUUNGSORGANE

A. Mundhöhle = Cavum oris

(Otorhinolaryngologie)
Odontologie

Anatom. Bezeichnung	Deutsche Bedeutung	Erkrankungen und Symptome
Os, Stomat(o)-	Mund	**Mißbildungen**
Labia oris	Mundlippen	**Cheiloschisis** (Lippenspalte) gr. cheilos = Lippe gr. schisis = Spaltung
Palatum	Gaumen	**Gnathoschisis** (Kieferspalte) gr. gnathos = Kiefer **Palatoschisis** (Gaumenspalte) **Labium leporinum** (Hasenscharte) lat. leporinus = Hasen- (lat. Lepus = Hase)
		Stomatitis

Anatom. Bezeichnung	Deutsche Bedeutung	Erkrankungen und Symptome
Lingua, Gloss- gr. glōssa = Zunge	Zunge	**Cheilitis** **Glossitis**
Gingiva	Zahnfleisch	**Gingivitis** **Skorbut** (Vitamin C [Ascorbinsäure]-Mangelkrankheit) → Scharbock ndl. scheur bek = rissiger Mund
Parodontium	Zahnbett	**Parodontitis** gr. odūs, odontos = Zahn **(Paradentitis)** lat. Dens = Zahn **Parodontose** **(Paradentose)**
Dentes, Odont(o)-	Zähne	**Dentitio(n)** („Zahnen", Zahndurchbruch) **Odontalgie** **Odontitis** **Karies** („Zahnfäule", Entmineralisierung und fäulnisartige Auflösung) lat. Caries = Morschheit, Fäulnis
Alveoli dentales lat. Alveolus = Mulde, Wanne	Zahnfächer (Kiefermulden)	**Alveolitis**
Radix dentis	Zahnwurzel	
Pulpa lat. Pulpa = Fleischiges	Zahnmark	**Pulpitis**
Collum dentis	Zahnhals	
Enamelum	Zahnschmelz	
Maxilla lat. Maxilla = Kinnlade	Oberkiefer	
Mandibula	Unterkiefer	
Glandulae oris	Mundspeicheldrüsen	
Glandula submandibularis	Unterkieferdrüse	
Glandula sublingualis	Unterzungendrüse	
Saliva, Ptyal- gr. ptyalon = Speichel	Speichel	**Salivatio** (abnormer Speichelfluß) **(Ptyalismus)**
Parotis	Ohrspeicheldrüse	**Parotitis epidemica** (Mumps, [„Ziegenpeter"]) (= Viruserkrankung) **Parotitis marantica** (Ohrspeicheldrüsenentzündung)

Anatom. Bezeichnung	Deutsche Bedeutung	Erkrankungen und Symptome
Uvula	Gaumenzapfen	
Tonsilla pharyngea	Rachenmandel	
Tonsillae palatinae	Gaumenmandeln	**Tonsillitis** (Mandelentzündung) **(Angina tonsillaris)** **[Tonsillektomie]** (Herausschneiden der Gaumenmandeln)
Pharynx → Respirationstrakt	Rachen	**Abszesse** **Phlegmone** **Angina** (Tonsillitis und Pharyngitis) **Angina diphtherica** (Rachendiphtherie) gr. anchonē = Erdrosseln ∼ lat. angere = beengen [→ dt. Angst!] gr. diphthera = Haut **Pharyngitis**

B. Speiseröhre = Oesophagus

gr. oisein = tragen
gr. phagein = essen

		Divertikel (Erweiterungen [Ausstülpungen] von Wandteilen) lat. divertere = wegwenden **Oesophagitis** **Aphagie** (Schluckunvermögen)

C. Magen-Darm-Kanal = Gastrointestinal-

Gastroenterologie, Splanchnologie

Abdomen	Unterleib	
Venter	Bauch	
Viscera, Entera, Splanchn(o)- gr. splanchna = Eingeweide	Eingeweide	

I. Magen = Ventriculus, Gastr(o)-

Kardia (Ostium cardiacum) gr. kardia = Herz oder Mageneingang	(oberer) Magenmund	
Pylorus gr. pylōros = Torhüter	Magenausgang („Pförtner")	
Corpus ventriculi	eigentl. Magen	
[Chymus] gr. chymos = Saft	Speisebrei im Magen	

Erkrankungen und Symptome	Erkrankungen und Symptome
Kardiospasmus (Mageneingangskrampf)	**[Digestion** (Verdauung)]
Gastralgie	**Indigestion** (Verdauungsstörung)
Gastrospasmus	**Apepsie**
Gastritis	**Dyspepsie** (Verdauungsstörung) (→ Pepsin)
Gastroenteritis	**Hyperazidität (Superazidität)**
Ulcus ventriculi (Magengeschwür)	**Subazidität**
[Anorexie (Appetitlosigkeit)] gr. orexis = Verlangen	**Anazidität**

II. Darmkanal = Intestinum, Enter(o)-

Peristaltik = aufeinanderfolgende Kontraktionen der Verdauungsorgane

Hernie (Vorfall von Baucheingeweide in abnorme Bauchfellausstülpungen)
lat. Hernia = Bruch
(→ Prolaps)
lat. prolabi = vorfallen

- **Hernia inguinalis** (Leistenbruch)
  lat. Inguen = Leistengegend
- **Hernia umbilicalis** (Nabelbruch)
  lat. Umbilicus = Nabel
- **(Omphalozele)**
  gr. omphalos = Nabel
  gr. kēlē = Bruch, Geschwulst

Strangulation (Abschnürung)
lat. strangulare = erdrosseln

Ileus (Darmverschluß)
gr. eileos = Darmverschlingung
gr. eilein = krümmen, winden

Diarrhoe

Obstipation (Constipation)

Dysenterie

Typhus

Paratyphus

Enteroptose (Eingeweidesenkung)
gr. ptōsis = Fall

(Splanchnoptose)

Divertikel (Ausstülpung)

Invagination (Einstülpung eines Darmabschnittes in einen tiefer gelegenen)
lat. Invaginatio = Einscheidung

(Intussuszeption)
lat. intus = inwendig
lat. suscipere = aufnehmen

Meteorismus (Blähsucht)
gr. meteoros = in die Höhe gehoben

Flatulenz (Gasbildung in Eingeweiden, Abgang von Blähungen)

Eruktation (Aufstoßen, „Rülpsen")
lat. eructare = ausspeien

Emesis (Vomitus)

Anatom. Bezeichnung	Deutsche Bedeutung	Erkrankungen und Symptome
Intestinum tenue	Dünndarm	**Enteritis**
Duodenum lat. duodeni = je zwölf	Zwölffingerdarm	**Ulcus duodeni** **Duodenitis**
Jejunum lat. ieiunus = nüchtern	Leerdarm	

Anatom. Bezeichnung	Deutsche Bedeutung	Erkrankungen und Symptome
Ileum gr. eilein = drehen krümmen	Krummdarm	**Ileitis terminalis**
Intestinum crassum lat. crassus = dick	Dickdarm	
Caecum (Coecum) lat. caecus = blind	Blinddarm	
Appendix vermiformis	Wurmfortsatz	**Appendicitis**
Colon	Grimmdarm	**Colitis** → **Kolik** (krampfartige Schmerzen durch Kontraktionen eines Hohlorgans)
Rectum	Mastdarm	
Anus, Prokt(o)-	After	**Hämorrhoiden** **Fistula ani** (Afterfistel) lat. Fistula = Röhre **Proktalgie** **Proktitis**
[Faeces]	[Kot]	
[Defäkation]	[Stuhl(Kot-)entleerung]	

7. LEBER = HEPAR, HEPAT(O)-

Hepatologie

Erkrankungen und Symptome	Erkrankungen und Symptome
Ikterus (Gelbsucht [Störung der Gallensekretion]) **(Hyperbilirubinämie)** **Leber-Atrophie** **Steatosis hepatis** (Fettleber) gr. stear, steatos = Fett	**Hepatitis** **Zirrhose** (Leberzirrhose, Leberschrumpfung) **(Cirrhosis hepatis)** gr. kirros = gelb **Zystenleber**

8. GALLE = BILIS, FEL, CHOL-

Anatom. Bezeichnung	Deutsche Bedeutung	Erkrankungen und Symptome
Vesica fellea	Gallenblase	**Cholecystitis** **Cholangitis** (Entzündung der Gallenwege) **Cholelithiasis** **Cholestase**

Anatom. Bezeichnung	Deutsche Bedeutung	Erkrankungen und Symptome

9. BAUCHSPEICHELDRÜSE = PANKREAS, PANKREAT-

→ innere Sekretion

		Pankreatitis

10. BAUCHFELL = PERITON(A)EUM, PERITON-

gr. peritonaion = das Herumgespannte

		Peritonitis
		Aszites (Bauchwassersucht) gr. askos = Schlauch, Balg

11. BRUSTFELL = PLEURA, PLEUR(O)-

Pleura parietalis	Rippenfell	**Pleuralgie** („Seitenstechen") **(Pleurodynie)**
		Pleuritis
		Empyem
		Pyothorax
Pleura pulmonalis	„Lungenfell"	**Pleuropneumonie**

12. ZWERCHFELL = PHRENES [PL.], PHREN-, DIAPHRAGMA(TO)-

gr. phrēn, phrenos = Zwerchfell
[aber auch Geist, Seele, da in der Antike dort lokalisiert]

		Phrenalgie
		Diaphragmatozele
		Singultus („Schluckauf") lat. Singultus = Schluchzen, Schlucken

13. UROGENITALTRAKT

Urologie

A. Niere = Ren, Renes [Pl.], Nephr(o)-

Nephrologie

Glomerulus Dimin. zu lat. Glomus = Knäuel	Blutkapillarenknäuel	
Tubulus	Harnkanälchen	

Erkrankungen und Symptome	Erkrankungen und Symptome

Urämie

Nieren-Hypoplasie

Nieren-Aplasie

Nephroptose (Nierensenkung: Wanderniere)
(Ren mobilis)

Zystenniere

Nephrolithiasis

[Diurese]

Anurie

Ischurie (Harnverhaltung)

Oligurie

Polyurie

Nykturie
gr. nyx = Nacht

Nephritis

akute (Glomerulo-) Nephritis

chronische (Glomerulo-) Nephritis

Nephrose

Nephrosklerose

renale Hypertonie

Enuresis (nocturna) (nächtl. „Bettnässen"; unwillkürl. Blasenentleerung)

(Mictio involuntaria)
lat. mingere = harnen
lat. involuntarius = unwillkürlich

Albuminurie

Hämaturie

B. Nierenbecken = Pelvis renalis, Pyel(o)-
Harnleiter = Ureter(-)

Hydronephrose

Pyelonephritis
gr. pyelos = Becken, Wanne

Ureteritis
gr. ūron = Harn

C. Harnblase = Vesica (urinaria), Cyst(o)-

Hypertrophie

Dilatation

Divertikel

Zystitis

Konkremente

Urolith

D. Harnröhre = Urethra

Urethritis

Urethralgie

E. Genitalorgane
Andrologie, Gynäkologie
Geschlechtskrankheiten

Syphilis (Lues)
Ulcus durum (harter Schanker)
Gonorrhoe (Tripper)

Ulcus molle (weicher Schanker)

Lymphogranuloma inguinale
(„4. Geschlechtskrankheit")

Anatom. Bezeichnung	Deutsche Bedeutung	Erkrankungen und Symptome
a) männliche Geschlechtsorgane		
Scrotum	Hodensack	
Testis (Testes) **(Testiculus)**	Hode(n) (Testikel)	
Orchi- [Didym-] gr. orchis = Hoden gr. didymos = zweifach		**Orchitis**
Epididymi-	Nebenhoden	**Epididymitis**
Gonaden	Geschlechtsdrüsen	**Hypogonadismus**
Vesicula seminalis	Samenblase	**Spermatozystitis**
Funiculus Dimin. zu lat. Funis = Strick	Samenstrang	**Funikulitis**
Ductus deferens lat. Ductus = Gang lat. deferre = herabbringen	Samenleiter	**Deferentitis**
Prostata	Vorsteherdrüse	**Prostatitis** **Hypertrophie** **Hyperplasie** **Prostatakarzinom**
Penis **(Phallus)**	männliches Glied	
Praeputium	Vorhaut	**Phimose** (Vorhautverengung) gr. phimos = Maulkorb
Glans	Peniseichel	**Balanitis** gr. balanos = Eichel
b) weibliche Geschlechtsorgane		
Adnexe (Annexe)	Anhänge des Uterus: Tuben, Ovarien und umgebendes Gewebe	**Adnexitis**
Ovarium, Oophor-	Eierstock	**Oophoritis** **Ovarialcystome**
Folliculi (ovarici)	Eizelle und umgebende Zellen	**Follikelcysten** [aber: Follikulitis = Haarbalgentzündung!]
Graafscher Follikel	Zellhülle und reifes Ei	
Corpus luteum	Gelbkörper	
Ovulation	Follikelsprung	
Placenta	Mutterkuchen (Nachgeburt)	

Anatom. Bezeichnung	Deutsche Bedeutung	Erkrankungen und Symptome
[Menstruation]	[Monatsblutung]	**Dysmenorrhoe** **Oligomenorrhoe** **Amenorrhoe** **Menorrhagie**
[Menarche]	[erste Monatsblutung]	
Tuba uterina, Salping(o)- lat. Tuba = Röhre, Trompete gr. salpinx = Trompete	Eileiter	**Salpingitis**
Uterus, Metr(o)-, Hyster(o)- gr. mētra = Gebärmutter gr. hystera = Gebärmutter	Gebärmutter	**Uterusprolaps** lat. prolabi = vorfallen **(Hysteroptose)** **Metrorrhagie**
Endometrium	innere Schleimhaut	**Endometritis**
Myometrium	muskulöse Gebärmutterwand	**Myometritis**
Vagina, Kolp(o)- gr. kolpos = Scheide	Scheide	**Vaginismus** (Scheidenkrampf) **Kolpitis** **Fluor vaginalis** (Scheidenausfluß) **Trichomoniasis** (Erkrankung durch Trichomonaden)
Vulva lat. Volva = Hülle	äußeres weibliches Genitale	**Vulvitis**

[F. Schwangerschaft = Gravidität]

Obstetrik = Geburtshilfe
lat. Obstetrix = Hebamme

		Pseudogravidität (Scheinschwangerschaft) gr. pseudēs = falsch
[Puerpera] lat. Puer = Kind, Knabe lat. parere = gebären	[Wöchnerin]	**Puerperalfieber** („Kindbettfieber") **Hyperemesis gravidarum** **Gestose** (Schwangerschaftstoxikose) (= Gest[ationstoxik]ose) lat. gestare = tragen, austragen **Extrauteringravidität** **Eklampsie** (blitzartige Krampfanfälle) gr. eklampein = aufblitzen
Situs	Kindslage	
Embryo	Frucht bis Ende des 4. Monats	

Anatom. Bezeichnung	Deutsche Bedeutung	Erkrankungen und Symptome
F(o)etus	Frucht ab 5. Monat	
Partus	Geburt	**Abortus** (Fehlgeburt) **habitueller Abort** (Anlage zu Fehlgeburten) lat. Habitus = Anlage, Beschaffenheit **[Interruptio graviditatis]** (Schwangerschaftsunterbrechung)

[G. Empfängnis = Konzeption]

←→ Sterilität, Impotenz
lat. impotens = unvermögend, nicht mächtig

Contra(con)ceptiva = Empfängnisverhütende Mittel

mechanische		
Mann:	**Präservativ** (Gummischutz) lat. praeservare = vorbeugen, schützen **(Kondom)** engl. condom [Eponym]	
Frau:	**Pessar** (Mutterring) gr. pessos = länglichrunder Körper	
hormonale	**Ovulationshemmer** („Anti-Baby-Pille")	

14. ATMUNGSORGANE (RESPIRATIONSTRAKT)

A. Nase = Nasus, Rhin(o)-
Nebenhöhlen = Sinus

(Otorhinolaryngologie)
Rhinologie

Nares lat. Naris = Nasenloch	Nasenlöcher	**Rhinorrhagie** (Nasenbluten) **(Epistaxis)** gr. stazein (staxein) = tropfen
Cavum nasi	Nasenhöhle	
Septum nasi	Nasenscheidewand	
		Rhinitis (Nasenkatarrh [Schnupfen]) **(Coryza)** gr. korys = Helm gr. ozein = riechen **Dysosmie** (gestörte Geruchsfähigkeit) gr. osmē = Duft
Sinus frontalis lat. Sinus = Rundung, Bausch	Stirnhöhle	**Sinusitis frontalis**
Sinus maxillaris	Kieferhöhle	**Sinusitis maxillaris**

Anatom. Bezeichnung	Deutsche Bedeutung	Erkrankungen und Symptome

B. Kehlkopf = Larynx
Luftröhre = Trachea
Laryngologie

		Laryngitis **Tracheitis**
Glottis gr. glōttis = Stimmritze	Stimmapparat	**Glottisödem**
Epiglottis	Kehldeckel	
[Guttur]	Kehle	
Fauces [Pl.] lat. Faux = Kehle	Schlund	**Suffocatio** (Erstickung) lat. sub-Fauces
Pharynx	Rachen	**Pharyngitis** **Diphtherie**

C. Luftröhrenäste = Bronchien
Brust(korb) = Pectus, Thorak(o)-
gr. thōrax = Brustharnisch

Bronchus (Bronchi)	Bronchie(n), Hauptäste der Luftröhre	**Bronchitis** **Bronchiektasie** **Bronchopneumonie** **Asthma bronchiale** (Atemnotanfälle)
Bronchiole	kleinste Verästelung	**Dyspnoe** (erschwerte Atmung) gr. pnein = atmen, ausatmen **Asphyxie** (Atemstillstand, eigentlich „Pulslosigkeit") gr. sphyxis = Puls
Sputum	Bronchialsekret	

D. Lunge = Pulmo(nes), Pulmonal-, Pneum(o)-
Lungenbläschen = Alveoli
Pneumologie

Erkrankungen und Symptome	Erkrankungen und Symptome
Pneumonie (Pneumonitis)	**Emphysema pulmonum** (Lungenemphysem: Lungenbläschenaufblähung)
Pneumokoniose (Staublunge) gr. konis = Staub **(Silikose)**	**Atelektase** (luftleeres, kollabiertes Lungengewebe) gr. atelēs = unvollständig

Erkrankungen und Symptome	Erkrankungen und Symptome
Pneumothorax (Luftansammlung im Brustfellraum) (auch künstl. als Therapie)	**Kaverne** (patholog. Lungenhohlraum)
Pneumoatmose (Lungenerkrankung durch Einatmung von giftigen Gasen) gr. atmos = Dampf	**Tuberculosis pulmonum** (Lungentuberkulose)
Pneumopleuritis	**Phthisis pulmonum** (Lungenschwindsucht [Tuberkuloseform]) gr. phthisis = Auszehrung
Alveolarektasie	**Phthisis florida** („galoppierende" Schwindsucht) lat. floridus = blühend

15. SINNESORGANE

Nase → Respirationsorgane
Zunge → Verdauungsorgane
Tastorgan → Haut

A. Auge = Oculus, Ophthalm(o)-

Ophthalmologie

Anatom. Bezeichnung	Deutsche Bedeutung	Erkrankungen und Symptome
		Exophthalmus (Hervortreten des Augapfels) **Xerophthalmie** (Austrocknung von Binde- und Hornhaut infolge von Vitamin A-Mangel) **Dysopsie** (Sehstörung) gr. opsis = Sehen
Cornea, Kerat(o)- → Haut (Epidermisschicht)	Hornhaut (des Auges)	**Nubecula corneae** (Hornhauttrübung) Dimin. zu lat. Nubes = Wolke **Leukom** („weißer Star") **Keratitis**
Pupilla	Sehloch	**Mydriasis** (Pupillenerweiterung)
[Akkommodation] lat. accommodare = anpassen → Adap(ta)tion lat. adaptare = anpassen	Einstellen des Auges auf die jeweilige Sehentfernung	**Miosis** (Pupillenverengerung)
Iris	Regenbogenhaut	**Iritis**
Lens (crystallina)	Linse	**Star** ahdt. star(aplint) ~ starren **Glaukom** (Grüner Star: krankhafte Steigerung des intraokularen Drucks) gr. glaukos = graublau

Anatom. Bezeichnung	Deutsche Bedeutung	Erkrankungen und Symptome
		Katarakt (Grauer Star: Linsentrübung) gr. katarraktēs = Wasserfall
		Amaurose (Erblindung: [Schwarzer Star]) gr. amauros = dunkel, blind
Corpus vitreum	Glaskörper	
Retina lat. Rete = Netz	Netzhaut	**Retinitis**
Conjunctiva	Bindehaut	**Konjunktivitis**
		Trachom (körnige granulöse Bindehautentzündung: Ägyptische Augenkrankheit) gr. trachys = rauh
Palpebra, Blephar(o)- gr. blepharon = Augenlid	Augenlid	**Blepharitis**

B. Ohr = Auris, Ot(o)-

(Otorhinolaryngologie)
(Halsnasenohrenheilkunde = HNO)
Otologie

Auris externa	Äußeres Ohr	
Auris media	Mittelohr	
Auris interna	Innenohr (Labyrinth)	
		Otitis
		Otitis media
		Otalgie
		Parotitis (Mumps, „Ziegenpeter")
		[**Dysakusie** (Gehörstörung)] gr. akūein = hören

16. HAUT UND ANHANGSGEBILDE

A. Haut = Cutis, [Pellis], Derm(ato)-
Nagel = Unguis, Onych(o)-

gr. onyx = Nagel

Dermatologie

Epidermis	Oberhaut	
Basalschicht	Unterschicht	
Stratum germinativum lat. sternere = streuen, hinbreiten	Keimschicht	

Anatom. Bezeichnung	Deutsche Bedeutung	Erkrankungen und Symptome
Stratum corneum (Kerat(o)-) → Hornhaut (des Auges)	Hornschicht	
Corium lat. Corium = feste Haut, Balg	Lederhaut	
Subcutis	Unterhaut	

Erkrankungen und Symptome

Effloreszenz
(„Hautblüte", u. a. Papeln, Quaddeln, Knoten, Schuppen, Pusteln, Bläschen)
lat. efflorescere = aufblühen

Urtikaria („Nesselsucht")
lat. Urtica = Brennessel, Quaddel

Dermatosen (Hauterkrankungen)

1. **Epidermisveränderungen**

Parakeratose

Psoriasis (Schuppenflechte)
gr. psaein = kratzen

Hyperkeratose

Ichthyosis (Fischschuppenkrankheit)
gr. ichthys = Fisch

Ulcus cruris
(Unterschenkelgeschwür)
lat. Crus = Unterschenkel

2. **Pigmentstörungen**

Achromie

Albinismus

Vitiligo (Leukodermie)

Naevus

3. **Atrophie**

Sklerodermie

[**Perniosis** (körperliche Regulationsschwäche der Kälte gegenüber)]

[**Perniones** (Frostbeulen)]

4. **Dermatitiden** (Hautentzündungen)

Erythem

Neurodermatitis

Erkrankungen und Symptome

Intertrigo (Wundsein, „Hautwolf")
lat. interterere = dazwischenreiben

Erysipel (Wundrose)

Prurigo („Juckblattersucht")

[**Pruritus**] (Juckreiz)

Lichen (Flechte, Schuppen)
gr. leichen = Flechte

Strophulus (Flechte, Juckpöckchen)
gr. strophos = geflochtenes Band

Pemphigus („Blasensucht")
gr. pemphix = Blase

Herpes simplex

Variola

Varizellen

Ekzem

Impetigo
lat. impetere = anfallen

Abszeß
Furunkel
Karbunkel

Panaritium (Nagelhaut-, Finger-, Handentzündung)
lat. Panaritium (~ gr. paronychion)

Paronychie (Nagelfalzentzündung)

Tuberkulose

Lupus vulgaris
(fressende Flechte: Hauttuberkulose)
lat. Lupus = Wolf

Lues (Syphilis)

5. **Dermatomykosen**

Favus (Erbgrind, Pilzgrind)
lat. Favus = Honigscheibe

Erkrankungen und Symptome	Erkrankungen und Symptome
Onychomykose 6. **Hypertrophie** **Clavus (pedis)** („Hühnerauge“) lat. Clavus = Nagel (aus dtsch. hörnernes Auge) **Verruca** (Warze) **Kondylom** („Feigwarze“)	7. **Parasiten** **Akariase** (Milbenbefall) gr. akari = Milbe **Scabies** (Krätze) 8. **Avitaminosen** **Pellagra** (Vitamin-B_2- und Nikotinsäureamidmangelkrankheit) ~ lat. Pellis = Haut gr. agra = das Fangen (Nikotinsäureamid = Antipellagravitamin = (P[ellagra] P[reventive] Faktor)

B. Hautdrüsen

Anatom. Bezeichnung	Deutsche Bedeutung	Erkrankungen und Symptome
1. **Glandulae sebaceae**	Talgdrüsen (Haarbalgdrüsen)	**Comedo** (Mitesser) lat. comedere = mitessen **Akne vulgaris** (Finnenausschlag, Talgdrüsenentzündung) ~ gr. akne = Spitze ~ gr. achne = Spreu, Abschabsel **Milium** (Hautgrieß) lat. Milium = Hirse **Miliaria** („Schweißfrieseln“) lat. Milium = Hirse **Atherom** **Rosacea** („Rotfinnen“) **Seborrhoe** (patholog. gesteigerte und veränderte Talgdrüsenabsonderung) **Pityriasis** (kleieförmige Schuppenbildung) gr. pityron = Kleie
2. **Glandulae sudoriferae** **[Diaphorese = Schweißabsonderung]**	Schweißdrüsen	
Sudor, Hidr(o)-	Schweiß	**Anhidrosis** **Hyperhidrosis** **Hidradenitis**
[Exsudation]		
3. **Mamma(e), Mast(o)-**	Brustdrüse(n) der Frau	**Mastitis** **Mammacarcinom**

Anatom. Bezeichnung	Deutsche Bedeutung	Erkrankungen und Symptome
[Ablaktation = Abstillen]		
Papilla mammae, Mamilla, Thel(o)-	Brustwarze	**Mamillitis (Thelitis)**

C. Haar = Pilus (Capillus), Crinis, Trich(o)-

		Atrichie (Haarlosigkeit)
		Alopezie (patholog. Haarausfall) gr. alōpekia = Fuchsräude
		Pediculosis (Läusebefall) lat. Pediculus = kleine Laus
Folliculi pili	Haarwurzelhüllen	**Follikulitis** (Haarbalgentzündung)

17. BEWEGUNGSAPPARAT

Orthopädie

A. Knochen = Os, Ost(eo)-

Knochenhaut = Periost
Knorpel = Cartilago, Chondr(o)-
Faserknorpelscheibe = Meniskus
gr. mēniskos = mondartig

Osteologie

B. Gelenk = Articulatio, Arthr(o)-

Bänder = Ligamentum, Syndesmo-
gr. syndesmos = Verbindung, Band

Arthrologie
Syndesmologie

Anatom. Bezeichnung	Deutsche Bedeutung
	Kopf = Caput
Cranium	Schädel
Collum, Cervix	Hals
	Rumpf = Truncus
Columna vertebralis	Wirbelsäule

Anatom. Bezeichnung	Deutsche Bedeutung	Erkrankungen und Symptome
Vertebra, Spondyl(o)-	Wirbel	
Thorax	Brustkorb	
Sternum	Brustbein	
Costa	Rippe	
	Gliedmaßen (Extremitäten) = Membra	
Clavicula	Schlüsselbein	
Scapula	Schulterblatt	
Brachium	(Ober)Arm	
Cubitus, (Ankon-)	Ellenbogen	
Antebrachium	Unterarm	
Manus, Ch(e)ir(o)-	Hand	
Digitus, Daktyl(o)-	Finger, Zehe	
Pelvis	Becken	
Coxa	Hüfte	
Femur	Oberschenkel(knochen)	
Genu, Gon-	Knie	
Crus	Unterschenkel	
Tibia	Schienbein	
Fibula	Wadenbein	
Pes, Pod(o)-	Fuß	

Erkrankungen und Symptome

Ostealgie

Lumbago (Lenden[wirbelsäule]schmerzen, „Hexenschuß")
lat. Lumbus = Lende
gr. algos = Schmerz

R(h)achitis (Vitamin D-Mangelkrankheit)
gr. rhachis = Rücken, Rückgrat

Osteoporose (Knochensubstanzschwund)
gr. poros = Pore, Loch

Hyperostose

Osteomalazie

Ostitis

Erkrankungen und Symptome

Osteomyelitis

Periostitis

Knochentuberkulose

Chondrom

Osteom

Arthrosis

Spondylosis

Arthritis

Spondylarthritis ankylopoetica (Morbus Bechterew)

Erkrankungen und Symptome	Erkrankungen und Symptome
Arthritis urica (Gicht) **Chiragra** **Gonagra** **Podagra**	**Ankylose** (Gelenkversteifung [in Beugestellung]) gr. ankylos = gekrümmt
Bursitis (Schleimbeutelentzündung) lat. Bursa = Tasche, Beutel	**Distorsion** (Gelenkverstauchung)
Ganglion („Überbein", knotenförmige Anschwellung) → auch: Nervenknoten	**Luxation** (Gelenkverrenkung)
	Fraktur (Knochenbruch)

C. Muskel = Musculus, My(o)-

Sehne = Tendo, Teno-

lat. tendere = anspannen
gr. teinein = anspannen

Sehnenscheide = Vagina tendinis, (-tendinum)

Myologie

Myalgie

Myasthenie
gr. asthenēs = kraftlos, schwach

Myositis

Myom

Myatonie

Myatrophie

Tendovaginitis

Muskel-Ruptur
lat. rumpere = zerbrechen, zerreißen

18. VERLETZUNGEN = TRAUMEN [TRAUMATA], LAESIONES, VULNERA

gr. trauma = Wunde
lat. Laesio = Verletzung

Lateinische Bezeichnung	Deutsche Bedeutung
a) Stumpfe Gewalteinwirkung	
Commotio	Erschütterung
Contusio	Quetschung, Prellung
Compressio lat. comprimere = zusammendrücken	Druck, Prellung
Impressio	Eindellung
Concussio lat. concutere = erschüttern	Erschütterung

Lateinische Bezeichnung	Deutsche Bedeutung

b) Dehnung, Zerrung, Schürfung

1. Gelenkschädigung

Contorsio	„Verdrehung"
Distorsio lat. distorquere = verzerren	Verstauchung
Luxatio lat. luxare = verrenken	Verrenkung, Ausrenkung

2. Bänder-, Sehnen-, Hautgewebsschädigung

Ruptura	Riß
Laceratio lat. lacerare = zerfetzen	Riß
Fissura	patholog.: Riß (anatom.: Furche, Spalte)
Rhagade gr. rhagas = Riß, Ritze	Hautriß, Schrunde
Excoriatio lat. Corium = (Leder-)Haut	Hautabschürfung

c) Hitzeeinwirkung

Combustio	Verbrennung

d) Kälteeinwirkung

Congelatio lat. congelare = gefrieren machen	**Erfrierung**
Perniones	Frostbeulen

C. ARZNEIMITTELGRUPPEN

Folgende Übersicht enthält die wichtigsten Arzneimittelgruppen bzw. pharmakologischen Wirkungsgruppen, bei deren Bezeichnungen es sich ausschließlich um substantivierte lateinische (bzw. latinisierte) Adjektive oder Verbaladjektive handelt (z. B. Adstringentia, Desinficientia, Laxantia). Diese müßten streng genommen stets durch ein vorangestelltes [Remedia] ergänzt werden, woraus sich die allen gemeinsame Form des Neutrums Plural erklärt; im Falle eines einzelnen Arzneimittels wird dagegen der entsprechende Singular gebraucht (z. B. Analgeticum, Expectorans, Sedativum). Die Namensbildung geht im wesentlichen einmal von der angestrebten bzw. erzielten Wirkung oder Funktion aus (z. B. Emollientia, Purgantia, Spasmolytica, Vomitiva), zum anderen nimmt sie Bezug auf das zu behandelnde Organ (z. B. Cardiaca, Dermatica, Ophthalmica, Stomachica), schließlich wird sie ganz allgemein durch diejenige Krankheit bestimmt, gegen die das jeweilige Arzneimittel gerichtet ist (z. B. Antasthmatica, Antidiabetica, Antirheumatica, Antitussiva). Deutsche Bezeichnungen (z. B. Weckamine) bleiben in nachstehender Auswahl unberücksichtigt.

Bezeichnung	Bedeutung
Adstringentia	zusammenziehende Mittel
Amara	Bittermittel
Anabolica	den körpereigenen Eiweißaufbau fördernde Mittel
Anaesthetica (Lokal-)	(örtlich) schmerzempfindungausschaltende Mittel
Analeptica	belebende, anregende Mittel
Analgetica	schmerzstillende Mittel
Antacida	Mittel gegen Säureüberschuß
Ant(i)asthmatica	Mittel gegen Asthma
Ant(i)emetica	Mittel gegen Erbrechen
Ant(i)helminthica - contra Taeniam - contra Oxyures - contra Ascarides	Mittel gegen Eingeweidewürmer - gegen Bandwurm - gegen Madenwürmer - gegen Spulwürmer
Antibiotica	Mittel gegen (das Leben von) Mikroorganismen
Anticoagulantia	blutgerinnungshemmende Mittel
Anticoncipientia (Contraceptiva)	Mittel gegen Empfängnis

Bezeichnung	Bedeutung
Antidepressiva	Mittel gegen Depressionen
Antidiabetica	Mittel gegen Zuckerkrankheit (Diabetes mellitus)
Antidiarrhoica	Mittel gegen Durchfall
Ant(i)epileptica	Mittel gegen Fallsucht (Epilepsie)
Antihistaminica	Mittel gegen Histaminwirkung
Antihypertonica	blutdrucksenkende Mittel (gegen hohen Blutdruck)
Antihypotonica	blutdrucksteigernde Mittel (gegen niedrigen Blutdruck)
Antimycotica	Mittel gegen Hautpilzerkrankungen
Antineuralgica	Mittel gegen (Nerven-)Schmerzen
Antiphlogistica	Mittel gegen lokale Entzündungen
Antipyretica	Mittel gegen Fieber
Antirheumatica	Mittel gegen rheumatische Erkrankungen
Antiseptica	Mittel gegen (Wund-)Infektionen
Antispasmodica	krampfstillende Mittel
Anti(per)tussiva	Mittel gegen (Keuch-)Husten
Aperitiva	appetitanregende, leicht abführende Mittel
Aphrodisiaca	geschlechtstriebsteigernde Mittel
Ataractica	erregungsdämpfende Beruhigungsmittel
Broncho(secreto)lytica	bronchialschleimlösende Mittel
Cardiaca	herzstärkende Mittel
Carminativa	blähungstreibende Mittel
Cathartica	mittelstarke Abführmittel
Caustica	Ätzmittel

Bezeichnung	Bedeutung
Chemotherapeutica	chemische Mittel gegen Infektionskrankheiten
Cholagoga	galletreibende Mittel [Oberbegriff]
Cholekinetica	gallenabflußanregende Mittel
Choleretica	gallenbildunganregende Mittel
Contraceptiva (Anticoncipientia)	Mittel gegen Empfängnis
Cytostatica	Zellwachstum und -vermehrung hemmende Mittel
Dentifricia	Zahnpflegemittel
Depilatoria	Enthaarungsmittel
Depurantia (Depurativa)	leichte Abführmittel
Dermatica	Hautmittel
Desinficientia	keimtötende Mittel
Desodorantia	geruchsbindende, -beseitigende Mittel
Detergentia	reinigende Mittel
Diaphoretica (Hidrotica)	schweißtreibende Mittel
Digestiva	verdauungsfördernde Mittel
Diuretica (Saluretica)	harntreibende Mittel
Drastica	sehr starke Abführmittel
Emetica (Vomitiva)	Brechmittel
Emmenagoga	menstruationsfördernde Mittel
Emollientia	(haut-)erweichende Mittel
Excitantia	belebende Mittel
Expectorantia	auswurffördernde Mittel
Exsiccantia	austrocknende Mittel

Bezeichnung	Bedeutung
Fibrinolytica	fibrinauflösende Mittel
Ganglioplegica	„Ganglienblocker“
Geriatrica	Mittel gegen Alterskrankheiten
Gynaecologica	Mittel gegen Frauenkrankheiten
Haemostyptica (Haemostatica)	blutstillende Mittel
Hidrotica (Diaphoretica)	schweißtreibende Mittel
Hypnotica	Schlafmittel
Immun(o)suppressiva	eine Immunreaktion unterdrückende Mittel
Lactagoga	milchtreibende Mittel
Laxantia (Laxativa)	Abführmittel
Miotica	pupillenverengernde Mittel
Mydriatica	pupillenerweiternde Mittel
Narcotica	Betäubungs-, Rauschmittel
Nervina	auf das Nervensystem einwirkende Mittel
Neuroleptica (Neuroplegica)	nervenreizdämpfende Mittel
Obstipantia	Stopfmittel
Ophthalmica	Mittel gegen Augenkrankheiten
Otologica	Mittel gegen Ohrenkrankheiten
Parasympath(ic)olytica	Mittel gegen Parasympathikusreizwirkung
Parasympath(ic)omimetica	Mittel mit Parasympathikusreiz-ähnlicher Wirkung
Psychotonica	antriebssteigernde Mittel
Purgantia (Purgativa)	Abführmittel
Refrigerantia	abkühlende Mittel
Relaxantia	muskelentspannende Mittel
Resorbentia	resorptionsfördernde Mittel
Roborantia	Stärkungsmittel
Rubefacientia	hautrötende Mittel

Bezeichnung	Bedeutung
Saluretica (Diuretica)	harntreibende Mittel
Sedativa	Beruhigungsmittel
Solventia	(schleim-)lösende Mittel
Spasmolytica	krampflösende Mittel
Stimulantia	anregende, reizende Mittel
Stomachica	appetit-, verdauungsanregende Mittel
Sympath(ic)olytica	Mittel gegen Sympathikusreizwirkung
Sympath(ic)omimetica	Mittel mit Sympathikusreiz-ähnlicher Wirkung
Thymoleptica	stimmungshebende Mittel
Thyreostatica	die Schilddrüsenhormonbildung hemmende Mittel
Tonica	Kräftigungsmittel
Tranquillantia [→ Tranquilizer]	auf die Psyche beruhigend wirkende Mittel
Vesicantia	blasenziehende Mittel
Vomitiva (Emetica)	Brechmittel

ÜBUNG: Was versteht man unter [Remedia] Ant(i)anaemica, Ant(i)hidrotica, Antidysmenorrhoica, Bronchospasmolytica, Fungistatica, Rhinologica, Stomatologica, Urodesinficientia? Welche Termini sind in den folgenden Texten (aus der Novitätenkartei) enthalten und wie lautet deren deutsche Übersetzung bzw. Umschreibung?

Indikation von Reparil®: „Lokalisierte Schwellungen jeder Genese und deren Folgen mit Ausnahme cardialer, renaler und hepatogener Oedeme. Bei Schmerzsyndromen der Wirbelsäule; bei oedembedingten cerebralen Funktionsstörungen durch Hirnoedem, bei Apoplexie, Commotio, Contusio, Encephalitis, Eklampsie; bei traumatischen Schwellungen; zur Oedemprophylaxe und -therapie bei Operationen. Die Ampullen dienen außerdem zur i.v. Initialbehandlung von schweren Fällen venöser Durchblutungsstörungen der Extremitäten".

Indikation von Benadon®: „Innere Medizin: B_6-Avitaminose und B_6-Hypovitaminose; Prophylaxe und Therapie bei ungenügender Vitamin-B_6-Zufuhr. Gynäkologie: Nausea, Emesis, Hyperemesis gravidarum. Schwangerschaftstoxikosen. Neurologie: Tremorzustände verschiedener Arten und Ursachen. Encephalitiden verschiedener Genese. Toxische Polyneuritis. Muskelkrämpfe zentraler und peripherer Genese. Muskeldystrophien verschiedener Arten und Ursachen. Dermatologie: Ekzeme. Seborrhoische Dermatitis. Seborrhoischer Haarausfall. Cheilosis. Chirurgie: Postnarkotisches und postoperatives Erbrechen. Radiologie: Reaktionen nach Strahlenbehandlung (Schwindel, Erbrechen, Leukopenien usw.). Pädiatrie: Akrodynie. Erbrechen verschiedener Genese. Ekzeme. Encephalopathien. Ophthalmologie: Toxische Schäden des N. opticus (Tabak, Alkohol)."

ABSCHNITT X

Grundzüge der botanischen Nomenklatur

A. Allgemeine Botanik

Die botanische **Systematik** bzw. **Taxonomie** (Ordnungslehre) hat die Aufgabe, das gesamte Pflanzenreich (Regnum vegetabile) zu ordnen. Dies geschieht in der Weise, daß alle rezenten und fossilen Pflanzen unter Berücksichtigung phylogenetischer Zusammenhänge und morphologischer Merkmale nach bestimmten nomenklatorischen Regeln voneinander getrennt, beschrieben, benannt und in ein hierarchisch aufgebautes, sog. synthetisches Ordnungsschema eingegliedert werden. Innerhalb eines solchen Systems sind die konkreten Pflanzensippen in bestimmten Kategorien (Rangstufen) zusammengefaßt, die man als **taxonomische Einheiten** (Taxa) bezeichnet. Dabei ist jedes einzelne Taxon (eine Art, Gattung, Familie, Ordnung usw.) in seiner griechisch-lateinischen Benennung durch eine normierte Endung charakterisiert, wie aus folgender Übersicht über das System der taxonomischen Kategorien und Einheiten hervorgeht:

Übersicht über die wichtigeren Kategorien

(am Beispiel der Schafgarbe)

Taxonomische Kategorien deutsch	lateinisch	(Abk.)	Endungen	Taxonomische Einheiten Beispiele (Synonyme)
Reich	regnum		**-ota**	Eukaryota
Unterreich	subregnum		**-bionta**	Cormobionta
Abteilung	phylum		**-phyta**	Spermatophyta
Unterabteilung	subphylum		**-phytina**	Magnoliophytina (= Angiospermae)
Klasse	classis		**-phyceae**, **-mycetes** bzw. **-atae** (auch **-opsida**)	Magnoliatae (= Dicotyledoneae)
Unterklasse	subclassis		**-idae**	Asteridae
Überordnung	superordo		**-anae**	Asteranae (= Synandrae)

Taxonomische Kategorien deutsch	lateinisch	(Abk.)	Endungen	Beispiele (Synonyme) Taxonomische Einheiten
Ordnung (Reihe)	ordo		**-ales**	Asterales
Familie	familia		**-aceae**	Asteraceae (= Compositae p.p.)
Unterfamilie	subfamilia		**-oideae**	—
Tribus	tribus		**-eae**	Anthemideae
Gattung	genus			Achillea
Sektion	sectio	(sect.)		sect. Achillea
Serie	series	(ser.)		—
[Aggregat]		(agg.)		Achillea millefolium agg.
Art	species	(spec./sp.)		Achillea millefolium L.
Unterart	subspecies	(subsp./ssp.)		subsp. sudetica (Opiz) Weiss [= A. sudetica Opiz]
Varietät	varietas	(var.)		—
Form	forma	(f.)		f. rosea

[nach E. Strasburger: Lehrbuch der Botanik. 30. Aufl. Stuttgart 1971. S. 423]

Im Hinblick auf eine verbindliche Fixierung der wissenschaftlichen Pflanzennamen bedient man sich demnach bei der taxonomischen Einstufung der einzelnen Sippen eines sog. **nomenklatorischen Typus,** d. h. man wählt für die Festlegung einer Familie als Typus eine Gattung, während die Gattung durch eine Art und diese wiederum durch ein individuelles Exemplar bestimmt wird. Da die Individuen, also die einzelnen Pflanzen, neben unterschiedlichen Besonderheiten jeweils annähernd konstante gemeinsame Hauptmerkmale aufweisen, können sie meist zu einer bestimmten Art (Species) zusammengefaßt werden, die gegebenenfalls noch in Unterarten, Varietäten und Formen unterteilt ist. Ausgehend von der Art als taxonomischer Grundeinheit und der Tatsache, daß die Zahl der gemeinsamen Merkmale bei den höheren Taxa abnimmt, ergibt sich anhand der Hauptkategorien folgendes Schema:

Aufbauprinzip des Pflanzensystems
(am Beispiel der Rose)

Hauptkategorie	Beispiel			
Art	Rosa alba	Rosa canina	Rosa gallica	usw.
Gattung	Rosa	Fragaria	Rubus	usw.
Familie	Rosaceae	Fabaceae	Saxifragaceae	usw.
Ordnung	Rosales	Fabales	Saxifragales	usw.
Klasse	Magnoliatae (= Dicotyledoneae)			
Abteilung	Spermatophyta			
Reich	Eukaryota			

Um eine allgemeine Verbindlichkeit der Beschreibung und Benennung dieser Pflanzen-Taxa zu gewährleisten, wurden seit 1905 auf verschiedenen Botanikerkongressen international gültige Regeln erarbeitet, die folgende **Anforderungen an die wissenschaftlichen Pflanzennamen** stellen:

a) **Internationale Verständlichkeit** durch die obligatorische Verwendung der lateinischen Sprache bzw. Latinisierung ursprünglich nichtlateinischer Bezeichnungen und dementsprechende Schreibweise.

b) **Einmaligkeit** des jeweiligen Namens durch die sog. Homonymregel. Danach darf ein bestimmter Name nicht für zwei oder mehr Pflanzen angewandt werden bzw. sind solche Namen ungültig, für die ein älteres Homonym existiert.

c) **Einheitlichkeit** durch Wahrung der Uniformität, d. h. eine Pflanze darf — ungeachtet vorhandener Synonyme — nur einen einzigen gültigen Namen besitzen. Daneben gibt es allerdings noch die sog. Nomina conservanda (beizubehaltende Namen), worunter man zwar illegitime (regelwidrige), aber allgemein gebräuchliche und offiziell anerkannte Bezeichnungen versteht; diese gelten ausnahmsweise jedoch nur für Familien- und Gattungsnamen, nicht aber für illegitime Artnamen.

d) **Beständigkeit** (Permanenz oder Stabilität) durch die sog. Prioritätsregel. Diese schreibt vor, daß auf einer bestimmten Rangstufe für ein Taxon nur der jeweils älteste legitime Name Gültigkeit besitzt.

Diese Nomenklaturregeln enthält in englischer, französischer und deutscher Sprache der **International Code of Botanical Nomenclature** (letzte Fassung 1972), der für die wissenschaftliche Beschreibung und Benennung der Pflanzen-Taxa maßgebend ist. Die dabei angewandte Methode, die — meist auf der Basis griechischer Bezeichnungen — ausschließlich lateinische bzw. latinisierte Namen zuläßt, geht im Prinzip auf das Jahr 1753 zurück, in dem Carl von Linné sein Werk „Species plantarum" veröffentlichte. Seither bedient sich die Biologie für die Benennung jeder Organismenart (Mensch, Tiere, Pflanzen) der sog. **binominalen** oder **binären Nomenklatur** (lat. bi-nominalis = zweinamig bzw. binarius = zwei [Namen] enthaltend), wobei der erste Name stets die **Gattung (Genus)** und der zweite stets die **Art (Species)** bezeichnet. Die damit gegebene Festlegung eines Taxons wird in der wissenschaftlichen Literatur noch ergänzt durch den Namen des Autors, der den jeweiligen Namen einer Pflanze geprägt bzw. diese unter der betreffenden Bezeichnung erstmals beschrieben hat.

1. Gattungsnamen

Die botanischen **Gattungsnamen** sind stets **Substantive** bzw. substantivierte Adjektive und werden immer groß geschrieben. Sie können Masculina, Feminina oder Neutra sein und bestimmen demgemäß das Geschlecht des folgenden (sofern adjektivischen) Artnamens. Dabei ist zu beachten, daß die lateinischen Namen der Bäume — ohne Rücksicht auf die jeweilige Endung — ausschließlich weiblichen Geschlechts sind, eine Regel, die für die Bezeichnung von Sträuchern jedoch nur begrenzt zutrifft. Ebenso erhält ein Gattungsname, der von einem Personennamen abgeleitet wird, immer die weibliche Endungsform, indem der Buchstabe -a an den Endvokal (bei auslautendem -a zu -aea erweitert, z. B. Otto → Ottoa bzw. Colla → Collaea) bzw. an die Endsilbe -er des Personennamens angefügt wird (z. B. Kerner → Kernera); bei Auslaut auf alle sonstigen Konsonanten wird der Gattungsname durch die Endung -ia gebildet (z. B. Dahl → Dahlia), desgleichen bei lateinischen Personennamen nach vorherigem Wegfall der Endung -us. Ungeachtet dieser grundsätzlichen Regeln hinsichtlich des Geschlechts gibt es allerdings infolge historischen Brauchtums eine Reihe von Ausnahmen, so daß nicht in allen Fällen das im klassischen Schrifttum gebräuchliche Geschlecht eines Namens auch in der Botanik von Gültigkeit ist.

Die meisten wissenschaftlichen Gattungsnamen entstammen der griechischen, zahlreiche der lateinischen Sprache, einige gehen aber auch auf Vernakularnamen (landessprachliche Bezeichnungen), Eponyme (Personennamen), geographische Herkunftsbezeichnungen oder Phantasienamen zurück, die ebenso wie die griechischen und neugebildeten Namen nach Möglichkeit latinisiert sind. Ferner sei nachdrücklich darauf hingewiesen, daß fast alle aus der Antike überlieferten Pflanzennamen einen grundlegenden Bedeutungswandel erfahren haben und — wie nicht zuletzt die Etymologie (→ altgriechische bzw. römische Volksnamen) zeigt — keineswegs mit den oft unverändert gebliebenen, heutigen Gattungsnamen identisch sind. Sprachliche Herkunft und ursprünglichen Begriffsinhalt der Gattungsnamen soll folgende Übersicht an einigen Beispielen veranschaulichen, wobei deren Zuordnung zu den einzelnen Rubriken naturgemäß vielfältige Überschneidungen zuläßt:

Benennungsherkunft	Beispiel (Gattungsname)	Bezeichnung aus/nach
ursprüngliche Adjektive	Adiantum	aus gr. a-diantos = unbenetzt
	Parietaria	aus lat. parietarius = zur Wand gehörig, Mauer-
	Pulmonaria	aus lat. pulmonarius = zur Lunge gehörig, (die Lunge heilend)
	Saponaria	aus lat. saponarius = zur Seife gehörig, Seifen-
mythologische Gestalten	Achillea	nach dem griechischen Helden Achilles
	Asclepias	nach dem griechischen Heilgott Asklepios (lat. Aesculapius)
	Centaurea	nach dem arzneikundigen Kentauren Chiron
	Hyacinthus	nach dem von Zephyros getöteten Jüngling Hyakinthos, aus dessen Blut Apollo die Pflanze wachsen ließ
	Mentha	nach der von Hades geliebten Nymphe Minthe, die von der eifersüchtigen Persephone in eine Pflanze verwandelt wurde
	Paeonia	nach dem Götterarzt Paieon (vermutlich ein Beiname des Apollo)
altgriechische bzw. -römische Volksnamen	Chelidonium	chelidonion aus gr. chelidon = Schwalbe (Schwalbenwurz) → Schöllkraut
	Equisetum	Equisaetum aus lat. Equus + Saeta = Pferd-Haar (Pferdeschwanz) → Schachtelhalm
	Gladiolus	Diminutiv zu lat. Gladius = Schwert (→ „Schwertel", Gladiole) → Siegwurz
	Hyoscyamus	hyoskyamos aus gr. hys [hyos] + kyamos = Schwein-Bohne (→ „Saubohne") → Bilsenkraut
	Juglans	aus lat. Iovis + Glans = Juppiters-Eichel → Walnuß
	Melilotus	melilotos aus gr. meli + lotos = Honig-Lotos (Klee) → Steinklee

Benennungsherkunft	Beispiel (Gattungsname)	Bezeichnung aus/nach
	Polypodium	polypodion aus gr. polys + podion = viel-Füßchen →Tüpfelfarn („Engelsüß")
	Salvia	aus lat. salvus = heil, gesund → Salbei
griechisch-lateinische Neubildungen	Atropa	nach gr. Atropos („die Unabwendbare"), einer der drei Moiren (Parzen)
	Digitalis	nach lat. digitalis = zum Finger gehörig bzw. Digitale = Fingerhandschuh
	Saccharomyces	aus gr. sakcharon + mykes = Zucker-Pilz
	Theobroma	aus gr. theos + broma = Gott-Speise
Vernakularnamen	Ananas	nach der Tupi-Bezeichnung für die Pflanze
	Curcuma	aus der ind. Bezeichnung kurkum für die Pflanze
	Guajacum	vermutlich westind. Ursprungs
	Manihot	aus der Tupi-Bezeichnung mandioca = Hausgebäck
	Yucca	nach der südamerik. Bezeichnung Yucca für die Pflanze
Personennamen (Eponyme)	Caesalpinia	nach dem italienischen Botaniker Andrea Caesalpino (1519—1603)
	Cinchona	nach dem Grafen Cinchon, dem spanischen Vizekönig von Peru, dessen Gattin 1638 mit der „Chinarinde" geheilt wurde
	Dahlia	nach dem schwedischen Botaniker Andreas Dahl (1751—1789)
	Fuchsia	nach dem deutschen Botaniker Leonhart Fuchs (1501—1566)
	Lobelia	nach dem niederländischen Botaniker Matthias de l'Obel (1538—1616)
	Magnolia	nach dem französischen Botaniker Pierre Magnol (1638—1715)

2. Artnamen

Die botanischen **Artnamen** setzen sich — gemäß der binominalen Nomenklatur — stets aus dem Gattungsnamen und einem spezifischen **Epitheton** (Beiwort) zusammen. Dieses ist meist ein **Adjektiv** bzw. ein adjektiviertes Substantiv und wird dann immer klein geschrieben. Wie schon betont, muß dessen Endung mit dem Geschlecht des jeweils vorausgehenden Gattungsnamens übereinstimmen. Auch die Beinamen der infraspezifischen Sippen (also der Unterarten,

Varietäten und Formen) richten sich im Geschlecht und damit in der Endung nach dem betreffenden Gattungsnamen (z. B. Althaea rosea Cav. var. nigra). Das spezifische Epitheton kann aber auch ein Substantiv sein, das entweder unverändert im Nominativ (ehemalige Gattungsnamen, z. B. Intybus, oder aus zwei Wörtern gebildete Epitheta, z. B. [Vitex] agnus-castus, [Atropa] belladonna, [Strychnos] nux-vomica) oder im Genitiv (z. B. [Rubia] tinctorum) zu dem jeweiligen Gattungsnamen tritt. Ferner werden von Personennamen abgeleitete Artnamen entweder in der adjektivischen Form durch Anfügen der Endung -(i)anus (z. B. Engler → englerianus) oder in der substantivischen Form durch Anfügen der Genitiv-Endung -(i)i bei männlichen (z. B. Sprenger → Sprengeri) bzw. -ae bei weiblichen Personennamen (z. B. Hooker → Hookerae) gebildet. — Namen von Bastarden oder Hybriden werden durch ein (vorgesetztes) liegendes Kreuz × gekennzeichnet (z. B. × Raphanobrassica oder Mentha × piperita).

Abgesehen von denjenigen Artnamen, die Vernakularnamen darstellen und deshalb meist indeklinabel sind, werden alle übrigen — sofern nicht ohnehin lateinischen Ursprungs — nach bestimmten Regeln möglichst latinisiert. Sprachliche Herkunft und (oft historisch bedingte) Benennungsweise der Artnamen soll folgende Übersicht an einigen Beispielen veranschaulichen:

Benennungsherkunft	**Beispiel (Artname)**	**Bezeichnung von/nach**	
äußere Erscheinung			
Aussehen, Beschaffenheit, Gestalt, Größe, Wuchsform	Carlina acaulis	acaulis	stengellos
	Cassia acutifolia	acutus	spitz
	Melilotus altissimus	altus [→ Superlativ]	hoch
	Lavandula angustifolia	angustus	schmal
	Potentilla anserina	anserinus	Gänse-
	Medicago arborea	arboreus	baumartig
	Taxus baccata	baccatus	mit Beeren versehen
	Ranunculus bulbosus	bulbosus	zwiebelig
	Lycopodium clavatum	clavatus	keulenförmig
	Chondrus crispus	crispus	kraus
	Fraxinus excelsior	excelsus [→ Komparativ]	hoch
	Rosa multiflora	-florus	blütig
	Menyanthes trifoliata	foli(at)us	beblättert
	Rubus fruticosus	fruticosus	strauchig
	Carex gracilis	gracilis	schlank
	Gossypium herbaceum	herbaceus	krautartig
	Betula humilis	humilis	niedrig
	Digitalis lanata	lanatus	wollig
	Plantago lanceolata	lanceolatus	lanzettlich
	Laserpitium latifolium	latus	breit

Benennungsherkunft	Beispiel (Artname)	Bezeichnung von/nach	
	Piper longum	longus	lang
	Chelidonium maius	magnus [→ Komparativ]	groß
	Cocos nucifera	nucifer	nußtragend
	Brassica oleracea	oleraceus	gemüseartig
	Rheum palmatum	palmatus	handförmig
	Vinca minor	parvus [→ Komparativ]	klein
	Quercus pedunculata	pedunculatus	blütenstielig
	Hypericum perforatum	perforatus	durchlöchert
	Cimicifuga racemosa	racemosus	traubig
	Agropyrum repens	repens	kriechend
	Ajuga reptans	reptans	kriechend
	Euphorbia resinifera	resinifer	harzführend
	Althaea rosea	roseus	rosenartig
	Drosera rotundifolia	rotundus	rund
	Rauwolfia serpentina	serpentinus	Schlangen-
	Actaea spicata	spicatus	ährig
	Ononis spinosa	spinosus	dornig
	Anemone stellata	stellatus	Stern-
	Arctium tomentosum	tomentosus	filzig
	Solanum tuberosum	tuberosus	knollig
	Betula verrucosa	verrucosus	warzig
	Fucus vesiculosus	vesiculosus	bläschenreich
	Vitis vinifera	vinifer	weintragend
Farbe	Veratrum album	albus	weiß
	Hieracium aurantiacum	aurantiacus	orangerot
	Solidago virgaurea	aureus	goldgelb
	Anagallis caerulea	caeruleus	blau
	Rubus chrysophyllus	chryseus	goldfarben
	Juglans cinerea	cinereus	grau
	Centaurea cyanus	cyanus	blau
	Rhododendron ferrugineum	ferrugineus	rostfarbig
	Amaranthus flavus	flavus	gelb
	Gentiana lutea	luteus	gelb
	Conium maculatum	maculatus	gefleckt
	Sambucus nigra	niger	schwarz
	Galanthus nivalis	nivalis	schneeweiß
	Iris pallida	pallidus	blaß, bleich
	Claviceps purpurea	purpureus	purpurn
	Cinchona succirubra	ruber	rot

Benennungsherkunft	Beispiel (Artname)	Bezeichnung von/nach	
	Rumex sanguineus	sanguineus	blutrot
	Iris versicolor	versicolor	verschiedenfarbig
	Helleborus viridis	viridis	grün
Anzahl	Arenaria biflora	biflorus	zweiblütig
	Rosa centiflora	centiflorus	hundertblütig
	Achillea millefolium	millefolius	tausendblättrig
	Paris quadrifolia	quadrifolius	vierblättrig
	Viola tricolor	tricolor	dreifarbig
	Hepatica triloba	trilobus	dreilappig
bestimmte Eigenschaften			
Geruch	Ferula foetida	foetidus	stinkend
	Anethum graveolens	graveolens	starkriechend
	Asperula odorata	odoratus	wohlriechend
	Allium suaveolens	suaveolens	wohlriechend
Geschmack	Sedum acre	acer	scharf
	Oxalis acetosella	acetosus	sauer
	Solanum dulcamara	amarus	bitter
	Curcuma aromatica	aromaticus	würzig
	Uvaria dulcis	dulcis	süß
	Rubus sapidus	sapidus	schmackhaft
Verwendung	Calendula officinalis Mandragora officinarum	officinalis Officina	offizinell
	Genista tinctoria Rubia tinctorum	tinctorius Tinctor	zum Färben brauchbar
	Linum usitatissimum	usitatus [→ Superlativ]	verwendbar
	Smilax utilis	utilis	nützlich
Wirkung	Leonurus cardiaca	cardiacus	herzwirksam
	Rhamnus catharticus	catharticus	reinigend, abführend
	Pulicaria dysenterica	dysentericus	„ruhrbringend", abführend
	Papaver somniferum	somnifer	schlafbringend
	Pirus torminalis	torminalis	Leibschmerzen lindernd
	Urticaria urens	urens	brennend
	Cicuta virosa	virosus	giftig
	Anthyllis vulneraria	vulnerarius	Wunden heilend

Benennungsherkunft	Beispiel (Artname)	Bezeichnung von/nach	
Lebensdauer	Capsicum annuum	annuus	einjährig
	Bellis perennis	perennis	mehrjährig, ausdauernd
	Cupressus sempervirens	sempervirens	immergrünend
Vorkommen bzw. Lebensbereich			
zeitlich (Phänologie)	Triticum aestivum	aestivus	Sommer-
	Adonis aestivalis	aestivalis	Sommer-
	Colchicum autumnale	autumnalis	Herbst-
	Equisetum hiemale	hiemalis	Winter-
	Convallaria maialis	maialis	Mai-
	Narcissus serotinus	serotinus	spät(blühend)
	Adonis vernalis	vernalis	Frühlings-
	Alsine verna	vernus	Frühlings-
	Primula veris	Ver	Frühlings-
örtlich (Ökologie)	Anthemis agrestis	agrestis	Acker-
	Avena alpestris	alpestris	Alpen-
	Calamintha alpina	alpinus	Alpen-
	Mentha aquatica	aquaticus	Wasser-
	Anagallis arvensis	arvensis	Acker-
	Ulmus campestris	campester	Feld-
	Prunus domestica	domesticus	heimisch
	Ruta hortensis	hortensis	Garten-
	Arachis hypogaea	hypogaeus	unterirdisch
	Urginea maritima	maritimus	Meerküste-
	Arnica montana	montanus	Berg-
	Caltha palustris	paluster	Sumpf-
	Trifolium pratense	pratensis	Wiesen-
	Artemisia salina	salinus	Salz-
	Crocus sativus	sativus	angebaut
	Fagus silvatica	silvaticus	Wald-
	Malva silvestris	silvester	Wald-
	Geum urbanum	urbanus	Stadt-
Verbreitung	Rosa canina	caninus	„hundsgemein“
	Juniperus communis	communis	gemein, verbreitet
	Thymus vulgaris	vulgaris	gewöhnlich

Benennungsherkunft	Beispiel (Artname)	Bezeichnung von/nach	
geographische Herkunft	Coffea arabica	arabicus	arabisch
	Hevea brasiliensis	brasiliensis	brasilianisch
	Hydrastis canadensis	canadensis	kanadisch
	Cinnamomum ceylanicum	ceylanicus	aus Ceylon
	Olea europaea	europaeus	europäisch
	Iris florentina	florentinus	florentinisch
	Rosa gallica	gallicus	französisch
	Iris germanica	germanicus	deutsch
	Rubus idaeus	idaeus	vom Ida-Gebirge
	Cannabis indica	indicus	indisch
	Cetraria islandica	islandicus	isländisch
	Thuja occidentalis	occidentalis	abendländisch
	Platanus orientalis	orientalis	morgenländisch
	Cyclamen persicum	persicus	persisch
	Camellia sinensis	sinensis	chinesisch
Personennamen			
substantivisch	Boswellia Carteri	nach dem englischen Schiffsarzt Carter (19. Jhdt.)	
	Copaifera Jacquinii	nach dem österreichischen Botaniker N. J. Jacquin (1727—1817)	
	Commiphora Schimperi	nach dem deutschen Botaniker W. Ph. Schimper (1808—1880)	
adjektivisch (auch Großschreibung üblich)	Rhamnus purshiana	nach dem deutsch-kanadischen Botaniker Fr. Tr. Pursh (1774—1820)	
	Euphrasia rostkoviana	nach dem deutschen Arzt Fr. W. G. Rostkovius (1770—1848)	
	Cymbopogon winterianus	nach dem deutschen Botaniker H. G. Winter (1848—1887)	
Gattungsnamen			
substantivisch (auch Großschreibung üblich)	Artemisia absinthium	Absinthium	nach ehemaligen Gattungsnamen
	Cypripedium calceolus	Calceolus	
	Cichorium intybus (endivia)	Intybus (Endivia)	
	Prunus persica	Persica	
	Thymus serpyllum	Serpyllum	
adjektivisch (die Adjektive auf -oides werden nicht dekliniert)	Chrysanthemum cinerariifolium	Cineraria	nach bestehenden Gattungsnamen
	Spartium **junceum**	Juncus	
	Epiphyllum phyllanthoides	Phyllanthus	
	Robinia pseudacacia	Acacia	
	Ficaria ranunculoides	Ranunculus	

Benennungsherkunft	Beispiel (Artname)	Bezeichnung von/nach
Vernakularnamen (indeklinabel) (auch Großschreibung üblich)	Theobroma cacao	von der mexikan.-aztek. Bezeichnung kakoohatl für die Kakaobohnen
	Acacia catechu	von der ind. Bezeichnung cate-chu = Baumsaft
	Erythroxylon coca	von der indian. Bezeichnung Khoka = Pflanze → span. coca
	Panax ginseng	von der chines. Bezeichnung gin-seng = Menschenpflanze
	Uragoga ipecacuanha	von der Tupi-Bezeichnung i-pe-caa-guéne = kleines Kraut am Wege, das Brechen erregt → portugies. Ipecacuanha
	Aspidosperma quebracho	von der span. Bezeichnung quebrar hacha = Axt brechen
	Nicotiana tabacum	von der (ursprüngl. indian.) span. Bezeichnung taba(s)co für die zusammengerollten Tabakblätter
	Pausinystalia yohimbe	von der afrik. Bezeichnung yohimbé für den Baum

3. Autorennamen

Die botanischen **Autorennamen** sind die Namen der jeweiligen **Erstbeschreiber** einer Pflanze und werden — kurze Namen in ausgeschriebener Form, längere und sehr häufig vorkommende Namen (z. B. **L.** = **Linné**) in abgekürzter Form — hinter die betreffende Artbezeichnung gesetzt. Ebenso verfährt man bei den Taxa unterhalb der Art, indem der Autorname stets hinter die jeweilige infraspezifische Bezeichnung gesetzt wird (z. B. Viola tricolor L. ssp. subalpina Gaud[inii]). Bei Veränderung der Rangstufe eines Taxons bzw. Überführung in eine andere Art oder Gattung wird der Autor des sog. Basionyms, also des ursprünglichen Epithetons, in Klammern gesetzt, dahinter der Autor der betreffenden Neukombination (z. B. Achillea sudetica Opiz → Achillea millefolium L. subsp. sudetica (Opiz) Weiss).

Die zur besseren Kennzeichnung eines Taxons beigefügten Autorennamen bleiben in der Praxis zwar meist unberücksichtigt, müssen aber in der wissenschaftlichen Nomenklatur stets angegeben werden.

Suffixe in der botanischen Nomenklatur

Folgende Übersicht enthält die wichtigsten in der Botanik verwendeten Suffixe, die bei adjektivischem Gebrauch eine mehr oder minder spezifische Bedeutung besitzen und sich darin nur z. T. voneinander abgrenzen lassen. Darüberhinaus werden die Suffixe aber auch in substantivischer Form zur Kennzeichnung einer taxonomischen Kategorie benutzt und sind dann in ihrer jeweiligen Bedeutung streng festgelegt.

Suffix	Bedeutung	Beispiel
-aceus, -a, -um (lat.) **-(a)eus, -a, -um** (gr./lat.)	1. Ähnlichkeit (der Farbe, der Beschaffenheit)	arboreus, aureus, chryseus, Erythraea, ferrugineus, herbaceus, luteus, oleraceus, purpureus, roseus, sanguineus, Staphylea
	2. Vorkommen (Lebensbereich, geographische Herkunft)	caribaeus, epigaeus, europaeus, hypogaeus, idaeus
	3. Kategorie der **Familie**	Asteraceae, Caesalpiniaceae, Fabaceae (= Papilionaceae), Liliaceae, Ranunculaceae, Rosaceae, Rubiaceae, Solanaceae
-alis, -is, -e **-aris, -is, -e** (lat.)	1. Örtliche Beziehung	adversalis, apicalis, axillaris, basalis, centralis, dorsalis, horizontalis, lateralis, parietalis, radialis, ventralis, verticalis
	2. Vorkommen (örtlich und zeitlich)	aestivalis, autumnalis, generalis, hiemalis, maialis, nivalis, singularis, vernalis, vulgaris
	3. Kategorie der **Ordnung**	Asterales (= Compositae), Eubacteriales, Fagales, Liliales Orchidales, Papaverales, Pinales, Rosales
-anus, -a, -um (lat.)	1. Vorkommen (Lebensbereich, geographische Herkunft)	africanus, americanus, montanus, neapolitanus, peruvianus
	2. Kategorie der **Überordnung**	Asteranae, Celastranae, Lamianae, Lilianae, Magnolianae, Rosanae
-arius, -a, -um (lat.)	Verschiedene Beziehung (Aussehen, Lebensbereich, Verwendung, Verwandtschaft)	Alliaria, Arenaria, Cineraria, Dentaria, Ficaria, Fumaria, Globularia, Herniaria, Lagenaria, Olearia, Pulmonaria, Sagittaria, Saponaria, Scrophularia, Ulmaria
-atus, -a, -um (lat.)	1. versehen mit, geformt wie	baccatus, caudatus, clavatus, cornutus, foliatus, lanatus, lanceolatus, maculatus, odoratus, perforatus, punctatus, rostratus → Labiatae (= Lamiaceae)

Suffix	Bedeutung	Beispiel
	2. Kategorie der **Klasse**	Equisetatae, Filicatae, Gnetatae, Liliatae (= Monocotyledoneae), Magnoliatae (= Dicotyledoneae), Pinatae
-ensis, -is, -e (lat.) **-ester, -tris, -tre** (lat.)	Vorkommen (Lebensbereich, geographische Herkunft)	alpestris, arvensis, brasiliensis, campestris, canadensis, hortensis, palustris, pratensis, silvestris, terrestris
-icus, -a, -um (gr./lat.)	Vorkommen (Lebensbereich, geographische Herkunft)	aquaticus, arabicus, ceylanicus, Colchicum, domesticus, gallicus, germanicus, indicus, islandicus, persicus, Punica, russicus, rusticus, silvaticus
-id-		
-(o)ide(u)s, -a, -um (gr./lat.)	1. Ähnlichkeit 2. Kategorie der **Unterfamilie**	aloides, gentianoides, phalloides, platanoides Alsinoideae, Orchidoideae, Rosoideae, Silenoideae
-idae (gr./lat.)	Kategorie der **Unterklasse**	Asteridae, Discomycetidae, Liliidae, Magnoliidae, Pinidae (= Coniferae), Rosidae
-inus, -a, -um (gr./lat.)	1. Vorkommen (Lebensbereich) 2. Kategorie der **Unterabteilung**	alpinus, caninus, genuinus, marinus, salinus Coniferophytina und Cycadophytina (= Gymnospermae), Magnoliophytina (= Angiospermae)
-ior, -ius (lat.)	Gestaltbezeichnung [Komparativ!]	elatior, excelsior, gracilior, longior, maior/maius, minor/minus
-osus, -a, -um (lat.)	reich an, geformt wie	acetosus, bulbosus, fruticosus, racemosus, rugosus, spinosus, tuberosus, verrucosus, vesiculosus, virosus → Leguminosae (= Fabales)

B. Pharmazeutische Biologie

Die **Pharmazeutische Biologie** verfügt als Pharmazeutische Botanik (Pharmakognosie oder Drogenkunde) innerhalb der Allgemeinen Botanik im Gegensatz zu dieser über **keine eigene spezifische Nomenklatur** von internationaler Gültigkeit. Wenn auch viele der lateinischen Drogenbezeichnungen allgemein gebräuchlich sind, so besitzen doch die einzelnen Namen nur in einem jeweils nationalstaatlich begrenzten Bereich eine gesetzlich geregelte Verbindlichkeit, die durch das zuständige **amtliche Arzneibuch** bestimmt und festgelegt wird.

Die Namensbildung kann dabei in verschiedener Weise erfolgen, indem entweder der volle Name (z. B. Folia Menthae piperitae), meist nur der Gattungsname (z. B. Flores Lavandulae) bzw. der Artname (z. B. Radix Ipecacuanhae), oder aber auch ein von der betreffenden Stammpflanze gänzlich verschiedener Name (z. B. Radix Liquiritiae → Stammpflanze: Glycyrrhiza glabra) für die Drogenbezeichnung verwendet wird; diese stimmt außerdem nicht immer mit dem exakten botanischen Sachverhalt überein (z. B. Semen Cynosbati statt Nuces Cynosbati). Dabei steht der zur Anwendung kommende Pflanzenteil, also die jeweilige Drogenform, in der lateinischen Bezeichnung des Deutschen Arzneibuches stets voran und im Nominativ (Singular oder Plural), während der dazugehörige Pflanzenname selbst an zweiter Stelle und im Genitiv (Singular oder Plural) erscheint (z. B. Radix Levistici oder Folia Digitalis). Umgekehrt ist die Reihenfolge dagegen in der lateinischen Haupt-Bezeichnung des Europäischen Arzneibuches, die an erster Stelle den Pflanzennamen im Genitiv, sodann den jeweiligen Pflanzenteil im Nominativ aufführt und zwar stets im Singular (z. B. Gentianae Radix oder Belladonnae Folium [Ausnahmen: Amylum Maydis u. ä.]).

Die meisten Drogenbezeichnungen verwenden die griechischen bzw. lateinischen Pflanzennamen, mehrere gehen aber auch auf arabische (z. B. Benzoë) oder sonstige landessprachliche Benennungen bzw. Herkunftsbezeichnungen zurück und sind, falls nicht nachträglich latinisiert, deshalb indeklinabel (z. B. Agar-Agar, Bucco, Cacao, Calabar, Colombo, Condurango, Coto, Dammar, Kino, Koso, Quebracho, Salep, Sassafras, Tonco, Yohimbe). Herkunft (animalisch oder vegetabilisch) und Bezeichnung der einzelnen Drogen bzw. Drogenformen sollen folgende Übersichten veranschaulichen, wobei jeweils ein Beispiel aus der pharmazeutischen Praxis mitaufgeführt ist.

Bezeichnung	**Bedeutung**	**Beispiel**
1. Herkunft der Drogen		
animalis	tierisch	Carbo animalis
arabicus	arabisch	Gummi arabicum
betulinus	Birken-	Pix betulina
bovinus	Rinder-	Sebum bovinum

Bezeichnung	Bedeutung	Beispiel
cervinus	Hirsch-	Boletus cervinus
ovilis	Hammel-	Sebum ovile
peruvianus	aus Peru	Balsamum peruvianum
romanus	römisch	Flores Chamomillae romanae
suillus	Schweine-	Adeps suillus
vegetabilis	pflanzlich	Carbo vegetabilis
venetus	venezianisch	Terebinthina veneta

2. Drogenformen

Adeps	Schmalz	Adeps suillus
Amylum	**Stärke**	Amylum Tritici
Balsamum	Balsam	Balsamum Copaivae
Bulbus	Zwiebel	Bulbus Scillae
Cortex	**Rinde**	Cortex Chinae
Flos	**Blüte**	Flores Malvae
Folium	**Blatt**	Folia Uvae ursi
Folliculus	Balg(frucht)	Folliculi Sennae
Fructus	**Frucht**	Fructus Carvi
Gemma	Knospe	Gemmae Populi **[Populus (f.) = Pappel; Populus (m.) = Volk!]**
Glandula	Drüse	Glandulae Lupuli
Gummi	**Gummi**	Gummi arabicum (= Acaciae Gummi)
Herba	**Kraut**	Herba Thymi
Legumen	Hülse	Legumina Phaseoli (= Cortex Phaseoli Fructus)
Lignum	**Holz**	Lignum Guajaci
Nux	Nuß	(Nux moschata)
Pericarpium	Fruchtschale	Pericarpium Aurantii
Pix	Teer	Pix betulina
Pulpa	Fruchtfleisch	Pulpa Tamarindorum
Radix	**Wurzel**	Radix Gentianae
Resina	**Harz**	Resina Jalapae
Rhizoma	**Rhizom**	Rhizoma Rhei
Sebum	Talg	Sebum ovile
Semen	**Samen**	Semen Colchici
Siliqua	Schote	Siliqua dulcis (= Fructus Ceratoniae)

Bezeichnung	Bedeutung	Beispiel
Stigma	Narbe	Stigmata Maidis
Stipes	Stiel	Stipites Dulcamarae
Strobilus	Zapfen	Strobili Lupuli
Summitates [Pl.]	Zweigspitzen	Summitates Sabinae
Tuber	Knolle	Tubera Salep
Turio	Sproß	Turiones Pini

Grundzüge der chemischen Nomenklatur

Die chemische Nomenklatur hat die Aufgabe, die durch unveränderliche, arteigene (spezifische) Eigenschaften charakterisierten chemischen Stoffe eindeutig und allgemeingültig zu kennzeichnen. Diese Forderung ist bis heute in den einzelnen Bereichen der Chemie z. T. aus historischen Gründen unterschiedlich weit erfüllt worden, so daß der jeweiligen Namensgebung — im Gegensatz zur botanischen und anatomischen Nomenklatur — noch nicht bzw. nicht immer eine internationale Einheitlichkeit und Verbindlichkeit zukommt.

A. Reine Chemie

Die **Reine Chemie,** die sich dem Inhalt nach in die **Anorganische** und die **Organische Chemie** (sowie die Theoretische und Physikalische Chemie), der Methode nach in die analytische, synthetische oder präparative Chemie gliedert, weist in den genannten Teilbereichen unterschiedliche Bildungsgesetze in der Namensgebung auf. Diese sind einerseits durch die Verschiedenheit der Materie bedingt, wonach die Anorganik vorwiegend die aus der unbelebten Natur stammenden, Kohlenstoff-freien Verbindungen behandelt, während die Organik die Chemie der Kohlenstoffverbindungen darstellt; andererseits sind sie durch historische Gegebenheiten bestimmt, so daß man für beide Gebiete getrennte Richtlinien in der Nomenklatur ausgearbeitet hat, die ständig überprüft und verbessert werden.

Die Namensgebung in der Chemie erfolgte bis ins 18. Jahrhundert — von vereinzelten Systematisierungsversuchen abgesehen — noch regellos und willkürlich. So wurden die Stoffe, deren Trivialnamen sich zum großen Teil bis heute erhalten haben, nach ihrem Vorkommen in der Natur (z. B. Gallussäure aus Galläpfeln), nach ihrer Gewinnung (z. B. „Blausäure“ aus „Berliner Blau“), ihrer Herstellung (z. B. Sublimat; Praezipitat), ihrer Verwendbarkeit (z. B. Kochsalz) oder nach gewissen äußerlichen Merkmalen wie Aussehen (z. B. Grünspan) oder Geschmack (z. B. Bittersalz) benannt. Diese Trivialnamen, zu denen auch Eponyme (z. B. Glaubersalz; Seignettesalz) gehören, begegnen in der Mineralogie und Farbenchemie besonders häufig. Als Gruppenbezeichnung wurden ferner u. a. „Spiritus" für alle flüchtigen, „Salz" für alle salzig schmeckenden, „Aqua" für dünnflüssige, „Oleum" für ölartige Stoffe (z. B. auch für konzentrierte Schwefelsäure = Vitriolöl!) verwendet.

Demgegenüber sind Ansätze zu einer systematischen Bezeichnung, in der jeweils die chemische Zusammensetzung zum Ausdruck kommt, seit Antoine Laurent Lavoisier (1743—1794), Jöns Jakob Berzelius (1779—1848) u. a. erarbeitet worden. Doch erst 1889 wurde auf dem Internationalen Chemikerkongreß in Paris eine Kommission zur Umgestaltung und Vereinheitlichung der chemischen Namensgebung gegründet, deren Vorschläge **1892** auf dem Genfer Chemikerkongreß beraten und in Form von Richtlinien vor allem für die organische Chemie **(Genfer Nomenklatur)** festgelegt worden sind. Seit 1922 haben Kommissionen der **IUPAC** (International Union of Pure and Applied Chemistry) die **Reform der chemischen Nomenklatur** weiter vorangetrieben.

Das einfachste und eindeutigste Mittel zur Kennzeichnung einer chemischen Verbindung ist die **Formel** (Bruttoformel; Konstitutions-, Strukturformel) bzw. das **Formelbild.** Die Voraussetzung dazu bilden die **Elementsymbole,** auf denen die **chemische Zeichensprache** — ein international anerkanntes und angewandtes System von Kurzzeichen und daraus zusammengesetzten Formeln und Gleichungen für chemische Stoffe und Vorgänge — beruht. Die Grundlage der heutigen chemischen Zeichensprache, die schon zuvor z. B. durch die Kennzeichnung der Metalle mittels Planetensymbolen und anderer Stoffe bzw. Verbindungen durch geometrische Zeichen geübt wurde, ist zu Beginn des 19. Jahrhunderts durch Berzelius u. a. geschaffen worden. Die Symbole bereits länger bekannter Elemente sind im Gegensatz zu solchen neu entdeckter oder künstlicher Elemente, die oft auf Eponyme (z.B. Es für Einsteinium) zurückgehen, von meist griechisch-lateinischen Bezeichnungen abgeleitet; diese Namen sind jedoch heute weniger gebräuchlich und mit dem jeweiligen deutschen Namen — sei es in der Schreibweise oder auch im Wortstamm — keineswegs identisch:

Symbol	Lateinische Bezeichnung	Deutsche Bezeichnung
Ag	Argentum	Silber
Au	Aurum	Gold
Bi	Bismutum	Wismut
C	Carboneum	Kohlenstoff
Hg	Hydrargyrum	Quecksilber
N	Nitrogenium	Stickstoff
O	Oxygenium	Sauerstoff
Pb	Plumbum	Blei
Sb	Stibium	Antimon
Sn	Stannum	Zinn

Über diese Unterschiede zwischen Elementsymbol und deutscher Bezeichnung hinaus liegt in der wissenschaftlichen Namensgebung bei Schwefel, Stickstoff und Antimon eine **„Doppelnomenklatur"** vor, wobei die verschiedenen Wortstämme bestimmten chemischen Verbindungstypen vorbehalten sind:

Schwefel	lat. **Sulfur**	gr. **Thio-** (theion = Schwefel; [eigentl.] Dunst)
	Sulfate	Thiocyanate
	Sulfuryl-	Thiophen
Stickstoff	lat. **Nitrogenium**	fr. **Azote** (gr. azōtikos = lebensfeindlich)
	Nitrate	Hydrazin
	Nitranilin	Azobenzol
		Pyrazol
Antimon	lat. **Stibium**	arab. **Antimon**
	Stibin	Antimonate

Bei den **Azo(te)verbindungen** ist demnach allein die **z-Schreibweise** gerechtfertigt, während alle anderen von lateinischen Wortstämmen abgeleiteten Verbindungen mit c geschrieben werden (z. B. Aceton, Acetaldehyd) und daher z. B. Acetonazin die korrekte Schreibweise darstellt.

Doppelsprachigkeit liegt ferner in den Bezeichnungen für **sauer-Säure** vor: Während nämlich der Name für **Säure** (z. B. Acidum boricum) von dem lateinischen Adjektiv **acidus** (sauer) abgeleitet ist, werden die Namen für **Sauerstoff** (Oxygenium) sowie für alle mittel- wie unmittelbar damit zusammenhängenden Stoffe und Reaktionen (z. B. Oxide, Oxydation) aus dem gleichbedeutenden griechischen Adjektiv **oxys** gebildet. Ebenso leiten sich z. B. die Bezeichnungen bestimmter Verbindungen des Quecksilbers nicht von dessen Elementsymbol Hg bzw. von **Hydrargyrum,** sondern von seinem lateinischen, im romanischen und angloamerikanischen Sprachraum noch lebendigen Namen **Mercurius** ab (z. B. Mercuri- und Mercuroverbindungen; Natriumtetrachloromerkurat II).

Insgesamt gesehen ist also der Anteil griechisch-lateinischer Wortstämme in der chemischen Nomenklatur verhältnismäßig groß. Dabei sind allerdings die diesbezüglichen Unterschiede **in den einzelnen Landessprachen** zu berücksichtigen, in denen die jeweiligen **Elementnamen** z. T. von verschiedenen Wortstämmen abgeleitete, lateinische Neubildungen darstellen (z. B. Potassium) oder reine landessprachliche Bezeichnungen sind (z. B. Lead), z. T. aber auch nur eine mehr oder minder starke sprachliche Veränderung gegenüber dem lateinischen Stammwort (z. B. Cuprum-Kupfer) erfahren haben, wie aus folgender Übersicht hervorgeht:

Verschiedene Wortstämme und sprachliche Veränderung der Elementnamen

Lateinisch	Deutsch	Englisch	Französisch
Kalium	Kalium	Potassium	Potassium
Natrium	Natrium	Sodium	Sodium
Plumbum	Blei	Lead	Plomb
Aureum	Gold	Gold	Or
Argentum	Silber	Silver	Argent
Stannum	Zinn	Tin	Étain
Mercurius (gr. Hydrargyrum)	Quecksilber	Mercury	Mercure
Cuprum	Kupfer	Copper	Cuivre

In Anbetracht dieser z. T. erheblichen Unterschiede in der Benennung der Elemente ist demnach die **international gültige Zeichensprache** den ausgeschriebenen Namen einer chemischen Verbindung vorzuziehen (auch wenn im romanischen Sprachraum z. T. noch die Anionen statt der Kationen in einer Verbindung vorangestellt werden, z. B. ClNa statt NaCl!). Eine Internationale Vereinheitlichung der ausgeschriebenen Namen in der Anorganischen Chemie hat auch die lateinische Nomenklatur der offizinellen Arzneibücher, in der sich die griechisch-lateinischen Bezeichnungen am längsten erhalten haben, nicht zustandegebracht; denn die darin verwendeten neulateinischen Kunstwörter und -wortzusammensetzungen unterlagen im deutschen Sprachraum ebenfalls anderen Bildungsregeln als im romanisch-englischen Sprachgebiet. Dagegen bieten die systematischen oder rationellen Langbezeichnungen vor allem in der Organischen Chemie eine allgemeine Verständigungsmöglichkeit, die in der Angewandten Chemie und hier speziell in der Pharmazeutischen Chemie auch durch ein System internationaler chemischer Kurzbezeichnungen gegeben ist.

I. Anorganische Chemie

In der Anorganischen Chemie findet sich — durch die historische Entwicklung bedingt — eine Fülle von **Trivialnamen,** die verschiedenen Bereichen entstammen. Außer einzelnen Namen von Mineralien (z. B. Apatit, Olivin, Schwerspat), Erzen (z. B. Braunstein, Kryolith, Magnetkies), Schmuck- und Edelsteinen (z. B. Chrysoberyll, Jaspis, Rubin) sowie Farben (z. B. Indigo, Schweinfurter Grün, Zinnober) waren und sind Bezeichnungen wie „Bleizucker" und „Königs-" bzw. „Scheidewasser" oder eponymische Benennungen wie „Neßlers Reagenz" und „Schlippesches Salz" durchaus gebräuchlich. Dagegen wurden Ansätze zu einer **rationellen Nomenklatur** erst von der 1921 gegründeten **IUPAC**-Kommission für die anorganische Chemie ausgearbeitet und **1940** veröffentlicht. Die seitdem laufend vervollständigten **Richtlinien** sehen in der Veröffentlichung von 1959 und deren Ergänzungen in der deutschen Fassung u. a. folgende Regeln vor:

Der Name des **elektropositiven Bestandteiles** wird an **erster Stelle** genannt, an **zweiter Stelle** folgt der **elektronegative Bestandteil** mit der Endung **-id** bei einatomigen (z. B. -brom**id**, -chlor**id**, -hydr**id**; dieser Schreibweise angeglichen auch Ox**id**, Hydrox**id** statt Oxyd, Hydroxyd) und einigen mehratomigen (z. B. -cyan**id**, -rhodan**id**), dagegen mit der Endung **-at** bei mehratomigen (z. B. -nitr**at**, -sulf**at**) und zusammengesetzten (komplexen) Anionen (z. B. -cyanoferr**at** II). Die **Oxydationsstufen** der Elemente werden nach der **Stockschen Bezeichnungsweise** durch eingefügte **römische Ziffern** gekennzeichnet (z. B. Kupfer **(I)**-chlorid = CuCl; auch bei Nichtmetallen, z. B. Chlor **(VII)**-oxid = Cl_2O_7). Die Endungen i- und o- (z. B. Cupri-, Cupro-) zur Kennzeichnung von Wertigkeiten sind demnach veraltet, ebenso werden -ür und -oxydul durch die Endung -id in Verbindung mit der Stockschen Bezeichnung der Wertigkeit ersetzt.

In der Praxis drückt man die Oxydationsstufen säurebildender Elemente noch häufig durch die Zusätze hypo- bzw. unter- und -ige für niedere, andererseits durch [su]per oder [hy]per- bzw. über- für im Vergleich zur „Grundsäure" höhere Oxydationsstufen aus (z. B. hypochlorige oder unterchlorige Säure, Perchlorsäure oder Überchlorsäure). Bei **Salzen** entspricht die Endung **-it** der Endung -ige bei Säuren (z. B. schweflige Säure → Natriumsulf**it**). Bei **komplexen Ionen** werden die Liganden (lat. ligare = verbinden) des Zentralatoms mit dem **Bindevokal -o-** vor dem Zentralatom genannt, dessen Oxydationsstufe man durch eine angehängte römische Ziffer bezeichnet (z. B. Kaliumhexacyan**o**ferrat II).

Die **Anzahl bestimmter Atome** in der Formeleinheit des Moleküls und damit die **stöchiometrischen Verhältnisse** werden **durch griechische Zahlwörter** wiedergegeben (z. B. **Di**stickstoff**monoxid** = N_2O; Phosphor**penta**chlorid = PCl_5; **Tetra**schwefel**tetra**nitrid = S_4N_4). Trivialnamen werden durch rationelle Namen ersetzt (z. B. λ-Schwefel durch cyclo-Octoschwefel; μ-Schwefel durch catena-Polyschwefel).

Durch die Vorsilben **ortho-, meta-** und **pyro-** (Präfixe bzw. Wortstämme) wird der **unterschiedliche Wassergehalt von Säuren** bezeichnet, die sich von demselben Anhydrid ableiten; nach den neueren Richtlinien ist jedoch pyro- durch **di-** zu ersetzen.

Wasserstoffverbindungen der Nichtmetalle werden häufig durch die Endung **-an** (z. B. Bor**an** = B_2H_6) oder **-in** (z. B. Phosph**in** = PH_3) bezeichnet. Dabei werden im deutschen Sprachraum homöopolare Verbindungen auch durch reine Aneinanderreihung der beteiligten Elemente **ohne kennzeichnende Endung** benannt (z. B. Chlorwasserstoff; Schwefelkohlenstoff, richtiger: Kohlenstoffdisulfid; Chlorstickstoff, richtiger: Stickstoffdichlorid). Durch **Anlagerung von Protonen** (Wasserstoffionen) entstandene **Kationen** erhalten die Endung **-onium** (z. B. Amm**onium-**, Ox**onium-**).

Zur **Kennzeichnung der kernchemischen Verhältnisse** setzt man zu dem jeweiligen Elementsymbol die Massenzahl („Atomgewicht") links oben, die Ordnungszahl links unten, die Ladung rechts oben und die Anzahl der Atome rechts unten, z. B.

$$^{32}_{16}S^{2+}_{2}$$

Bei diesem **Index** handelt es sich um ein doppelt positiv geladenes Molekül, bestehend aus zwei Schwefelatomen, von denen jedes die Ordnungszahl 16 und die Massenzahl 32 hat.

Die **Verbindungen der Halogene,** d. h. Salzbildner (F, Cl, Br, J, [At]), heißen **Halogenide;** die **Verbindungen der Chalkogene,** d. h. Erzbildner (O, S, Se, Te, [Po]), heißen **Chalkogenide.**

Der in einem Säureradikal an die Stelle von Sauerstoff getretene **Schwefel** heißt nach der halbtrivialen Benennung **Thio-,** weshalb man die Rhodanide richtiger als **Thio**cyanate bezeichnet; nach der exakten Namensgebung ist Thio- jedoch weniger gebräuchlich (z. B. H_3PO_3S = Monothiophosphorsäure = Sulfidotrioxophosphorsäure).

Bei **sauren Salzen** wird der **abdissoziierbare Wasserstoff** duch die Benennung **-hydrogen-** gekennzeichnet, im Gegensatz zu der älteren Benennung -bi-, die auch „doppelt" bezüglich der Atomanzahl bedeuten kann (z. B. Natriumbikarbonat, richtiger: Natrium**hydrogen**karbonat).

Basische Salze werden durch die Benennung **-hydroxy-** gekennzeichnet, die das vordem gebräuchliche Präfix sub- ersetzt (z. B. Wismutsubnitrat, richtiger: Wismut**hydroxy**nitrat).

II. Organische Chemie

Die Nomenklatur der Organischen Chemie ist nur mit dem Inhalt dieser Wissenschaft selbst zu erlernen, da sie sich ständig den neuesten Erkenntnissen über den Aufbau der Stoffe anpaßt. Gleichwohl sei auf einige **Richtlinien der Genfer Nomenklatur** (1892) hingewiesen, die durch den von der **IUPAC** eingesetzten und seit 1922 häufiger tagenden Ausschuß für die Reform der Nomenklatur der organischen Chemie ergänzt wurden.

Die **organischen Stoffe** lassen sich einerseits in **azyklische** und **zyklische,** andererseits in **aliphatische** (gr. aleiphar = Fett) und **aromatische Verbindungen** gliedern; sie werden durch Vor- und Nachsilben (Präfixe und Suffixe), griechische Zahlwortstämme (die Anzahl der Kohlenstoffatome betreffend) oder Trivialnamen benannt. So verwendet man z. B. die Suffixe **-an** (für gesättigte Verbindungen), **en-** (für Verbindungen mit Doppelbindung), **-in** (für Verbindungen mit Dreifachbindung), **-yl** (für einwertige Radikale), **-ol** (für OH-Gruppen), **-al** (für Aldehyde), **-on** (für Ketone), **-iso-** (für verzweigte Ketten), **-ase** (für Enzyme), **-ose** (für Kohlenhydrate), die in der weiter unten folgenden Übersicht anhand von Beispielen näher erläutert werden.

Zur Bezeichnung der jeweiligen **räumlichen Anordnung** verwendet man die Vorsilben **cis-** oder **syn-** (gleichständig), **trans-** oder **anti-** (gegenständig), **meso-**

(mittelständig), **epi-** (vertauscht), **cyclo-** (ringförmig geschlossen) sowie **ortho-, meta-** und **para-** zur Kennzeichnung des **Stellungsverhältnisses zweier Substituenten** am Benzolring.

Abkömmlinge (Derivate) einer Grundverbindung komplizierteren Molekülbaues werden durch Abwandlung des Trivialnamens der betreffenden Grundverbindung in Form **halbrationeller** (halbsystematischer) **Namen** benannt, z. B.:

Trivialname der Grundverbindung	halbrationeller Name (halbsystematischer Name) des Derivates	rationelle (Lang-)Bezeichnung (systematischer- oder Substitutionsname) des Derivates
Anilin	(p-Nitro-anilin) p-Nitranilin	p-Nitrophenylamin

Die **Trivialnamen,** denen in der Organischen Chemie auch weiterhin große Bedeutung zukommt, sind aus verschiedenen, für die jeweiligen Stoffe bestimmenden Umständen und Beziehungen entstanden, z. B.:

Benzol
nach der Benzoesäure (aus dem Benzoeharz), die beim trockenen Erhitzen in Benzol und Kohlendioxid zerfällt

Glucose
aus gr. glykys (süß) [von Geschmack]

Phenol
aus gr. phainein (leuchten), da bei der Leuchtgasgewinnung entdeckt

Paraffin
aus lat. parum affinis (kaum verwandt) d. h. reaktionsträge

Bei der Bezeichnung komplizierterer Verbindungen wird ferner die Stellung angegeben, die ein Substituent im Kohlenstoffgerüst einnimmt. Im Gegensatz zu den ungenauen Trivialnamen setzt sich diese **rationelle oder systematische Langbezeichnung (Substitutionsname)** zusammen aus Wortstamm, Bezifferung, Präfix, Suffix, Vervielfältigungs- und sterischen (räumlichen) Angaben, z. B.

Trivialname	halbrationeller Name	rationeller Name
Mandelsäure	α-Hydroxyphenylessigsäure	2-Hydroxy-2-phenyläthansäure
Glykokoll	Aminoessigsäure	2-Amino-äthansäure(1)

Andererseits werden in zunehmendem Maße (halb)systematische Namen durch die charakteristischen Anfangsbuchstaben der jeweils enthaltenen Verbindungsgruppen auch **abgekürzt,** z. B.

ATP-ase	**A**denosin**t**ri**p**hosphatase
DDT	**D**ichlor**d**iphenyl**t**richloräthan
HB	**H**exachlor**b**utadien
PHB	**P**ara**h**ydroxy**b**enzoesäure

Ein weiteres Benennungssystem stellen die Internationalen Kurzbezeichnungen dar, die in Anbetracht ihrer besonderen Bedeutung für Arzneistoffbezeichnungen im Absatz „Pharmazeutische Chemie" näher behandelt werden.

Suffixe in der chemischen Nomenklatur

Folgende Übersicht enthält die wichtigsten in der Chemie verwendeten Suffixe, die den jeweils vorangehenden Wortstamm näher charakterisieren. Dabei wurden vorwiegend diejenigen der systematischen Nomenklatur berücksichtigt, ferner einige ältere Bezeichnungen sowie lateinische Endungen der Arzneibuchnomenklatur. Obgleich im allgemeinen jede einzelne Verbindungsgruppe durch ein spezifisches Suffix gekennzeichnet ist, werden in der Praxis aufgrund wechselweiser Bevorzugung der systematischen, der halbtrivialen oder der Trivial-Namen mitunter verschiedene Suffixe für ein und dieselbe Verbindungsgruppe verwendet. So lauten z. B. die Enzymbezeichnungen exakt auf -ase, einige aber auch auf -in aus oder die Alkoholbezeichnungen nach der systematischen Nomenklatur auf -ol, während deren (Halb-)Trivialnamen u. a. die Endsilbe -it aufweisen.

Suffix	Bedeutung	Beispiel
-al Al(dehyd)	Aldehyde = Al[coholus] dehyd[rogenatus]	Alkanal(e), Aethanal (= Acetaldehyd), Citral, Piperonal
-an	1. gesättigte aliphatische und alicyclische Kohlenwasserstoffverbindungen	Alkan(e), Aethan, Methan, Propan, Cycloalkan(e), Gonan (Steran), Oestran, Pregnan
	2. Wasserstoffverbindungen der III., IV., VI. Hauptgruppe	Boran, Alan, Silan, German, Stannan, Sulfan
	(Seltener gebraucht bei der V. Hauptgruppe) → -in (2)	(Phosphan, Arsan, Stiban, Bismutan)
-ase	Fermente (Enzyme) a) nach dem zu spaltenden Stoff (Substrat) genannt	Amylase(n), Lipase, Protease, Saccharase
	b) nach der Funktion (Vorgang oder Ergebnis) benannt	Dehydrogenase, Invertase, Oxydase, Thrombokinase

Suffix	Bedeutung	Beispiel
-at	1. Salze von Säuren einer höheren Oxydationsstufe, elektronegativer Bestandteil (Anion) mehratomig = (lat.) **-icus**	Phosphat (V), Arsenat (V), Chlorat (V) Kaliumchlorat (= Kalium chloricum)
	2. Ester (die veresterte Säure als Anion betrachtet) = (lat.) **-icus**	Aethylchlorformiat, Oleyloleat (= Oleylium oleinicum)
	3. Komplexsalze (sofern das Zentralatom im Anion enthalten ist)	Kaliumhexacyanoferrat (II)
-atus, -a, -um (lat.)	1. versehen mit etwas	Collodium salicylatum, Emplastrum fuscum camphoratum, Piperazinum hydratum, Spiritus saponatus
	2. **Latein. Nomenklatur** Salze von Wasserstoffsäuren oder Wasserstoffverbindungen mit Säurecharakter, elektronegativer Bestandteil (Anion) einatomig [mit Ausnahmen] = (deutsch) **-id**	Kalium chloratum (= Kaliumchlorid), Natrium jodatum (= Natriumjodid)
-en	1. ungesättigte Kohlenwasserstoffe mit Doppelbindung (Olefine)	Alken(e), Aethen, Propen, Buten (früher: Aethylen, Propylen, Butylen)
	Mit mehr als einer Doppelbindung	Alkadien, Alkatrien
	2. aromatische mono- und polycyclische Kohlenwasserstoffe	Aren(e)

Suffix	Bedeutung	Beispiel
-eus, -a, -um (gr./lat.)	Ähnlichkeit (der Farbe, der Beschaffenheit)	argenteus, aureus, aethereus, cereus, siliceus
-icus, -a, -um (lat.)	**Latein. Nomenklatur** 1. „Salzadjektive“ Salze von Säuren einer höheren Oxydationsstufe, elektronegativer Bestandteil (Anion) mehratomig = (deutsch) **-at** 2. chem. Eigenschaften	boricus, benzoicus, oxalicus, oleinicus, tartaricus, Kalium chloricum (= Kaliumchlorat), Natrium carbonicum (= Natriumkarbonat) anhydricus, basicus
-id	Salze von Wasserstoffsäuren oder Wasserstoffverbindungen mit Säurecharakter, elektronegativer Bestandteil (Anion) einatomig [mit Ausnahmen] = (lat.) **-atus**	Chlorid, Bromid, Jodid, Sulfid, Carbid Kaliumchlorid (= Kalium chloratum) [Hydroxid, Amid, Cyanid, u. a.]
-(o)id(eus, -a, -um) (lat./gr.)	Zugehörigkeit, Ähnlichkeit	Glykosid, Proteid, Actinide, Lanthanide Alkaloid, Flavonoid, Metalloid, Steroid, Actinoide, Lanthanoide
-in	1. Ungesättigte Kohlenwasserstoffe mit Dreifachbindung Mit mehr als einer Dreifachbindung 2. Wasserstoffverbindungen der V. Hauptgruppe → -an (2)	Alkin(e), Aethin (= Acetylen), Propin, Butin Alkadiin, Alkatriin Phosphin, Arsin, Stibin, Bismutin

Suffix	Bedeutung	Beispiel
-in(us, -a, -um) (lat.)	1. (einige) Fermente → -ase	Pepsin, Trypsin
	2. (einige) Alkohole → -it → -ol	Glycerin, Cholin, Sterin(e) [auch: Sterol(e)]
	3. Phosphatide	Kephalin, Lecithin
	4. (einige) Phenole → -ol	Resorcin, Brenzkatechin, Phloroglucin
	5. (einige) Hormone	Insulin, Adrenalin, Equilin
	6. Alkaloide	Nikotin, Strychnin, Chinin
-it	1. Salze von Säuren einer niedrigen Oxydationsstufe = (lat.) **-osus**	Chlorit (III) Arsenit (III) Natriumnitrit (= Natrium nitrosum)
	2. Mehr(4—6)wertige Alkohole → -ol	Erythrit, Pentit(e), Arabit, Hexit(e), Mannit, Sorbit
-ol (Alcoh)ol	OH-Gruppen a) Alkohole → -it → -in	Methanol, Aethanol, Äthylenglykol (= Äthan-1,2-diol), Sterol(e)
	b) Hydroxylsubstituierte aromatische Systeme, Phenole	Phenol, Cresol, Pyrogallol, Östriol, Stilböstrol
-on (Ket)on	Ketone	Aceton (= Propanon), Östron, Corticosteron, Testosteron
-onium (lat.)	Kationen z. B. von Wasserstoffverbindungen (mehratomige Kationen, durch Protonenaddition sich von einatomigen Anionen ableitend)	Oxonium- (= Hydronium-), Phosphonium-, Jodonium-Ion $[XH_2]^+$, $[XH_3]^+$, $[XH_4]^+$ → $[NH_4]^+$ demnach eigentl. Nitronium- (aber Ammonium-beibehalten)
-ose	Zuckerarten → -osus (2)	Glucose, Saccharose, Mannose, Pentose(n)

Suffix	Bedeutung	Beispiel
-osus, -a, -um (lat.)	**Latein. Nomenklatur**	
	1. Salze von Säuren einer niedrigen Oxydationsstufe = (deutsch) **-it**	Kalium nitrosum (= Kaliumnitrit), Kalium arsenicosum (= Kaliumarsenit), Natrium hypochlorosum (= Natriumhypochlorit)
	2. reich an-, -haltig (Zubereitung)	aquosus, pyrolignosus, spirituosus
-(o)yl	chemische Radikale und „Rest"gruppen	
	a) anorganisch	Hydroxyl, Carbonyl, Nitrosyl
	b) organisch	Alkyl(reste): Methyl-, Aethyl-, Propyl-, Propenyl- Aryl(reste): Phenyl-, Naphthyl- Acyl(reste): Valeryl-, Lauroyl-, Stearoyl-
-ylen	Ältere Nomenklatur: Alkene, Alkine (heute: -en bzw. -in)	Aethylen (= Aethen) Acetylen (= Aethin)

B. Angewandte Chemie

Die Angewandte Chemie, die auf der Grundlage der Reinen Chemie und deren Arbeitsmethoden die praktische Anwendbarkeit der Forschungsergebnisse zum Ziele hat bzw. durch das Forschungsgebiet selbst gekennzeichnet ist, umfaßt einmal die technische Chemie, Mineralchemie (Petrochemie), Agrikulturchemie, sowie die Kernchemie; zum anderen die **Pharmazeutische und Lebensmittelchemie,** die Biochemie (physiologische) sowie die forensische (gerichtliche) Chemie. Innerhalb dieser Teilbereiche sollen hier nur die Grundzüge der Namensgebung in der Pharmazeutischen Chemie dargestellt werden, wobei der Nomenklatur der jeweiligen Arzneibücher besondere Bedeutung zukommt.

Pharmazeutische Chemie

Die **lateinische Nomenklatur der offizinellen Arzneibücher** im deutschen Sprachraum stellt eine vornehmlich von Martin Heinrich Klaproth (1743—1817) systematisierte und geförderte neulateinische Kunstsprache dar, die sich nicht nur von der eingangs behandelten Nomenklatur der Reinen Chemie, sondern auch von der lateinischen Arzneibuchnomenklatur im romanisch-englischen Sprachraum unterscheidet.

Wie in der Reinen Chemie, so finden sich auch in dieser vor allem auf lateinischen und griechischen Wortstämmen beruhenden Kunstsprache zahlreiche **Trivialnamen** und eine Reihe ursprünglich **landessprachlicher Ausdrücke,** die hauptsächlich dem Arabischen entstammen (z. B. Alkali, Alkohol, Antimon, Borax, Natron, Talkum); demnach deutet etwa die Bezeichnung „Liquor Kal**i** [nicht Kalii!] caustici" (angeglichen „Liquor Nat**ri** caustici") noch auf das ursprüngliche, indeklinable Fremdwort hin, während alle anderen entsprechenden Bezeichnungen von dem deklinierbaren latinisierten Wort „Kalium" abgeleitet sind (z. B. Liquor Kal**ii** arsenicosi).

I. Lateinische Arzneibuchnomenklatur im deutschen Sprachbereich

Die **ehemals ausschließlich lateinische Arzneibuchnomenklatur** wird, sofern nicht völlig durch die Bezeichnungen der Reinen Chemie bzw. durch die deutschen Namen ersetzt, in der **7. Ausgabe des Deutschen Arzneibuches (BRD)** noch **im Untertitel** aufgeführt. In der deutschen Fassung des **Europäischen Arzneibuches** dagegen erscheint sie erst **an dritter Stelle** nach der ebenfalls **lateinischen Hauptbezeichnung romanisch-englischer Prägung** und der im deutschen Sprachbereich gebräuchlichen, mit der Nomenklatur der Reinen Chemie übereinstimmenden Bezeichnung, z. B.

BARII SULFAS

Bariumsulfat, Barium sulfuricum

In einigen Arzneibüchern (z. B. DAB 7/DDR, ÖAB, Ph. Helvetica [dtsch. Ausgabe] erscheint die lateinische Arzneibuchnomenklatur deutscher Prägung jedoch noch im Haupttitel der Monographien.

Die Bildungsprinzipien dieser im deutschen Sprachbereich üblichen Nomenklatur seien im folgenden kurz angedeutet:

Die **Säuren** werden stets mit dem Wort **Acidum** als **voranstehendem Substantiv** bezeichnet, dem als **Adjektiv** (kleingeschrieben) das jeweilige **Anion** folgt, z. B.

Acidum boricum	Borsäure	H_3BO_3
Acidum oxalicum	Oxalsäure	$C_2H_2O_4 \cdot 2\,H_2O$
Acidum sulfuricum	Schwefelsäure	H_2SO_4

Die **Salze** werden binär entsprechend den beteiligten Anionen und Kationen bezeichnet, wobei das **Kation** als **Substantiv** an **erster Stelle,** das **Anion** als **Adjektiv** (kleingeschrieben) an **zweiter Stelle** steht, z. B.

Hydrargyrum chloratum	Quecksilber(I)-chlorid	Hg_2Cl_2
Kalium nitricum	Kaliumnitrat	KNO_3
Natrium nitrosum	Natriumnitrit	$NaNO_2$

Die **lateinischen Endsilben -atus, -icus, -osus** der Arzneibuchnomenklatur entsprechen also den **deutschen Suffixen -id, -at, -it** in der Nomenklatur der Anorganischen Chemie.

Die **Oxydationsstufen der Säuren** werden ebenfalls durch die entsprechenden **Suffixe** sowie einige Präfixe bezeichnet, z. B.

Acidum **hypo**chlor**osum**	unterchlorige Säure	$HClO$
Acidum chlor**osum**	chlorige Säure	$HClO_2$
Acidum chlor**icum**	Chlorsäure	$HClO_3$
Acidum **per**chlor**icum**	Perchlorsäure	$HClO_4$

Die **Oxydationsstufen der Salze und Oxide** werden z. T. noch folgendermaßen bezeichnet, z. B.

Ferrum sulfur**icum**	Eisen(II)-sulfat	$FeSO_4 \cdot 7\,H_2O$
Ferrum sulfur**icum oxydatum**	Eisen(III)-sulfat	$Fe_2(SO_4)_3$
Ferrum phosphoricum **oxydulatum**	Eisen(II)-phosphat	$Fe_3(PO_4)_2 \cdot 8\,H_2O$
Ferrum **oxydatum**	Eisen(III)-oxid	Fe_2O_3

Wasserstoffsäuren werden auch durch die Vorsilbe **hydro-** gekennzeichnet, z. B.

Acidum **hydro**chloricum	Chlorwasserstoff(säure)	HCl

Die Namen der **zugehörigen Salze** werden dagegen von einer **zweiten Bezeichnung für Wasserstoffsäuren** (z. B. Hydrogenium chloratum für HCl) abgeleitet, da die sonst folgerichtige Bezeichnung (z. B. Natrium hydrochloricum) auf einen nicht vorhandenen Wasserstoffrest deuten würde, daher z. B.

(1) Acidum hydrochlor**icum**	„Salzsäure"	} HCl
(2) Hydrogenium chlor**atum**	Chlorwasserstoff(säure)	} HCl
→ Natrium chlor**atum**	„Kochsalz" Natriumchlorid	} $NaCl$

In diesem Zusammenhang ist zu beachten, daß **auf Rezepten** die Arzneistoffnamen meist abgekürzt und zudem nicht mehr ausschließlich nach der hier behandelten Arzneibuchnomenklatur bezeichnet werden; demnach ist z. B. bei der Verordnung „Kal. jodat." der (nicht immer gesetzte) **Abkürzungspunkt** von größter Wichtigkeit, da der Name in der angegebenen Form „Kalium jod**atum**" **(KJ)**, bei fehlendem Punkt jedoch „Kaliumjod**at**" **(KJO_3)** bedeutet. Ebenso bilden zweideutige bzw. regelwidrige Abkürzungen Anlaß zu Verwechslungen, da z. B. „Kal. chlor." sowohl „Kalium chloratum" (Kal. chlorat. = Kaliumchlorid = KCl) als auch „Kalium chloricum" (Kal. chloric. = Kaliumchlorat = $KClO_3$) bedeuten kann.

In solchen Fällen terminologischer Unklarheit ist der Apotheker gehalten, sofern keine Rücksprachemöglichkeit mit dem Arzt besteht, den jeweils indifferenteren, d. h. schwächer wirkenden Stoff abzugeben.

II. Lateinische Arzneibuchnomenklatur im romanisch-englischen Sprachbereich

Bevor auf die andersartigen Bildungsgesetze der lateinischen Arzneibuchnomenklatur romanisch-englischer Prägung kurz eingegangen wird, sei darauf hingewiesen, daß die **Nomenklatur der Reinen Chemie im romanisch-englischen**

Sprachbereich ebenfalls **Unterschiede zu der im deutschen Sprachraum** gebräuchlichen Namensgebung aufweist:
Einmal liegt dies an den bereits erwähnten z. T. **unterschiedlichen Elementnamen,** z. B.:

englisch/französisch	deutsch
Sodium	Natrium
Potassium	Kalium

Zum anderen wird im romanischen Sprachbereich bei der Bezeichnung der Salze das **Anion vorangestellt** (bzw. in Klammern nachgestellt), z. B.:

französisch		deutsch
Chlorure de Sodium	Sodium (chlorure de)	Natriumchlorid
Chlorure de Potassium	Potassium (chlorure de)	Kaliumchlorid

Die Namen der Säuren werden im romanischen Sprachbereich folgendermaßen gebildet:

französisch		deutsch
Acide citrique	Citrique (acide)	Zitronensäure
Acide borique	Borique (acide)	Borsäure

Demgegenüber unterliegt die **lateinische Arzneibuchnomenklatur romanischer Prägung,** die letztlich auf Lavoisier zurückgeht, anderen Bildungsgesetzen. Die **Pharmacopée Française IX** (1972) trägt ihr in nahezu allen Untertiteln der Monographien sowie in einem zweiten Register Rechnung.

In die englischen Pharmakopöen wurde diese Nomenklatur mit geringfügigen Abweichungen übernommen, doch führt die **British Pharmacopoeia** (1973) sie heute nur noch bei Drogenformen und einigen Arzneiformen als Untertitel an, während die **Pharmakopöe der Vereinigten Staaten** seit längerem allein die **landessprachlichen** Bezeichnungen enthält. In den genannten Ländern ist die Nomenklatur romanischer Prägung noch verständlich, die lateinische Arzneibuchnomenklatur deutscher Prägung jedoch nicht bekannt. Dies bedingt auch die Vorrangstellung der lateinischen Nomenklatur romanischer Prägung im Internationalen wie im Europäischen Arzneibuch.

Nationale Arzneibücher (Pharmakopöen)

französisch	englisch	amerikanisch	deutsch
Baryum (sulfate de)	Barium Sulphate	Barium Sulfate	Bariumsulfat
Barii sulfas	Barii Sulphas		Barium sulfuricum

Europäisches Arzneibuch (Pharmacopoea Europaea)

Englische Fassung	Deutsche Fassung
Barii sulfas	BARII SULFAS
Barium sulphate	Bariumsulfat, Barium sulfuricum

Während die **Namen der Säuren** in der lateinischen Arzneibuchnomenklatur romanischer Prägung mit der lateinischen Arzneibuchnomenklatur deutscher Prägung **übereinstimmen,** beginnt die **Bezeichnung der Salze** mit dem im **Genitiv** aufgeführten Namen des **Kations,** dem das zugehörige **Anion** im **Nominativ** als ein **Substantiv** auf **-as** (höhere Oxydationsstufe) bzw. **-is** (niedrige Oxydationsstufe) folgt. Dabei lautet nach der dritten Deklination der Genitiv -atis bzw. -itis; der Nominativ Plural -ates bzw. -ites.

Folgende Übersicht mit Beispielen u. a. aus dem Europäischen und dem Internationalen Arzneibuch soll die unterschiedliche Namensbildung veranschaulichen:

Lat. (romanisch)	Lat. (deutsch)	deutsch
Bismuthi subcarbonas	Bismutum subcarbonicum	basisches Wismutcarbonat
Natrii nitras	Natrium nitricum	Natriumnitrat
Natrii nitris	Natrium nitrosum	Natriumnitrit
Calcii phosphas	Calcium phosphoricum	Kalziumphosphat
Calcii phosphates		Kalziumphosphate [Plural!]
Tabulettae calcii lactatis		Kalziumlactattabletten

Bei den **Salzen der Halogenwasserstoffe** und angeglichen bei den **Oxiden** allgemein wird dagegen das **Anion** abweichend als **Neutrum** der zweiten Deklination mit der Endung **-um** gebildet:

Apomorphini hydrochloridum	Apomorphinum hydrochloricum	Apomorphin-hydrochlorid
Kalii jodidum	Kalium jodatum	Kaliumjodid
Hydrargyri perchloridum	Hydrargyrum bichloratum	Quecksilber(II)-chlorid [Sublimat]
Carbonei dioxidum	Carboneum dioxydatum	Kohlendioxid [Kohlensäure]

Adjektivische Zusätze richten sich im Genus nach dem Anion:

Ferrosi sulfas (exsiccatus)	Ferrum sulfuricum (exsiccatum)	Eisen(II)-sulfat (getrocknetes)
Hydrargyri subchloridum (praecipitatum)	Hydrargyrum chloratum (praecipitatum)	Quecksilber(I)-chlorid [Kalomel]

III. Chemische Kurzbezeichnungen

Neben den bereits besprochenen rationellen (systematischen) Langbezeichnungen vor allem für organisch-chemische Verbindungen, den Trivialnamen sowie den wortgeschützten Namen und Warenzeichen stellen die **Chemischen oder Internationalen Kurzbezeichnungen (INN** [NPN] = **I**nternational **N**onproprietary **N**ames; generic names) ein eigenes Benennungssystem dar, dem als internationalem Verständigungsmittel besonders auf dem Arzneimittelsektor große Bedeutung zukommt. Dieses System ist zum größten Teil aus griechisch-lateinischen Wortstämmen gebildet, wobei auch englische und französische Wortelemente herangezogen wurden. In den vergangenen Jahren durch die Weltgesundheitsorganisation (WHO = World Health Organization) geschaffen, unterliegen die INN genormten Bildungsgesetzen, deren letzte Fassung (nach Index Nominum 1973, S. XIX) nur in bezug auf die verbindlichen Suffixe, Infixe bzw. Wortstämme folgende Übersicht veranschaulichen soll:

Lateinische Benennung	Englische Benennung	Französische Benennung	Bedeutung
-actidum	-actide	-actide	Synthetische Polypeptide mit corticotrophinähnlicher Wirkung.
-andr- -stan- -ster-	-andr- -stan- -ster-	-andr- -stan- -ster-	Steroide, Androgene.
-arolum	-arol	-arol	Antikoagulantien vom Cumarintypus.
-bamatum	-bamate	-bamate	Tranquillizer der Propandiol- und Pentandiolreihe.
barb	barb	barb	Barbitursäuren, hypnotische Wirkung.
bol	bol	bol	Anabole Steroide.
-cainum	-caine	-caïne	Lokalanaesthetica.
cef-	cef-	céf-	Antibiotica mit Cephalosporansäure-Kern.
-cillinum	-cillin	-cilline	Penicilline, Derivate der 6-Carboxyaminopenicillan-säuren.
cort	cort	cort	Steroide, Glucocorticoide und Mineralocorticoide, ausgen. Prednisolonderivate.
-crinum	-crine	-crine	Acridinderivate mit antimikrobieller Wirkung.

Lateinische Benennung	Englische Benennung	Französische Benennung	Bedeutung
-curium	-curium	-curium	Stoffe mit curarisierender Wirkung.
-cyclinum	-cycline	-cycline	Vom Tetracyclin abgeleitete Antibiotica.
-dionum	-dione	-dione	Vom Oxazolindion abgeleitete Antiepileptica.
-estr-	-estr-	-estr-	Oestrogene.
-forminum	-formin	-formine	Orale Antidiabetica vom Guanidintypus.
-gest-	-gest-	-gest-	Steroide mit progestativer Wirkung.
gli-	gli-	gli-	Orale Antidiabetica vom Sulfonamidtypus.
io-	io-	io-	Jodhaltige Kontrastmittel.
-moxinum	-moxine	-moxine	Monoaminoxydasehemmer.
-mycinum	-mycin	-mycine	Antimikrobiell wirksame Antibiotica aus Streptomyces-Stämmen.
nifur-	nifur-	nifur-	5-Nitrofuranderivate.
-onidum	-onide	-onide	Steroide für topischen Gebrauch; Acetale.
-orexum	-orex	-orex	Appetitzügler.
-praminum	-pramine	-pramine	Dibenzazepinderivate vom Imipramintypus.
prost	prost	prost	Prostaglandine.
-serpinum	-serpine	-serpine	Derivate der Rauwolfia-Alkaloide.
sulfa-	sulfa-	sulfa-	Sulfonamide mit antibakterieller Wirkung.
-terolum	-terol	-térol	Bronchodilatatoren, Phenethylaminderivate.
-tizidum	-tizide	-tizide	Diuretica der Thiazidgruppe.
-toinum	-toin	-toïne	Vom Hydantoin abgeleitete Antiepileptica.
-verinum	-verine	-vérine	Spasmolytica mit papaverinähnlicher Wirkung.
-inum	-ine	-ine	Alkaloide und organische Basen.
-onum	-one	-one	Ketone.
-ium	-ium	-ium	Quaternäre Ammoniumverbindungen.

Die schon erwähnte Methode der **Kontraktion** (Zusammenziehung) **rationeller Langbezeichnungen** (z. B. „DDT" aus den Anfangsbuchstaben) wird in ähnlicher Form z. T. auch in den INN angewandt, z. B.:

INN	rationeller Name
Meprobamat	2-**Me**thyl-2-**pro**pyl-1,3-propandiol-dicar**bamat**

Insgesamt sind die INN zwar nach bestimmten wissenschaftlichen Prinzipien gebildet, dienen aber nicht einer wissenschaftlichen Beschreibung, sondern lediglich einer vereinfachten Festlegung der Identität der einzelnen Stoffe. Ferner sollen die INN möglichst keine anatomischen, physiologischen, pathologischen oder therapeutischen Hinweise enthalten und die durch die IUPAC und ihre Kommissionen festgelegte bzw. empfohlene Nomenklatur nicht ersetzen.

IV. Wortgeschützte Namen, Arzneispezialitäten, Warenzeichen

Im Gegensatz zu den „freien" INN sind **wortgeschützte Namen** Eigentum der Herstellerfirmen und nicht zur wissenschaftlichen Identifizierung, sondern — im vorliegenden Fall — zur Kennzeichnung von **Arzneispezialitäten** bestimmt; dabei handelt es sich nach § 4 des Arzneimittelgesetzes um „Arzneimittel, die in gleichbleibender Zusammensetzung hergestellt und in abgabefertigen Packungen unter einer besonderen Bezeichnung in den Verkehr gebracht werden". Dagegen dienen die **Warenzeichen** (WZ) im eigentlichen Sinne der Unterscheidung von Waren aus verschiedenen Geschäftsbetrieben; sie sollen in Schriftzug oder Symbol (oder in beidem) den jeweiligen Geschäftsbetrieb kennzeichnen und können nur dann benutzt werden, wenn sie nach den Vorschriften des Warenzeichengesetzes zeichenrechtlich geschützt und in die Zeichenrolle beim Patentamt eingetragen sind. Dieselben Bestimmungen gelten auch für die wortgeschützten Namen der Arzneispezialitäten, die durch das hochgestellte Zeichen ® (= registered [eingetragen]) als solche kenntlich gemacht sind. Abgesehen von der Auflage, sich deutlich von anderen Arzneispezialitätennamen abzuheben, um damit der Verwechslungsgefahr zu entgehen, unterliegen sie keinen bindenden Richtlinien, wohingegen die Anmeldung der Spezialität selbst genauer Regelung durch das Arzneimittelgesetz unterworfen ist. Folgendes Beispiel soll diesen Sachverhalt näher veranschaulichen:

Rationeller Name:	2-Methyl-2-propyl-1,3-propandiol-dicarbamat
INN:	Meprobamat
Wortgeschützte Arzneispezialität:	Miltaun®
Industrielles Warenzeichen:	MACK
Firma:	Heinrich Mack Nachf.

Neben vereinzelten deutschen, englischen und französischen Wortprägungen sind die meisten Spezialitätennamen im deutschen Sprachraum gemäß der pharmazeutisch-medizinischen (und hier speziell der pathologischen) Terminologie aus griechisch-lateinischen Wortstämmen gebildet. Dabei bedient man sich im wesentlichen gewisser Möglichkeiten der Benennung (aus denen aber keinerlei Gesetzmäßigkeit abgeleitet werden darf), die folgende Übersicht in Auswahl veranschaulichen soll:

Namensbildung von Arzneispezialitäten (®)

a) nach dem Hersteller(Firmen)namen:

Baycillin (Bayer)	Cibazol (Ciba)
Digimerck (Merck)	Ledermycin (Lederle)
Schericur (Schering)	Thomapyrin (Thomae)

b) nach dem Drogennamen:

Anisirol (Anis)
Baldronit (Baldrian)
Crataegutt (Crataegus)
Arniflor (Flores Arnicae)
Bellafolin (Folia Belladonnae)
Salvysat (Salvia)

c) nach den Inhaltsstoffen:

Calcipot (Calcium)
Dextro med. (Dextrose)
Glutergen (u. a. Magnesiumglutaminat)
Cebion (Vitamin C)
Ergo-sanol (u. a. Ergotamintartrat)
Oestromon (Diäthylstilböstrol)

d) nach der Applikationsart oder Arzneiform:

Balnacid (Balneum)
Ferrokapsul (Capsula)
Suppangin (Suppositorium)
Capsiplast (Emplastrum)
Guttacor (Gutta)
Unguentolan (Unguentum)

e) nach dem Anwendungsgebiet:

1. nach Körperteilen und Organen:

Abdom-Ilon (Abdomen)
Hepanovin (Hepar)
Optipect (Pectus)
Adnexol (Adnexe)
Nephropur (Nephros)
Sinfrontal (Sinus frontalis)

2. nach pathologischen Zuständen bzw. Indikation:

Adiposetten (Adipositas)
Angitrit (Angina [pectoris])
Obstinol (Obstipatio[n])
Aknederm (Akne)
Migränin (Migräne)
Thrombophob (Thrombose)

3. nach der Wirkung:

Bonidorm (dormire)
Eusedon (sedare)
Robokardin (roborare)
Dulcolax (laxare)
Expectal (expectorare)
Spasmolysin (lyein)

f) durch bestimmte Wirkstoff-Silben nach den Vorschlägen für die INN:

Delphicort (-cort)
Femandren (-andr-)
Supramycin (-mycin)
Dianabol (-bol)
Sulfa-Perlongit (sulfa-)
Trachicillin (-cillin)

g) durch Kontraktion der rationellen, Halbtrivial- oder Trivialnamen:

ACTH Depot Schering (**A**drenocortico**t**ropes **H**ormon)
DHT (u. a. **D**i**h**ydroxypropyl-**t**heophyllin)
INHA-PAS (**I**so**n**ikotinsäure**h**ydrazid der **p**-**A**mino**s**alizylsäure)

h) ohne (direkten) Bezug zu Inhaltsstoff oder Indikation bzw. durch reine Phantasienamen

ÜBUNG: Wie setzen sich die wissenschaftlichen Pflanzenbezeichnungen zusammen und welcher Herkunft können die Artnamen sein? Durch welche Suffixe sind die wichtigsten Taxa charakterisiert? Was sind „Vernakularnamen"? Welche nomenklatorischen Bezeichnungssysteme gibt es in der Chemie? Durch welche Suffixe sind im allgemeinen die chemischen Stoffklassen der Aldehyde, Alkaloide, Alkohole, Enzyme (Fermente), Hormone, Ketone und Zucker charakterisiert? Worin unterscheiden sich die jeweiligen „Nomenklaturen" des DAB 7 und des Europäischen Arzneibuches?

ABSCHNITT XI

Grundzüge der pharmazeutisch-technologischen Terminologie

Die **pharmazeutische Technologie** wird unter anderem auch Arzneiformenlehre bzw. -kunde, Galenik sowie angewandte, praktische oder galenische Pharmazie genannt (entsprechend engl. [dispensing, manufacturing, physical, practical] pharmacy bzw. franz. pharmacie galénique). Der mehr historische, doch vor allem im deutschsprachigen Raum immer noch gebräuchliche Begriff **„Galenik"** leitet sich — sachlich zu Unrecht — von dem neben Hippokrates bedeutendsten Vertreter der antiken Heilkunde, dem griechischen Arzt Galenos von Pergamon (129—199 n. Chr.), ab; ebenso die Bezeichnung „[Remedia] Galenica", worunter man eigentlich auf pflanzlicher Grundlage hergestellte Präparate zu verstehen hat, die durch relativ einfache Manipulationen (z. B. durch Mischen, Kochen, Extrahieren) angefertigt werden können. Hervorgegangen aus der zunächst rein handwerklich ausgeprägten Apothekenpraxis, hat heute die pharmazeutische Technologie die Aufgabe übernommen, die Arzneigrundstoffe (Arzneimittel) meist maschinell und fabrikmäßig zu gebrauchsfertigen Arzneiformen (Arzneien) zu verarbeiten; ferner neue Verfahren und geeignete Hilfsmittel für die Stabilisierung und Resorptionsverbesserung der Arzneistoffe zu entwickeln. Die dabei angewandten Arbeitsgeräte, Herstellungs- und Untersuchungsmethoden entstammen allerdings nur noch zu einem geringen Teil der Apotheke und werden vielmehr in steigendem Maße aus den verschiedensten wissenschaftlichen, technischen und industriellen Bereichen herangezogen.

Nicht zuletzt aufgrund dieser historisch bedingten Entwicklung erklärt sich auch die **Zusammensetzung der pharmazeutisch-technologischen Terminologie.** Abgesehen von den lateinischen Bezeichnungen einzelner Arzneiformen sowie den sprachlich und begrifflich festgelegten Definitionen bestimmter Verfahren (z. T. durch die DIN [= **D**eutsche **I**ndustrie-**N**ormen bzw. **D**as **i**st **N**orm]-Vorschriften), verfügt die pharmazeutische Technologie über **keine eigene Nomenklatur.** Zudem ist ein ständiger Rückgang ehemals lateinischer Bezeichnungen zugunsten vorwiegend deutscher Fachausdrücke festzustellen; hinzu kommt der wachsende Einfluß englischer Namensbildungen, so daß sich der in einem steten Wandel befindliche Wortschatz der Technologie heute aus den verschiedensten Elementen zusammensetzt. Dabei handelt es sich einmal um Begriffe, die der Chemie, Physik, Technik, Medizin u. a. entnommen wurden bzw. auch dort allgemein gebräuchlich sind (z. B. Ebullioskopie [Messung der Siedepunktserhöhung], Kryoskopie [Messung der Gefrierpunktserniedrigung], Inkompatibilität [Unverträglichkeit], Resorption [(Arzneistoff-)Aufnahme], Rheologie [„Fließlehre"], Viskosität [Zähflüssigkeit(swert)] bzw. verbale Ausdrücke, wie abdampfen, einengen, fällen, puffern, sättigen); zum anderen um fremdsprachliche — meist englische und französische — Bezeichnungen neuer und älterer Art (z. B. blanchieren, Bürette, caking, dragieren, dry coating, laminar flow, pipettieren, Span®, Tween®). Schließlich und hauptsächlich aber um **Ausdrücke und Namen aus dem apothekarischen Tätigkeitsbereich,** die sprachlich wie inhaltlich folgendermaßen zu unterscheiden sind: Deutsche Wörter, die allerdings mehr dem „Fachjargon" als der eigentlichen Fachsprache angehören (z. B. [Arzneimittel] „abfassen", [Pillen] „anstoßen", [Quecksilber] „töten"). — Ursprünglich lateinische (substantivische und verbale) Begriffe, die heute ausschließlich in ihrer längst eingedeutschten Form verwendet werden (z. B. Ampulle [Ampulla], Mörser [Mortarium], Pistill [Pistillum], Spatel [Spatula], Tektur [Tectura], Destillatio[n], Triturationatio[n], bzw. extrahieren, kolieren, potenzieren). — Deutsche und lateinische Namen für die einzelnen Arzneiformen, wie sie (z. T.) im Deutschen Arzneibuch, (ausschließlich lateinisch) in der Deutschen Arzneitaxe und (noch überwiegend lateinisch, dazu meist in abgekürzter Form) in den Aufschriften der Apotheken-Standgefäße enthalten sind.

Abgesehen davon, daß eine Reihe ehemals gebräuchlicher Arzneiformen mittlerweile veraltet ist (z. B. Morsuli, Roob, Trochisci) und andererseits die Zahl der Fertigpräparate ständig zunimmt, ist auch die **Benennung der Arzneiformen** in einem Umbruch begriffen. So wird der diesbezügliche Sprachgebrauch heute einmal durch eingedeutschte bzw. rein deutsche Namen (z. B. Dekokt, Essenz, Extrakt, Tinktur bzw. Kau- oder Lutschtablette), zum anderen durch moderne Neubildungen (z. B. Aerosol, Compretten®, Manoject®, Ophtiole®, Procaps, Suspension) und vornehmlich englische Bezeichnungen (z. B. Ampins, Beads, Compacts, Pellets, Spray, Snap-Tablette) bestimmt. Diese Strukturveränderung innerhalb der vordem rein lateinischen Fachsprache tritt jedoch am deutlichsten im Deutschen Arzneibuch (BRD) zutage; denn in dessen Monographien erscheint der deutsche Name der jeweiligen Arzneiform in der Hauptüberschrift, während deren lateinische Bezeichnung im Untertitel (meist) als Ergänzung aufgeführt wird. Zudem ist der Gebrauch der einzelnen Namen keineswegs einheitlich, da das **Arzneibuch** oft nur die deutsche Bezeichnung enthält (z. B. Borsäurelösung/Borwasser), die **Arzneitaxe** dagegen ausschließlich die lateinische Benennung verzeichnet (z. B. Acidum boricum solutum), mit der die (bisherige) **Aufschrift der Standgefäße** nicht immer übereinstimmen muß (z. B. Sol. Acid. bor.).

Mit dem Wandel der „Apothekerkunst" zu einer modernen Verfahrenstechnik hat sich also auch der Sprachgebrauch entscheidend verändert, der heute durch die zunehmende Verwendung deutscher und englischer Fachausdrücke geprägt wird. Andererseits beinhaltet die pharmazeutisch-technologische Terminologie — gemäß ihrer Herkunft aus der Apotheke — noch eine Reihe lateinischer Bezeichnungen, die dem spezifisch apothekarischen Sprachschatz angehören und die folgende Übersichten in Auswahl veranschaulichen sollen.

A. Arzneiformen

Folgende Übersicht enthält — abgesehen von einigen griechischen (z. B. Elaeosaccharum, Kataplasma, Klysma) und arabischen Wörtern (Elixir) — ausschließlich lateinische bzw. latinisierte Bezeichnungen. Diese werden im Falle der jeweiligen Zubereitung nach folgenden Regeln gebildet: Die Arzneiform selbst steht immer im Nominativ Singular oder Plural, wozu entweder ein Substantiv im Genitiv Singular bzw. Plural (z. B. Gelatina Zinci, Pulpa Tamarindorum) oder ein Adjektiv tritt, das mit dem Geschlecht und Numerus des Bezugswortes übereinstimmen muß (z. B. Adeps benzoatus, Mel rosatum, Bacilli medicati). Ferner kann ein aus zwei Substantiven zusammengesetzter Arzneiname zusätzlich noch durch ein Adjektiv [→ Pharmazeutische Eigenschaftsbezeichnungen] charakterisiert werden; dabei ist zu beachten, ob es sich um einen zwei- oder dreiteiligen Ausdruck handelt und zu welchem Bezugswort das jeweilige Adjektiv gehört (z. B. Aqua Amygdal**arum** amar**arum** [zweiteilig], aber Tinctur**a** Chinae composit**a** [dreiteilig]). Diese Benennungsweise ist prinzipiell auch im Internationalen und im Europäischen Arzneibuch üblich. — Einen Sonderfall stellen die beiden Begriffe „Dilutio" und „Trituratio" dar, die zunächst Verfahren, darüber hinaus aber auch Arzneiformen bezeichnen und als solche (zusammen mit den Globuli und Granula) nur in der Homöopathie gebräuchlich sind.

Bezeichnung	Bedeutung	Beispiel [Erklärung]
Acetum	Essig(-Drogenauszug)	Acetum Sabadillae
Adeps	**Fett(-Zubereitung)**	Adeps benzoatus
Aqua	**Wasser**	Aquae aromaticae: Aqua Rosae Aquae medicatae: Aqua Amygdalarum amararum → Aquamycetin® → Aqua ad injectabilia
Bacillus	(Arznei-)Stäbchen	Bacilli medicati → Cereoli, Styli
Balneum	**Bad**	Balneum Hermal®
Balsamum	**Balsam**	Balsamum Mentholi compositum, Balsalyt®
Bolus[m.]	„Bissen"	[Tierarzneiform] → Pilulae [aber: Bolus (f.) = Ton (Bolus alba)]
Capsula	**Kapsel**	Capsulae amylaceae (= Oblatenkapseln, Cachets), Capsulae operculatae (= Deckelkapseln), Capsulae gelatinosae, Procaps, Netto longcaps® (Rectal-, Vaginalkapseln)
Ceratum	Wachszubereitung	[„Wachs"-stift, Salbenstift]
Cereolus	(Wund-)Stäbchen	Cereoli medicati → Bacilli, Styli

Bezeichnung	Bedeutung	Beispiel [Erklärung]
Charta	(Arznei-)Papier	Charta nitrata, Charta sinapisata
Collodium	Kollodium	Collodium cantharidatum, Collodium salicylatum viride
Collyrium	Augenwasser	Collyrium adstringens luteum
Confectio	(Arznei-)Konfekt	Confectio Cinae, Confectio Zingiberis → Conditum
Decoctum	**Abkochung**	Decoctum Sarsaparillae
Dialysatum	**Dialysat**	[Fluidextrakt aus frischen Pflanzen], Belladonnysat® → (Fluid)Extrake, Alkoholaturen
Dilutio	**Verdünnung**	Dilution [homöopathische Arzneiform]
Dragée	**Dragée**	[Mit Zucker (oder zuckerfreier Dragéemasse) überzogene Pillen oder Tabletten] Oblong-Dragée, Kaudragée, Lutschdragée, Lackdragée → Tabuletta
Elaeosaccharum	Ölzucker	Elaeosaccharum Aurantiorum
Electuarium	Latwerge	Electuarium Sennae
Elixir	**Elixier**	Elixir Aurantii compositum, Elixir e Succo Liquiritiae, Ferlixir®
Emplastrum	**Pflaster**	Emplastrum fuscum camphoratum, Emplastrum Lithargyri → Collemplastrum
Emulsio	**Emulsion**	[„Milchähnliche" Arzneizubereitung: disperses System (flüssig/flüssig)] Mulgatol® ←→ Suspension
Essentia	**Essenz**	Essentia aromatica
Extractum	**Extrakt**	[Konzentrierter Drogenauszug] Extracta aetherea, -aquosa, -spirituosa ←→ Tinctura

Bezeichnung	Bedeutung	Beispiel [Erklärung]
Extracta sicca	**Trockenextrakte**	Extractum Faecis → Disperte
Extracta fluida	**Fluidextrakte**	Extractum Thymi fluidum → Stadatrate
Extracta spissa	**zähflüssige Extrakte (Dickextrakte)**	Extractum Faecis spissum
Gelatina	**Gelatine (Gallerte, Leim)**	Gelatina Zinci, Gelees, Gelatum → Gel (Hydrogel, Lipogel) ←→ Sol → Mucilago, Unguentum, Linimentum
Globulus	**Kügelchen**	1. Globuli vaginales, Globichthol® → Ovula 2. Streukügelchen [homöopathische Arzneiform]
Granulum	**Körnchen**	1. Granula [homöopathische Arzneiform] 2. Granulat, Preßgranulat → Granulation
Gutta	**Tropfen**	Rhinoguttae, Guttae antotalgicae, Oculoguttae, Ophtiole®, Flexiole®, Guttiole®, Prostagutt®
Infusio	**Eingießung**	Infusionslösungen (Infundibilia) → Infusionsampulle
Infusum	**Aufguß**	Infusum Sennae compositum
Inhalatio	**Einatmung**	(Nebulogena) Spray, Zerstäuber, Aerosol, Inhalator → Kapillarampulle
Injectio	**Einspritzung**	Injektionslösungen (Injectabilia) Ampulle, Carpule®, Konusampulle, Manole®, Manolette®, Serüle® (Ampin), Venüle® Spritzampullen: Amphiole, Bipule®, Citole®, Manoject®, Prestule®, Steraject®
Kataplasma	Breiumschlag	Kytta Plasma®
Klysma	Klistier	Rectiole → Irrigator

Bezeichnung	Bedeutung	Beispiel [Erklärung]
Linimentum	**Liniment**	[Emulsions- bzw. gallertartige Flüssigkeit] Linimentum ammoniatum, Linimentum restitutorium, Liniform® → Linimentum saponato - camphoratum (= Opodeldok) → Vasolimentum
Liquor	**Flüssigkeit**	Liquor Ammonii caustici, Liquor Kalii arsenicosi
Lotio	**Lotion**	[„Waschung, Pinselung"] Lotio alba aquosa DRF, Lotio Hermal®, Loticort® → Schüttelmixtur
Mel	Honig	Mel praeparatum: Mel rosatum cum Borace
Mixtura	**Mischung**	Mixtura oleoso-balsamica → Mixturae agitandae (Schüttelmixturen)
Mucilago	**Schleim(-Zubereitung)**	Mucilago Gummi arabici, Mucilago Tylose → Suspensio
Oleum	**Öl**	Olea medicata: Oleum camphoratum forte, Oleum Chamomillae infusum → Olea aetherea, Aetherolea
Ovulum	**Vaginalkugel**	[Scheidenzäpfchen] → Globuli vaginales
Oxymel	Sauerhonig	Oxymel Scillae → Mel praeparatum
Pasta	**Paste**	[zähe Salbe, Suspensionssalbe] Pasta Lactisol®, Pasta Zinci → Unguentum
Pastillus	**Pastille**	Pastilli Ammonii chlorati cum Succo Liquiritiae → Rotulae, Tabulettae
Pilula	**Pille**	Pilulae aloeticae ferratae
Potio	Trank	Potio Riverii → Saturatio
Pulpa	Mus	Pulpa Tamarindorum depurata

Bezeichnung	Bedeutung	Beispiel [Erklärung]
Pulvis	**Pulver**	Schachtelpulver [ungeteilt], Dosispulver [abgeteilt] → Puder (Streupuder ←→ Compacts) → Trituratio
Rotula (Rotulus)	Plätzchen	Rotulae Menthae piperitae, Rotillen® → Pastilli
Sapo	**Seife**	Sapones medicati: Sapo kalinus, Sapo jalapinus
Sebum	Talg(-Zubereitung)	Sebum salicylatum
Sirupus	**Sirup**	Sirupus simplex, Sirupus Kalii sulfoguajacolici
Solutio	**Lösung**	Solutio Cordes®, Acidum boricum solutum → Isotonische Lösungen: Solutio Natrii chlorati physiologica
Species	**Tee(-Mischung)**	Species diaphoreticae, Species laxantes
Spiritus	**Spiritus**	[Weingeist-Bereitungen] Spiritus Aetheris nitrosi, Spiritus camphoratus
Stylus	(Wund-)Stäbchen	Styli medicati, Styli caustici → Bacilli (Bougies), Cereoli (→ Griffel)
Succus	**Saft**	Succus Juniperi inspissatus, Succus Liquiritiae depuratus → Bisolvon Linctus®
Suppositorium	**Zäpfchen**	Suppangin® → Ovula
Suspensio	**Suspension**	[Aufschwemmung: disperses System (fest/flüssig)] Beromycin® Suspension, Trockensäfte, Volon® A 10 Kristallsuspension ←→ Emulsion

Bezeichnung	Bedeutung	Beispiel [Erklärung]
Tabuletta	**Tablette**	Bitabs, Compressi, Compretten®, Filmtabletten, Manteltabletten, Schichttabletten, Tablets, Tablinen® → Dragée (überzogene Tablette) Augentabletten, Implantationstabletten, Vaginaltabletten Buccaltabletten, Kautabletten, Lingualtabletten, Linguetten®, Snaptabletten, Sublingualtabletten Tabletten mit Depot-, fortard-, protrahierter (Protabs), retard-Wirkung Lösungstabletten (intern: Brause-Tabletten) (extern: z. B. Clorina® Tabletten)
Tinctura	**Tinktur**	[„gefärbter" Drogenauszug] Tinctura Chinae composita, Tinctura Jodi decolorata, Tinctura Myrrhae, Tinctura Opii → Urtinktur ∅ ←→ Extractum
Trituratio	**Verreibung**	Trituration [homöopathische Arzneiform] → Pulvis
Unguentum	**Salbe**	[plastisches Gel] Deck-, kosmetische-, Kühl-, Schutz-, Penetrations-, Resorptionssalben Unguentum Acidi borici, Unguentum leniens, Unguentum Hydrargyri album (→ Pultiformsalben), Unguentolan® → Creme → Paste → Oculentum
Vinum	**Wein**	Vina medicata: Vinum Pepsini, Vinum xerense

B. Verfahren und Reaktionen

Folgende Übersicht enthält zum größten Teil Begriffe, die nicht dem klassischen Latein entstammen, sondern in Anlehnung an den lateinischen bzw. griechischen Sprachgebrauch gebildet wurden. Zudem verwendet man alle diese Bezeichnungen heute in ihrer eingedeutschten Form, worauf das auslautende (n) hindeuten soll. Die mittlere Spalte führt jeweils die wörtliche Bedeutung auf, während die dritte Spalte die Erklärung bzw. Definition des betreffenden Verfahrens bzw. der dabei eintretenden Reaktion enthält.

Bezeichnung	Bedeutung	Erklärung
Coacervatio(n) co(n)-acervare	Aufhäufung	Entmischung eines kolloiddispersen Systems unter Bildung einer kolloidarmen und einer kolloidreichen Phase → Koazervat
Coagulatio(n) co(n)-agulare	Ausflockung	1. Übergang von einem Sol in ein Gel → Kolloidchemie ←→ Peptisation 2. [Gerinnung]
Condensatio(n) con-densare	Verdichtung	1. Gasverflüssigung → Kondensat 2. chemische Reaktion → Polykondensation
Confectio(n) con-ficere	Anfertigung	Konfektionierung: Verarbeitung eines Wirkstoffes zur (abgabefertigen) Arzneispezialität → Arzneiform (Konfekt)
[Contaminatio(n)] con-taminare	Befleckung	Mikrobenbefall von Stoffen → Infektion
Destillatio(n) de-stillare	„Herabträufelung"	Verdampfung und Kondensation meist flüssiger Stoffe → fraktionierte-, Vakuum-, trockene Destillation → Destillat
Diacolatio(n) dia-colare	„Durchseihung"	Perkolation mit Überdruck
Dialysatio(n) dia-lysare	Auseinanderlösung	osmotische Trennung hoch- und niedrig-molekularer Stoffe → Dialysat, Ysate®
Diffusio(n) dis-fundere	Ausströmung	1. konzentrationsausgleichende Durchmischung (Austritt) von Stoffen → Osmose 2. [Lichtzerstreuung]
Digestio(n) di(s)-gerere	Auseinanderteilung	1. Extraktion bei erhöhter Temperatur → Decocta, Infusa 2. [Verdauung] → Digestivum

Bezeichnung	Bedeutung	Erklärung
Dilutio(n) di(s)-luere	Verdünnung	Verdünnung (homöopathische Arzneiform) → Potenzierung
Dispensatio(n) dis-pensare	Verteilung	Abgabe(form) von Arzneimitteln → Dispensierform, Dispensieranstalt, Dispensatorium
Dispersio(n) di-spergere	Zerstreuung	1. Verteilung von Kolloiden (disperse Phase) in einem Dispersions- bzw. Dispergiermittel (Trägersubstanz) → Dispersionsgrad 2. [Lichtzerlegung] → Spektrum
Emulgatio(n) e-mulgere	„Ausmelkung“	Bildung (durch Emulgatoren) und Festigung (durch Stabilisatoren) eines dispersen Systems (Emulsion) → Milch
Evacolatio(n) e-va(cuare) + colare	Unterdruck-„Seihung“	Perkolation mit Unterdruck
Exsiccatio(n) ex-siccare	Austrocknung	Wasserentziehung (im Exsikkator)
Extractio(n) ex-trahere	Herausziehung	Stoffgewinnung aus einem Substanzgemisch (Extraktionsgut) durch ein Lösungsmittel (Extraktionsmittel = Menstruum) → Extrakt
Filtratio(n) filtrare	Filtrierung	Trennung flüssiger von festen Stoffen → Filtrat
Flotatio(n) (flotare)	„Aufschwimmung“	Aufschwimmen der dispersen Phase in Suspensionen → Schwimmaufbereitung von Erzen
Granulatio(n) granulare	Körnung	1. Vorverdichtung von Stoffen bei der Tablettenherstellung → Granulat 2. [Bildung von Granulationsgewebe]
Homogenisatio(n) homogenisare	„Angleichung“	(maschinelle) Vereinheitlichung der dispersen Phase eines Systems (mittels eines Homogenisators)
Laevigatio(n) laevigare	Glättung	Zerkleinerung eines Stoffes durch Anreiben oder Schlämmen
Maceratio(n) macerare	Einweichung	Extraktion bei Normaltemperatur → Remazeration → Mazerat
Peptisatio(n) (peptisare)	„Erweichung“	Übergang von einem Gel in ein Sol → Kolloidchemie ←→ Koagulation

Bezeichnung	Bedeutung	Erklärung
Percolatio(n) per-colare	Durchseihung	Extraktion unter kontinuierlicher Zugabe des Lösungsmittels → Perkolat
Praecipitatio(n) prae-cipitare	Ausfällung	Abscheidung von Stoffen aus Lösungen → Präzipitat → „weißes Präzipitat" (Hydrargyrum praecipitatum album)
Sedimentatio(n) sedimentare	„Absetzung"	Absinken der dispersen Phase in einer Suspension → Sediment → caking
Solubilisatio(n) solubilis(are)	„Löslichmachung"	Lösungsvermittlung durch oberflächenaktive Stoffe (Tenside) oder hydrotrope Verbindungen → Spans®, Tweens®
Stabilisatio(n) stabilis(are)	Festigung	1. Festigung eines dispersen Systems (Emulsion, Suspension) durch Stabilisatoren 2. Stabilisierung des Arzneigehaltes durch chemische, physikalische und antimikrobielle Methoden → Ant(i)oxydantien
Sterilisatio(n) sterilis(are)	„Unfruchtbarmachung"	Entkeimung von Gegenständen und Stoffen nach verschiedenen Verfahren → Tyndallisieren
Sublimatio(n) sub-limare	„Emporhebung"	Überführung eines festen Stoffes in den Dampfzustand und Wiederverdichtung → Sublimat
Suspendatio(n) **Suspensio** sub-pendere	„Aufhängung"	Aufschwemmung fester Teilchen in einer Flüssigkeit (Suspension) → Emulsion
Trituratio(n) terere	Reibung	Verreibung (homöopathische Arzneiform) → Potenzierung

C. Pharmazeutische Eigenschaftsbezeichnungen

Folgende Übersicht enthält ausschließlich lateinische bzw. latinisierte Adjektive aus dem pharmazeutischen Sprachgebrauch, die einmal die Beschaffenheit eines Arzneistoffes, zum anderen die Bereitungsart oder Funktion einer Arzneiform u. a. m. näher kennzeichnen. Dabei ist darauf hinzuweisen, daß eine Reihe dieser Adjektive auch in anderem Zusammenhang bzw. nicht für Arzneinamen verwendet wird.

1. Qualitäts- und Reinheitsgrade

aequalis	gleich beschaffen
bonus	gut
communis	gewöhnlich, üblich
depuratus	gereinigt
electus	ausgelesen
malus	schlecht
medicatus	arzneigebräuchlich
medicinalis	arzneilich verwendet
naturalis	natürlich, naturell
obsoletus	veraltet
officinalis	amtlicher Vorschrift entsprechend, offizinell
purificatus	gereinigt
purus	rein
purissimus	reinst
raffinatus	raffiniert, gereinigt
rectificatus	rektifiziert
rectificatissimus	mehrfach rektifiziert
similis	ähnlich
talis	solcher Art
technicus	zum technischen Gebrauch
venalis	handelsüblich, Handverkaufsware
verus	wahr, echt
vulgaris	gewöhnlich

2. Konzentrationsangaben

absolutus	höchstgradig, vollkommen
concentratus	konzentriert
dilutus	verdünnt
simplex	einfach

3. Zerkleinerungs- und Mengenmaße

colloidalis	kolloidal
concisus	geschnitten
contusus	zerstoßen
grossus	grob
magnus, maior, maximus	groß, größer, sehr groß
medius	mittel
minutus (minutim)	sehr klein, winzig
multus	viel
parvus, minor, minimus	klein, kleiner, sehr klein
plenus	voll
pulveratus	gepulvert
subtilis	fein
subtilissimus	feinst
totus	ganz

4. Physikalische Eigenschaften und Konsistenz

adhaesivus	haftend
calidus	warm
cristallinus	kristallin
durus	hart
effervescens	aufbrausend
elasticus	dehnbar
fervidus	siedend

flexibilis	biegsam
fluidus	flüssig
frigidus	kalt
fumans	rauchend
glacialis	eisähnlich
gravis	schwer
humidus	feucht
labilis	wankend
levis	leicht
levissimus	sehr leicht
liquidus	flüssig
mollis	weich
mucilaginosus	schleimartig
oleosus	ölig
perliquidus	dünnflüssig
pinguis	fett
ponderosus	schwer
resorbilis	resorbierbar
siccus	trocken
solidus	fest
solubilis	löslich
spissus	zäh-, dickflüssig
spumans	aufbrausend, schäumend
stabilis	feststehend
subliquidus	dickflüssig
viscosus	klebrig, zähflüssig
volatilis	flüchtig

5. Bereitungsart

anhydricus	wasserfrei
aquosus	wäßrig, wasserhaltig

artificialis	künstlich
asepticus	aseptisch, steril
calcinatus	kalziniert
coctus	gekocht
compositus	zusammengesetzt
compressus	gepreßt
concisus	geschnitten
conditus	überzuckert
conservatus	konserviert
cristallisatus	kristallisiert
cryodesiccatus	gefriergetrocknet
decorticatus	entrindet
denaturatus	vergällt
destillatus	destilliert
dialysatus	dialysiert
expressus	ausgedrückt
exsiccatus	ausgetrocknet
extractus	ausgezogen
factitius	künstlich zubereitet
filtratus	filtriert
fusus	gegossen
granulatus	gekörnt
inactivatus	inaktiviert
infusus	durch Aufguß bereitet
inspissatus	eingedickt
laevigatus	geschlämmt
liquefactus	verflüssigt
maceratus	mazeriert
mixtus	gemischt
mundatus	geschält
normatus	(auf bestimmten Gehalt) eingestellt
obductus	überzogen
paratus	bereitet
frigide-	kalt-
recenter-	frisch-
vapore-	durch Dampf-
via humida-	auf feuchtem Wege-
praecipitatus	gefällt
praeparatus	zubereitet

pulver(is)atus	pulverisiert
raspatus	geraspelt, gefeilt
resublimatus	nochmals sublimiert
saccharatus	gezuckert
saturatus	gesättigt
siccatus	getrocknet
solutus	gelöst
spirituosus	weingeistig
stabilisatus	stabilisiert
standardisatus	standardisiert
sterilisatus	sterilisiert
sublimatus	sublimiert
syntheticus	synthetisch
titratus	auf bestimmten Wirkungswert eingestellt
tortus	geflochten
tostus	geröstet
tritus	zerrieben
ustus	gebrannt
vinosus	weinig

6. Funktion

absorbens	aufsaugend
adsorbens	anlagernd
conservans	konservierend
constituens	festigend, formgebend
corrigens	geschmacksverbessernd
detergens	reinigend
emulsificans	emulgierend
excipiens	aufnehmend
penetrans	durchdringend
solvens	lösend

ÜBUNG: Wie lauten die deutschen Bezeichnungen folgender Arzneizubereitungen (nach DRF): Aqua ophthalmica isotonica, Balsamum contra Pertussim, Emulsio nasalis, Globuli antifluorici, Guttae nervinae sedantes, Inhalatio bronchialis spirituosa, Mixtura analgetica pro infantibus, Mixtura solvens fortis, Pasta exsiccans, Pilulae hydragogae, Pulvis antacidus, Pulvis laxans mineralis, Sirupus contra Bronchitim, Solutio antiseptica, Species deflatulentes, Spiritus Lithantracis compositus, Suppositoria anticolica, Tinctura expectorans, Unguentum crinale cum Sulfure? Wie heißen die homöopathischen Arzneiformen?

ABSCHNITT XII

Grundzüge der „Rezeptsprache"

Die „Rezeptsprache" ist gleichermaßen Bestandteil der medizinischen wie der pharmazeutischen Terminologie, da jede Rezeptanweisung vom Arzt verschrieben bzw. zusammengestellt wird und vom Apotheker gelesen bzw. angefertigt werden muß. Zudem ist das Rezept — heute nach „Kassen-" und „Privat"-Rezept unterschieden — in Form und Inhalt durch eine bestimmte Anordnung, spezifische Formulierungen und zahlreiche Abkürzungen gekennzeichnet, so daß der bei der ärztlichen Verordnung übliche Sprachgebrauch als Sonderfall innerhalb der Terminologie bezeichnet werden kann. Nachstehend soll an einigen Beispielen der Aufbau eines „lege artis" (= kunstgerecht) ausgestellten, lateinisch abgefaßten Rezeptes veranschaulicht werden, während die folgenden Übersichten die dabei (und anderweitig) verwendeten Abkürzungen verzeichnen.

A. Rezept-Aufbau

Die schriftliche ärztliche Verordnung (Receptum, Formula) besteht aus folgenden Teilen:

Bezeichnung	Beispiel
I. Inscriptio	Dr. med. N. N. Praktischer Arzt Ort, Straße, Hausnummer, Telefon Datum
II. Invocatio	**Rp.**
III. Ordinatio/Praescriptio [Remedium] Cardinale [Remedium] Adiuvans [Remedium] Corrigens [Remedium] Constituens (Excipiens)	 Extr[acti] Bellad[onnae] 0,4 Bismut[i] subnitric[i] 10,0 Ol[ei] Foenicul[i] g[u]tt[a]s X Calc[ii] carb[onici] ad 50,0
IV. Subscriptio Compositio Dispensio	 M[isce] f[iat] pulv[is] D[a] ad scatul[am]
V. Signatura Nomen Aegroti Nomen Medici	S[igna] 3mal täglich 1 Messerspitze voll zu nehmen Für Herrn XY, Ort, Straße, Haus-Nr. .... Unterschrift des Arztes

Die einzelnen Rezept-Teile haben — nach der obenstehenden Anordnung — folgende **Bedeutung:**

I. Die Inscriptio oder Anschrift enthält — heute bereits vorgedruckt — den (in der Unterschrift wiederholten) Namen (Nomen Medici), die Berufsbezeichnung (z. B. Facharzt für . . .) und die Adresse des Arztes mit Angabe des Ortes, der Straße, der Haus- und Telefonnummer, sowie das jeweilige Datum.

II. Die Invocatio oder „Anrufung" besteht aus dem — ebenfalls meist vorgedruckten — einleitenden Imperativ **Rp.,** d. h. Recipe = Nimm! Dabei folgt — grammatikalisch gesehen — zunächst die jeweilige Mengenangabe und hierauf das gewünschte Arzneimittel, das deshalb im Genitiv anzugeben ist (z. B. Nimm 50 Gramm der Kamillenblüten, also: Rp. Flor**um** Chamomillae 50,0 [grammata quinquaginta]).

III. Die Ordinatio/Praescriptio oder Anordnung/Vorschrift führt die einzelnen Bestandteile (Ingredientien) der anzufertigenden Arznei auf und gliedert sich nach traditionellem Aufbau in das

[Remedium] Cardinale	Hauptmittel (eigentlicher Wirkstoff)
[Remedium] Adiuvans	unterstützendes Mittel (zusätzlicher Wirkstoff)
[Remedium] Corrigens	geschmacks- bzw. geruchverbesserndes Mittel
[Remedium] Constituens (Excipiens)	Füll-, Träger-, Lösungsmittel (Vehikel = Arzneiträger)

Dieser Aufbau erfährt allerdings manche Abwandlung, da eine Verordnung oft nur einen einzigen bzw. viele Wirkstoffe enthält oder das [Remedium] Adiuvans bzw. das [Remedium] Corrigens unberücksichtigt läßt; ebenso kann das [Remedium] Constituens aus mehreren Stoffen bestehen u. a. m. Wie bereits erwähnt, sind — streng genommen — die in der Ordinatio aufgeführten Mittel stets im Genitiv anzugeben. Doch werden die einzelnen Bestandteile — sofern es sich nicht um Fertigpräparate handelt — meist in abgekürzter Form verordnet, wobei sich heute auch der Gebrauch des Nominativs zunehmend einbürgert. Desgleichen müßte die jeweilige **Mengenbezeichnung** im Akkusativ Plural erfolgen (z. B. grammata, guttas); stattdessen schreibt man allgemein die (am häufigsten vorkommende) **Grammanzahl** — ohne Angabe der Maßeinheit (g) — **in arabischen Ziffern,** während bei einer Dosierung in Milligramm **(mg),** Millilitern **(ml**[ccm]**)** oder Internationalen Einheiten **(I.E.)** die jeweilige Maßbezeichnung besonders vermerkt werden muß. **Alle anderen Zahlenangaben** (Tropfen- und Stückzahlen) erscheinen gewöhnlich **in römischen Ziffern.** Ferner ist es üblich, bei den zum Auffüllen auf eine bestimmte Gesamtmenge verordneten Mitteln statt einer genauen Zahlenangabe die lateinische Präposition **ad** (= bis zu) bzw. bei gleicher Menge von zwei oder mehreren Wirkstoffen das Zeichen **āā** (= ana partes aequales [ad] d. h. zu gleichen Teilen, jeweils [bis zu]) mit einer abschließenden Gesamtgewichts- (z. B. 200,0) bzw. Mengenangabe zu verwenden.

IV. Die Subscriptio oder „Unterschrift" beinhaltet die Arbeitsanweisung für den Apotheker und gliedert sich — nach der imperativischen Formel M.D.S. (= Misce, Da, Signa) — meist in die

Compositio Herstellung, z. B. **Misce** ([ut] fia[n]t pulvis [pulveres]) = Mische (damit [ein] Pulver werde[n])
Dispensio Abgabe / Verpackung, z. B. **Da** (ad scatulam) = Gib (in eine Schachtel)
Signatura Aufschrift, z. B. **Signa** (3mal täglich ...) = Bezeichne (3mal täglich ...); diese ist jedoch als gesonderter Teil zu behandeln.

Dabei muß betont werden, daß die **Subscriptio** oft zusätzliche Hinweise enthält und **in drei verschiedenen Formen** auftreten kann, die folgendes Beispiel veranschaulichen soll:

a) Rp
Hydrargyri chlorati 0,05
Sacchari Lactis 0,5
M.D.S. (Misce, Da, Signa = Mische! Gib! Bezeichne!)

Bedeutung: Die Substanzen sollen gemischt, in ein Behältnis gegeben und dieses (mit einer Gebrauchsanweisung) beschriftet werden. Es handelt sich hierbei um ein sog. **ungeteiltes Schachtelpulver.**

b) Rp.
Hydrargyri chlorati 0,05
Sacchari Lactis 0,5
M. f. pulv. d(ent). t(al). dos. Nr. X
(Misce, [ut] fiat pulvis; dentur tales doses numero X =
Mische, daß ein Pulver entstehe;
10 solche Einzelgaben sollen gegeben werden!)

Bedeutung: Die für ein einzelnes Pulver (zu 0,55 g) angegebenen Substanzmengen müssen zunächst mit 10 multipliziert, hierauf gemischt und schließlich in 10 einzelne Pulver zu 0,55 g abgeteilt werden. Es handelt sich hierbei um sog. **abgeteilte Pulver** bzw. die sog. **Dispensiermethode.**

c) Rp.
Hydrargyri chlorati 0,5
Sacchari Lactis 5,0
M. f. pulv. div. i. part. aeq. Nr. X
(Misce, [ut] fiant pulveres; divide in partes aequales numero X = Mische, daß Pulver entstehen; teile in 10 gleiche Teile!)

Bedeutung: Die Substanzen sollen gemischt und hierauf in 10 einzelne Pulver zu 0,55 g abgeteilt werden. Es handelt sich hierbei ebenfalls um **abgeteilte Pulver** bzw. die weniger gebräuchliche sog. **Dividiermethode.**

In den meisten Fällen beschränkt sich die Subscriptio jedoch auf die Formel M.D.S. (mit oder ohne Gebrauchsanweisung).

V. Die Signatura oder Aufschrift gibt den Verwendungszweck bzw. die Gebrauchsanweisung an; sie ist stets **in deutscher Sprache** abgefaßt und vom Apotheker — zusammen mit dem Namen des Patienten (Nomen Aegroti) — auf das jeweilige Behältnis zu übertragen. Einige Signaturangaben sind dagegen nur für den Apotheker bestimmt und werden deshalb lateinisch geschrieben (z. B. cito, ad vitrum amplum, ad usum proprium, repetatur, pro infantibus).

Dieser **Aufbau** ist **bei den** heute verwendeten vorgedruckten **Kassenrezeptformularen** insofern verändert, als die Inscriptio am Schluß der Verordnung in Form des Kassenarztstempels erscheint, während der obere Teil des Rezeptblattes der Eintragung der jeweiligen Kasse sowie des Patientennamens vorbehalten ist. Zudem werden heute meist Arzneispezialitäten verordnet, so daß die Ordinatio/Praescriptio lediglich aus dem Namen eines oder mehrerer Fertigpräparate und die Subscriptio nicht aus einer Arbeitsanweisung, sondern der Angabe der gewünschten Packungsgröße besteht. Ein solches Rezept setzt sich demnach aus folgenden Teilen zusammen:

Bezeichnung | **Beispiel (Muster)**

I. Name der Krankenkasse

Nomen Aegroti
(dazu weitere Angaben)

II. Invocatio

III. Ordinatio/ Praescriptio

IV. Subscriptio (Signatura)

V. Inscriptio — Nomen Medici

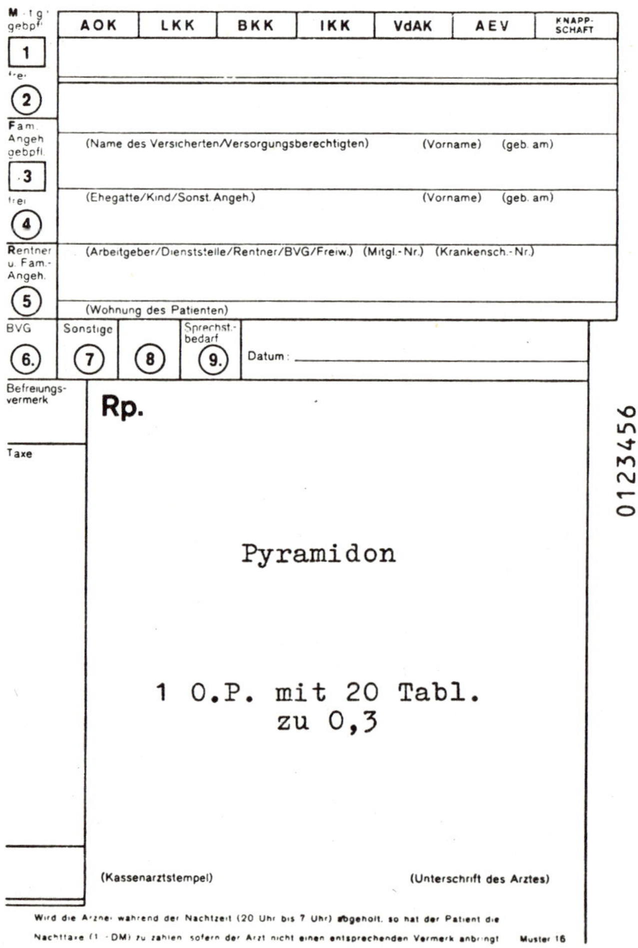

Folgende Rezept-Beispiele sollen die lateinische Form der — fast stets abgekürzten — ärztlichen Verordnungen nochmals veranschaulichen:

Rp.
Morphin(i) hydrochlor(ici) 0,012
Atropin(i) sulfur(ici) 0,06
Mass(ae) supp(ositoriorum)
q(uantum) s(atis)
M(isce) f(iat) supp(ositorium);
d(entur) t(ales) d(oses) Nr. XII
S(igna) Bis 3mal tägl. 1 Zäpfchen
noctu! cito!

Rp.
Anaesthesin(i) subt(iliter)
pulv(erati)
Extr(acti) Hamamel(idis)
fluid(i) āā 5,0
Liq(uoris) Alum(inii) acet(ici)
20,0
Ung(uenti) Alcohol(um) Lan(ae)
ad 100,0
M(isce) f(iat) ung(uentum)
S(igna) Äußerlich
Bis rep(etatur)!

Rp.
Atropin(i) sulfur(ici) 0,03
Extr(acti) Faec(is) 6,0
Glycerin(i) q(uantum) s(atis)
M(isce) f(iant) pil(ulae) Nr. LX
D(a) S(igna) 3mal tägl. 1 Pille

Rp.
Inf(usi) Rad(icis) Ipecac(uanhae)
0,5/175,0
Spir(itus) Anis(i) comp(ositi) 5,0
Sir(upi) Alth(aeae)
Sir(upi) simpl(icis) āā ad 200,0
M(isce) D(a) S(igna)
ad us(um) prop(rium)

B. Medizinisch-Pharmazeutische Abkürzungen auf Rezepten

Folgende Übersicht enthält nahezu alle lateinischen — in der Praxis unterschiedlich gehandhabten — Rezept-Abkürzungen, wobei entgegen der sonst üblichen Schreibweise die lateinischen Substantive dann klein geschrieben werden, wenn sie in Form eines Hinweises und nicht als einzelner Fachausdruck erscheinen.

Abkürzung	Auflösung	Bedeutung
aa (āā)	ana partes aequales	**zu gleichen Teilen**
āā ad	ana partes aequales ad	**zu gleichen Teilen auffüllen auf ...**
abs.	absolutus	ganz rein, absolut
a. c.	ante cenam (cibum)	vor der Mahlzeit
ad(d).	adde	fülle auf, füge hinzu!
ad baln.	ad balneum	zum oder für das Bad
ad caps. amyl.	ad capsulam amylaceam	in Oblatenkapsel

Abkürzung	Auflösung	Bedeutung
ad caps. gelat.	ad capsulam gelatinosam	in Gelatinekapsel
ad chart.	ad chartam	in Papier(beutel)
ad chart. cer.	ad chartam ceratam	in Wachspapier(beutel)
adl./ad lib.	ad libitum	nach Belieben
ad man. med.	ad manus medici	**zu Händen des Arztes**
ad oll. alb.	ad ollam albam	in weiße Kruke
[ad oll. all.]	ad ollam allatam	in zurückgebrachte Kruke
ad rat.	ad rationem	auf Rechnung
ad sacc. pap.	ad sacculum papyraceum	in Papierbeutel
ad scat.	ad scatulam	in eine Schachtel
ad us. ext.	ad usum externum	**zum äußeren Gebrauch**
ad us. intern.	ad usum internum	**zum inneren Gebrauch**
ad us. med.	ad usum medicinalem	**zum arzneilichen Gebrauch**
ad us. propr.	ad usum proprium	**zum eigenen Gebrauch**
ad us. vet.	ad usum veterinarium	**zum tierarzneilichen Gebrauch**
[ad vitr. all.]	ad vitrum allatum	in zurückgebrachte Flasche
aeq./aequal.	aequalis	gleich
alb.	albus	weiß
albiss.	albissimus	sehr weiß
alcoh. dep.	alcohole depuratus	durch Alkohol gereinigt
amer.	americanus	amerikanisch
Amp.	Ampulla	**Ampulle**
anhydr.	anhydricus	wasserfrei
Aq.	Aqua	**Wasser**
Aq. comm.	Aqua communis	Trinkwasser
Aq. dem.	Aqua demineralisata	**entmineralisiertes Wasser**
Aq. dest.	Aqua destillata	**destilliertes Wasser**

Abkürzung	Auflösung	Bedeutung
Aq. ferv.	Aqua fervida	heißes Wasser
Aq. font.	Aqua fontana	Trinkwasser
aquos.	aquosus	**wäßrig**
aut simil.	aut simile/similia	oder ähnliches
Bac.	Bacillus, Baculus	Stäbchen; Stab
bidest.	bidestillatus	**doppelt destilliert**
bisdep.	bisdepuratus	doppelt gereinigt
bisrectif.	bisrectificatus	doppelt rektifiziert
C	centum	**100**
C		**Centesimalpotenz (z. B. C 3)**
caerul.	caeruleus	blau
calc.	calcinatus	geglüht, kalziniert
Caps.	Capsula	**Kapsel**
Caps. amyl.	Capsula(e) amylacea(e)	Stärkekapsel(n), Oblate(n)
Caps. cerat.	Capsula(e) cerata(e)	Wachskapsel(n)
Caps. gelatin.	Capsula(e) gelatinosa(e)	Gelatinekapsel(n)
Caps. papyr.	Capsula(e) papyracea(e)	Papierkapsel(n)
cave		hüte dich! Vorsicht!
Chart. cerat.	Charta cerata	Wachspapier
chem. (pur.)	chemice (purus)	auf chemische Weise, chemisch (rein)
cito (subito)		**schnell! (sofortige Anfertigung)**
coct.	coctus	gekocht
col.	cola	koliere!
comp./cp.	compositus	**zusammengesetzt**
compr.	compressus	zusammengepreßt
Compr.	Compretten®	**Tabletten von „MBK"**
conc.	concentratus	**konzentriert**
conc(is)./cc.	concisus	ge(zer)schnitten

Abkürzung	Auflösung	Bedeutung
conc(is). gross.	concisus grosse	grob zerschnitten
consp.	consperge	bestreue!
Const.	Constituentia	Arzneiträger (Vehikel)
cont.	contunde	zerstoße!
cont.	contusus	gequetscht, zerstoßen
coq.	coque/coquatur	koche! / es werde gekocht
corros.	corrosivus	ätzend
Cort.	Cortex	**Rinde**
crd./crud.	crudus	**roh**
crist.	cristallisatus	kristallisiert
ctr.	contra	gegen
c̄.	cum	**mit**
c. bract.	cum bracteis	mit Deckblättern
c. calicib.	cum calicibus	mit (Blüten-)Kelchen
c. f. c. n.	cum formula cum nomine	mit Rezeptformel (auf der Signatur)
c. flor.	cum floribus	mit Blüten
c. instill.	cum instillatore	mit Tropfer (Tropfpipette)
c. penic.	cum penicillo	mit Haarpinsel
c. s.	cum signatura	mit Signatur(-preis)
D	quingenti	**500**
D		**Dezimalpotenz (z. B. D 3)**
d.	da/de(n)tur	**gib! / es werde(n) gegeben**
d. s.	da, signa/ de(n)tur, signetur	**gib! bezeichne! / es werde(n) gegeben, bezeichnet**
Decoct.	Decoctum	**Abkochung**
dep.	depuratus	**gereinigt**
digest.	digestivus	verdauungsfördernd

Abkürzung	Auflösung	Bedeutung
dil.	dilutus	**verdünnt**
Dilut.	Dilutio	**Verdünnung, Dilution**
d(iv).	divide	**teile!**
div. i. part. aeq.	divide in partes aequales	**teile in gleiche Teile!**
dos.	dosis	Dosis
D. l.	Dosis letalis	tödliche Dosis
Dr(a)g.		**Dragée(s)**
d. t. d.	dentur tales doses	**solche Einzelgaben sollen gegeben werden**
elect.	electus	ausgelesen
Empl.	Emplastrum	**Pflaster**
Emuls.	Emulsio	**Emulsion**
examar.	examaratus	entbittert
Excip.	Excipientia (Excipientes)	Arzneiträger (Vehikel)
ex[de]cort.	ex[de]corticatus	ausgeschält [entrindet]
express.	expressus	ausgepreßt
exsicc.	exsiccans/exsiccatus	austrocknend/ausgetrocknet
Extr.	Extractum	**Extrakt**
f.	fia(n)t	**es soll(en) entstehen [gemacht werden]**
f. l. a.	fiat lege artis	es geschehe nach den Regeln der Kunst
factit.	factitius	künstlich
fervid.	fervidus	siedend
filtr.	filtra	filtriere!
fiss.	fissus	gespalten
flav.	flavus	gelb

Abkürzung	Auflösung	Bedeutung
Flor.	Flores	**Blüten**
fluid.	fluidus	**flüssig**
fort.	fortis	**stark(wirkend)**
frig. par.	frigide paratus	kalt bereitet
Fruct.	Fructus	**Früchte**
fus.	fusus	gegossen
Glob. vag.	Globuli vaginales	**Vaginalkugeln**
granul. Gran.	granulatus Granulum	gekörnt Körnchen
gr(oss).	grossus (grosse)	**grob**
gr. mod. pulv. **gr. pulv.**	grosso modo pulveratus grosse pulveratus	grob gepulvert
gtt(s)	guttas [Akk. Plur. von gutta]	**Tropfen**
Herb.	Herba	**Kraut**
i. bacill.	in bacillis	in Stäbchen
i. bacul.	in baculis	in Stangen
i. fasc.	in fascibus (fasciculis)	in Bündeln (Bündelchen)
i. fol.	in foliis	in Blättern
i. glob.	in globulis	in Kugeln
i. gran.	in granis	in Körnern
i. lacr.	in lacrimis	in „Tränen“
i. lam.	in lamellis	in Blättchen
i. sort.	in sortibus	in natureller, nicht ausgelesener Ware
i. tabul.	in tabulis	in Tafeln
i. g.	intra (musculum) glutaeum	in den Gesäßmuskel, intraglutäal
i.m.	intra musculum	**in den Muskel, intramuskulär**

Abkürzung	Auflösung	Bedeutung
inc.	incisus	eingeschnitten
inf.	infunde	gieße auf!
Inf.	Infusum	**Aufguß**
Inj.	Injectio	**Einspritzung**
inspiss.	inspissatus	eingedickt
i. p.	intra periton(a)eum	intraperitoneal
i. p.	ipse paratus	selbst bereitet
it.	iteretur	darf wiederholt werden
i.v.	intra venam	**in die Vene, intravenös**
K.P.		**Kassenpackung**
L	quinquaginta	**50**
l. a.	lege artis	kunstgerecht, vorschriftsmäßig
laevig.	laevigatus	geschlämmt
leviss.	levissimus	sehr leicht
Lign.	Lignum	**Holz**
Linim.	Linimentum	**Liniment**
Liq.	Liquor	**Flüssigkeit, Liquor**
liquef.	liquefactus	verflüssigt, flüssig gemacht
liquid.	liquidus	**flüssig**
M	mille	**1000**
m.	misce/misceatur	**mische! / es werde gemischt**
M. D. S. / m. d. s.	Misce, Da, Signa (misce, da, signa)	**Mische, Gib, Bezeichne!**
M. F. / m. f.	misce, [ut] fia(n)t	**Mische, damit werde(n), entstehe(n)!**
mac.	macera	mazeriere!
Mass.	Massa	**Grundmasse**
M. pil.	Massa pilularum	**Pillenmasse**
max(im).	maximus	größte (Sorte)

Abkürzung	Auflösung	Bedeutung
med.	medius	mittlere (Sorte)
min. conc.	minutim concisus	fein geschnitten
mit.	mitis	**mild(wirkend)**
Mixt.	Mixtura	**Mixtur, Mischung**
M. m.	Morphinum muriaticum	**Morphinhydrochlorid**
Muc.	Mucilago	**Schleim**
mund.	mundatus	geschält, gereinigt
mur.	muriaticus	salzsauer (= hydrochloricus)
nat.	naturalis	**natürlich**
Nebul.	Nebulae	Oblaten
ne reit. **ne rep(et).**	ne reiteretur ne repetatur	**darf nicht wiederholt werden!**
nigr.	niger	schwarz
noctu		**nachts (Anfertigung im Nachtdienst)**
norm.	normatus	eingestellt
Nr. (No)	numero	**in der Zahl von . . .**
obd.	obduce	überziehe!
oll. alb.	olla alba	weiße Kruke (Porzellan)
oll. gris.	olla grisea	graue Kruke (Ton)
O. P.		**Originalpackung**
Oplx.		**Oligoplex®**
opt.	optimus	beste (Sorte)
p. c.	post cenam (cibum)	nach der Mahlzeit
penic.	penicillus	Haarpinsel
p. o.	per os	durch den Mund, oral
P-Glas		Pipettenglas
Pil.	Pilulae	**Pillen**

Abkürzung	Auflösung	Bedeutung
plan. sol.	plane solubilis	vollständig löslich
Pot.	Potio	**Trank**
praec.	praecipitatus	**gefällt**
p. a.	pro analysi	**für die Analyse (chemisch rein)**
pro baln.	pro balneo	**für das Bad**
pro comm.	pro communitate	für die Arztpraxis
pro d.	pro die	**für den Tag**
pro d(os).	pro dosi	**für die Einzelgabe**
pro inf(ant).	pro infantibus	**für Kinder**
pro inf(us).	pro infusione	**zur Infusion**
pro inject.	pro injectione	**zur Injektion**
pro med.	pro medico	**für den Arzt**
pro ord. pro prax. pro stat.	pro ordinatione **pro praxi** pro statione	für die Arztpraxis
pro us. ext.	pro usu externo	**zum äußeren Gebrauch**
pro us. int.	pro usu interno	**zum inneren Gebrauch**
pro us. med.	pro usu medicinali	**zu arzneilichem Gebrauch**
pro us. vet.	pro usu veterinario	**zu tierarzneilichem Gebrauch**
p.	pulveratus	**gepulvert**
Pulv.	Pulvis	**Pulver**
p. gross.	pulvis grossus	**grobes Pulver**
plv. subt.	pulvis subtilis	**feines Pulver**
p./pur.	purus	**rein**
puriss.	purissimus	**ganz rein**
q. l.	quantum libet	genügend viel
q. s.	quantum satis	**soviel als nötig**
Rad.	Radix	**Wurzel**
raff.	raffinatus	gereinigt, raffiniert

Abkürzung	Auflösung	Bedeutung
rasp.	raspatus	geraspelt
rec.	recens	**frisch**
rec. par.	recenter paratus	**frisch bereitet**
recrist.	recristallisatus	umkristallisiert
rect(if).	rectificatus	gereinigt, rektifiziert
rectfss.	rectificatissimus	höchst gereinigt
reit.	reiteretur	**darf wiederholt werden!**
rep.	repetatur	**darf wiederholt werden!**
Remed.	Remedium	Heilmittel
Rhiz.	Rhizoma	**Rhizom, Wurzelstock**
Rot.	Rotula	**Plätzchen**
Rp.	Recipe	**Nimm!**
rubr.	ruber	rot
s./S.	signa	**Bezeichne!**
s.	sine	**ohne**
s. a.	secundum artem	kunstgerecht
s.c.	sub cutem	**unter die Haut, subkutan**
scat.	scatula	Schachtel
sedens		sitzend (Patient wartet auf die Zubereitung)
Sem.	Semen	**Samen**
sicc.	siccus / siccatus	**trocken/getrocknet**
simil.	similis	ähnlich
sine calic.	sine calicibus	ohne (Blüten-)kelche
[sine conf.]	sine confectione	**ohne (Original-)Verpackung**
[sine cop.]	sine copia	**ohne Rezeptabschrift**
s. o.	sine olla	(Preis) ohne Kruke

Abkürzung	Auflösung	Bedeutung
s. pret.	sine pretio	ohne Preis(berechnung)
s. v.	sine vitro	**(Preis) ohne Gefäß**
Sir.	Sirupus	**Sirup**
solv.	solve	löse!
solv. len. cal.	solve leni calore	löse bei gelinder Wärme!
sol./Sol.	Solutio	**Lösung**
sol(ut).	solutus	**gelöst**
Spec.	Species	**Teemischung**
Spir(it).	Spiritus	**Weingeist(zubereitung)**
spirit.	spirituosus	**weingeisthaltig**
spiss.	spissus	**dickflüssig**
steril.	sterilisa	**sterilisiere!**
s. f. s. n.	sub formula sub nomine	mit Rezeptformel (zu signieren)
sub sign. ven.	sub signo veneni	mit der Signatur „Gift“ (abzugeben)
subl.	sublimatus	**sublimiert**
subt.	subtilis	**fein**
subt. pulv.	subtiliter pulveratus	**fein gepulvert**
subt(li)ss. pulv.	subtilissime pulveratus	feinst gepulvert
s. q.	sufficiens quantitas	genügende Menge
Supp.	Suppositorium	**Zäpfchen**
Tabl.	Tabulettae	**Tabletten**
t(al). d(os).	tales doses	**solche Einzelgaben**
Tct./Tinct.	Tinctura	**Tinktur**
titr.	titratus	eingestellt
tost.	tostus	geröstet
tot.	totus	**ganz**

Abkürzung	Auflösung	Bedeutung
Trit.	Trituratio	**Verreibung, Trituration**
U(n)gt.	Unguentum	**Salbe**
Ungt. ophthalm.	Unguentum ophthalmicum	Augensalbe
ust.	ustus	gebrannt
us.	usus	Gebrauch
u. a. f.	ut aliquid fiat	damit etwas geschehe (indifferente Verordnung)
ut f.	ut fiat	damit entstehe, werde
v(ap). p(ar).	vapore paratus	durch (in) Dampf bereitet
venal.	venalis	handelsüblich
ver.	verus	wahr, echt
verte		wende! (das Blatt)
veterin.	veterinarius	für Tiere bestimmt
v. h. p.	via humida paratus	auf feuchtem Wege bereitet
virid.	viridis	grün
v. ampl.	vitrum amplum	**Weithalsflasche**
v. hom.	vitrum homoeopathicum	homöopathische Flasche
v. gutt. v. patent. v. rost.	vitrum guttat(ori)um vitrum patentatum vitrum rostratum	Tropfflasche
v. pip.	vitrum pipettatum	**Pipettenflasche**
v. s.	vitrum simplex	einfache Flasche
v. tect.	vitrum tectum	Flasche mit Glasstöpsel
vulg.	vulgaris	gewöhnlich
[z. H. d. A.		**zu Händen des Arztes]**

C. Abkürzungen verschiedener Herkunft

Folgende Übersicht enthält in begrenzter Auswahl Abkürzungen verschiedener Herkunft, wobei chemische Kurzbezeichnungen, biologische Testeinheiten, physikalische Meßgrößen, Symbole u. a. m. weitgehend unberücksichtigt geblieben sind. Vielmehr soll damit lediglich ein Überblick über diejenigen Bereiche gegeben werden, denen die in der pharmazeutischen Praxis üblichen Abkürzungen entstammen.

Abkürzung	Auflösung
ABDA	Arbeitsgemeinschaft der Berufsvertretungen Deutscher Apotheker
ABO (ApoBO)	Apothekenbetriebsordnung
ACTH	Adrenocorticotropes Hormon
Add.	Addendum
ÄDTA	Äthylendiamintetraacetat
A. E.	Antitoxin-Einheit
AG	Atomgewicht
AK	Antikörper
A-Kohle	Aktivkohle
AMG	Arzneimittelgesetz
AMP	Adenosinmonophosphat
ApG	Apothekengesetz
APV	Arbeitsgemeinschaft für Pharmazeutische Verfahrenstechnik
AT	Arzneitaxe
Ax. E.	Axolotl-Einheit
AZ	Alkoholzahl
A.Z.R.	Aschheim-Zondek-Reaktion
BAK	Bundesapothekerkammer
BGA	Bundesgesundheitsamt
B P (Brit. Ph.)	British Pharmacopoeia
BtM	Betäubungsmittel
BtMVVO	Betäubungsmittelverschreibungsverordnung
BVK	B-Vitamin-Komplex
Ca	Carcinom
CMC (KMK)	Critical Micell Concentration
Cod. franç.	Codex français
CRS	Chemische Referenzsubstanz
DAB	Deutsches Arzneibuch

Abkürzung	Auflösung
DAC	Deutscher Arzneimittel-Codex
DC	Dünnschicht-Chromatographie
DCI (INN)	Dénominations Communes Internationales
DD	Differentialdiagnose
DDT	Dichlor-diphenyl-trichloräthan
D. E.	Digitalis-Einheit
DHE	Dihydroergotamin
Di	Diphtherie
DMSO	Dimethylsulfoxid
DNS	Desoxyribonukleinsäure
DOPA	Dioxyphenylalanin
DPhG	Deutsche Pharmazeutische Gesellschaft
DPT	Diphtherie-Pertussis-Tetanus
DRF	Deutsche Rezeptformeln
DRK	Deutsches Rotes Kreuz
DT	Diphtherie-Tetanus
E	Extinktion
ED	Einzeldosis
EDV	Elektronische Datenverarbeitung
EEG	Elektroenzephalogramm
EHG (EMD)	Einzelhöchstgabe
EKG	Elektrokardiogramm
EMD (EHG)	Einzelmaximaldosis
Erg.-B.	Ergänzungsbuch
EuAB (Ph. Eur.)	Europäisches Arzneibuch
EZ	Esterzahl
F	Faktor, Titer
FD	Froschdosis
FDA	Food and Drug Administration [USA]
F. I. P.	Fédération Internationale Pharmaceutique
FMB	Formulae Magistrales Berolinenses
Fp.	Fusionspunkt (Schmelzpunkt)
GC	Gas-Chromatographie
GG	Gamma-Globulin
GMP	Good Manufacturing Practice
GU	Grundumsatz

Abkürzung	Auflösung
HAB	Homöopathisches Arzneibuch
HAM	Höchstabgabemenge
Hb	Hämoglobin
H.V.	Handverkauf
HVL	Hypophysenvorderlappen
HWZ	Halbwertzeit
I. E. (I. U.)	Internationale Einheit
I. U. (I. E.)	International Unit
INH	Isonikotinsäurehydrazid
INN (DCI)	International Nonproprietary Names (generic names)
I. P.	Isoelektrischer Punkt
IR	Infrarot
ISO	International Standards Organization
IUPAC	International Union of Pure and Applied Chemistry
JZ	Jodzahl
KMK (CMC)	Kritische Mizellkonzentration
Komm.	Kommentar
Kp.	Kochpunkt (Siedepunkt)
KW	Kohlenwasserstoff(e)
LD	Letaldosis
LSD	Lysergsäurediäthylamid
M-	Molar-
MAK	Maximale Arbeitsplatz-Konzentration
MG (Mol.-Gew.)	Molekulargewicht
MKS	Maul- und Klauenseuche
M. m.	Morphinum muriaticum (= hydrochloricum)
M. P.	Marfanil Prontalbin
MS	Massenspektroskopie
MS	Multiple Sklerose
MWG	Massenwirkungsgesetz
N-	Normal-
ND	Normdosis
NF	National Formulary [USA]
NFN	Nordisk Farmakopénoevn
NK	Normkonzentration
NMR	Nuclear Magnetic Resonance

Abkürzung	Auflösung
NNR	Nebennierenrinde
NS-Amp.	Novocain-Suprarenin-Ampulle(n)
ÖAB	Österreichisches Arzneibuch
OMS (WGO)	Organisation Mondiale de la Santé
PAS	Paraaminosalizylsäure
PC	Papier-Chromatographie
P-Faktor	Blutgruppenfaktor
*p*H	potentia Hydrogenii (Wasserstoffionenexponent: negativer dekadischer Logarithmus der Wasserstoffionenkonzentration)
PHB	Parahydroxybenzoesäure
Ph. Dan.	Pharmacopoea Danica
Ph. Eur. (EuAB)	Pharmacopoea Europaea
Pharm. franç.	Pharmacopée française
Ph. Helv.	Pharmacopoea Helvetica
Ph. Int. (PI)	Pharmacopoea Internationalis
Ph. Nord.	Pharmacopoea Nordica
P. M.	Praescriptiones Magistrales
PolVO	Polizeiverordnung
ppm	parts per million
PTA	Pharmazeutisch-Technische(r) Assistent(in)
PVC	Polyvinylchlorid
PZ	Peroxidzahl
®	Registered [as Trade Mark] (eingetragenes, geschütztes Warenzeichen)
R	Reagenz
RES	Retikuloendotheliales System
RF	Retention Factor
Rh-Faktor	Rhesus-Faktor
RIM	Reïterationsmenge
RNS	Ribonukleinsäure
RRW	Relativer Retentionswert

Abkürzung	Auflösung
Sdp	Siedepunkt
Smp	Schmelzpunkt
STADA	Standardpräparate Deutscher Apotheken
Suppl.	Supplement(um)
Svenska F.	Svenska Farmakopén (Pharmacopoea Svecica)
SZ	Säurezahl
Tb (Tbc/Tbk)	Tuberkulose
THG (TMD)	Tageshöchstgabe
TMD (THG)	Tagesmaximaldosis
TTH	Thyreotropes Hormon
Ty	Typhus
USP	United States Pharmacopoeia
UV	Ultraviolett
VO	Verordnung
Vol.	Volumen
VZ	Verseifungszahl
Wa. R.	Wassermann-Reaktion
WGO (OMS/WHO)	Weltgesundheitsorganisation
WHO (WGO/OMS)	World Health Organization
WZ	Warenzeichen
ZNS	Zentralnervensystem
Φ	Urtinktur

ÜBUNG: In welche Teile gliedert sich ein „lege artis“ ausgestelltes Rezept? In welcher Form kann die „Subscriptio“ erscheinen? Wie heißen die wichtigsten Applikationsarten? Was bedeuten die folgenden Abkürzungen: āā — ad man. med. — D₃ — d.tal.dos. — M.D.S. — p.a. — rec. par. — Rp. — Rep. — s.v. — EHG (EMD) — THG (TMD)? Wie lauten folgende Rezeptvorschriften in ausgeschriebener Form und wie heißen die aufgeführten Ingredientien im Deutschen?

Rp.	*Bismut. subgall.*	*5,0*
	Zinc. oxydat. c. Talc.	*25,0*
	Ol. Lini	*10,0*
	Ad. Lan. anhydr.	*ad 50,0*
	M. f. pasta	
	D. ad oll.	
	S. ad us. extern.	

Rp.	*Fruct. Carvi*	
	Herb. Rutae	*āā 10,0*
	Rad. Valerian.	
	Fol. Melissae	*āā 15,0*
	Flor. Crataegi	*20,0*
	Visci alb.	*30,0*
	M.D.S.	

ANHANG

Wichtige englische Fachausdrücke

Folgende Übersicht enthält in alphabetischer Reihenfolge wichtige englische Fachausdrücke aus den Gebieten der Chemie, Pharmazeutischen Technologie, Pharmakologie und Biopharmazie, soweit sie als selbständige bzw. allgemeine Termini Eingang in die Fachsprache gefunden haben; dabei sind sowohl die englischen Bezeichnungen für bestimmte Arzneiformen (→ Abschnitt XI) als auch die auf englische Begriffe zurückgehenden Abkürzungen (→ Abschnitt XII) unberücksichtigt geblieben. Im übrigen zielt diese Zusammenstellung nicht auf Vollständigkeit ab, sondern soll lediglich zeigen, daß die heutige pharmazeutisch-medizinische Terminologie ihr Vokabular nicht mehr nur aus dem griechisch-lateinischen, sondern in zunehmendem Maß aus dem englischen Sprachschatz bezieht.

Bezeichnung	Erklärung
absorption	Resorption [nicht Absorption!]
absorption bases	wasseraufnahmefähige Salbengrundlagen
addiction → drug dependence	
air suspension technique	Wirbelschichtverfahren → Trocknungsverfahren
antisticking agents	Gegenklebemittel (Formentrennmittel)
availments	Teilmenge eines Arzneistoffes, die zu einem bestimmten Zeitpunkt das Blut noch nicht erreicht hat, aber zur Invasion ansteht → occupancy, transfer, transit
basis peak → peak	
bio- availability	biologische Verfügbarkeit (Maß für die Arzneistoffmenge, die zur Resorption verfügbar ist) → Liberation
bottle pack-Verfahren	rationelle Methode automatischer Flüssigkeitskonfektionierung
bubble point test	Blasendruck-Methode (zur Bestimmung des größten Porendurchmessers eines Membranfilters)
caking	„Kuchenbildung": Zusammenbacken des Sediments bei Suspensionen nach Lagerung → Zementation
carrier	strukturspezifische Trägersubstanz (z. B. Proteinträger) → aktiver Transport

Bezeichnung	Erklärung
clearance	„Klärwert": Diejenige Blutplasma-Menge in ml, die pro Minute durch die Nierentätigkeit von einem bestimmten Stoff (z. B. Inulin) befreit wird → Nierendiagnostik
cluster	Molekülverband → Agglomeration
coating	„Überziehen": Dragieren
dry-(press-)	Herstellung von Manteltabletten
enteric-	Überziehen von Formlingen mit magensaftresistenten Schichten
film-	Überziehen von Formlingen mit dünnen Schichten makromolekularer Stoffe
compartments	Kompartimente (Verteilungsräume im Körper)
conformation	Konformation (Konstellation)
eclipsed-	verdeckte-
envelope-	„Briefumschlag"-
gauche (skew)-	„windschiefe"-
skewed-	schiefe-
staggered-	gestaffelte-
conformational perturbation	durch ein Arzneimittel ausgelöste Veränderungen der Konformation und der Ladungsverteilung (z. B. des Rezeptors) → Rezeptor-Theorie
content uniformity	gleicher Arzneistoffgehalt (bei den einzelnen Vertretern einer Charge)
cross linking	intramolekulare Vernetzung der Polymerketten über gebundene Wirkstoffmoleküle
cross over test	statistische Auswertungsmethode bei biologischen Wertbestimmungen [Prüfungen quantitativer Merkmale]
deadstop-Methode	Bestimmung des Endpunktes bei der Karl Fischer-Titration
downcurve	Abwärtskurve (in der graphischen Darstellung der Thixotropie) ←→ upcurve → Rheologie
drug	Pharmakon [nicht Droge!]
drug dependence	Arzneimittelabhängigkeit
addiction	körperliche Abhängigkeit, Sucht
drug habituation, habit	psychische Abhängigkeit, Gewohnheitsbildung

Bezeichnung	Erklärung
efficacy → intrinsic activity	
encapsulation	Kapsulierung (Mikroverkapselung)
extrinsic factor	Vitamin B_{12} (Cyanocobalamin) ←→ intrinsic factor
feed back-Mechanismus	„Rückkoppelung": Gegenseitige Regulation von peripheren Hormonen und tropen HVL-Hormonen
fingerprint-Gebiet	„Fingerabdruckgebiet" zur Identitätsermittlung von Substanzen (Bereich des IR-Spektrums)
freeze drying	Gefriertrocknung (Lyophilisation)
glidants	Fließ(regulierungs)mittel [Gleitmittel im engeren Sinn]
habit → drug dependence	
half change -Methode	Verfahren zur Bestimmung der Arzneistoffabgabe aus Arzneiformen mit protrahierter Wirkung
hydration	Hydratation
hydrophile lipophile balance [HLB]	Lage des Gleichgewichts zwischen dem hydrophilen und dem lipophilen Teil eines Tensidmoleküls → HLB-System: Anordnung der Tenside nach ihren HLB-Werten [n. Griffin]
in line filter	vorgeschaltetes Filter (z. B. vor eine Injektionsnadel)
in process control	Zwischenkontrolle verschiedenster Art bei der Arzneimittelherstellung
intrinsic activity (efficacy)	Fähigkeit eines Arzneimittels, nach Anlagerung an den Rezeptor einen Effekt auszulösen → Rezeptor-Affinität
intrinsic factor	Mucoproteid in der Magenschleimhaut, das durch Bindung des Vitamin B_{12} dessen Resorption ermöglicht ←→ extrinsic factor
jelly strength	Gel-Festigkeit
laminar (air)flow [LF]	turbulenzarme Strömungsführung hochgereinigter Luft → aseptisches Arbeiten
lubricants	Schmiermittel (z. B. Matrizengleitmittel)
mesh	Maß für die Korngröße (Anzahl der Maschen eines Siebes pro Zoll bei gegebener Materialstärke)
messenger-RNS	„Boten"-RNS → Proteinsynthese

Bezeichnung	Erklärung
occupancy	Teilmenge eines Arzneistoffes, die sich zu einem bestimmten Zeitpunkt im Blut befindet und dort eine bestimmte meßbare Konzentration bewirkt → availments, transfer, transit
orbital	„Ladungswolke": Elektronen-Wellenfunktion zur Beschreibung der Elektronenstellung
peak	„Gipfel" in der graphischen Darstellung einer Kurve
basis-	„Gipfel" mit der größten Höhe (Bezugsnorm zu den übrigen peaks)
pool	Reservoir
propellants	Treibmittel (z. B. bei Aerosolen)
rate constant of elimination (turnover constant)	Eliminations(geschwindigkeits) konstante: Menge der im Verteilungsvolumen vorhandenen, pro Zeiteinheit umgesetzten Substanz)
rebound-Effekt	„Rückpralleffekt": Hormonaler Regulationsmechanismus (Bremseffekt)
release	Freisetzung eines (vorher fixierten) Stoffes (Liberation)
delayed-	verzögerte-
prolonged-	verlängerte (protrahierte)-
repeat (layered time)-	gestaffelte-
sustained-	hinhaltende-
rotating disk-Methode	Verfahren zur Bestimmung der Lösungsgeschwindigkeit
scavenger	Radikal-„Fänger" (z. B. Jod für Methylradikale)
second messenger	intrazelluläre Überträgersubstanz (zyklisches AMP)
(self) emulsifying waxes	emulgierende Alkohole
solvation	Solvatation
spin	Elektronendrehimpuls
low spin complex (inner orbital complex)	„Durchdringungskomplex"
high spin complex (outer orbital complex)	„Anlagerungskomplex"

Bezeichnung	Erklärung
spreading-Effekt	„Ausbreitung“: Beschleunigte Verteilung intra- und subkutan injizierter Stoffe durch Beigabe von Hyaluronidase → Resorption
spreading factor	Hyaluronidase (Enzym, das die Hyaluronsäure abbaut) → spreading-Effekt
steady state	Fließgleichgewicht → Physiologie
surface active agents (surfactants)	grenzflächenaktive Substanzen (Tenside)
tracer	derjenige Teil einer (an einem chem., physikal., biolog. oder techn. Vorgang beteiligten) Substanz, dessen Weg sich infolge geeigneter Markierung (z.B. mit einem radioaktiven Isotop) verfolgen läßt
transfer	Teilmenge eines Arzneistoffes, die bis zu einem bestimmten Zeitpunkt resorbiert worden ist → availments, occupancy, transit
transfer-RNS	Träger-RNS → Proteinsynthese
transit	Teilmenge eines Arzneistoffes, die nach Eintritt in das Blut zu einem bestimmten Zeitpunkt bereits irreversibel eliminiert worden ist → availments, occupancy, transfer
transmitter	„Überträgerstoff“: Chemische Substanz, die an den Synapsen die Erregungsübertragung garantiert (Neurotransmitter)
turnover constant (rate constant of elimination)	Umsatzkonstante
two stage homogenization	zweifache Homogenisierung unter verschiedenen Drücken
under cap-Füllung	Verfahren zum Füllen und Verschließen von Aerosol-Behältnissen
upcurve	Aufwärtskurve (in der graphischen Darstellung der Thixotropie) ←→ downcurve → Rheologie
washable ointment bases	abwaschbare Salbengrundlagen

Literaturhinweise

Folgende nach Sachgruppen geordnete Auswahl aus der terminologischen und lexikalischen Literatur wird zur weiteren Information empfohlen:

1. Allgemeine Biologie

Abercrombie, M., Hickman, C. J. und *M. L. Johnson:* Taschenlexikon der Biologie. Übers. nach der 6. engl. Aufl. von J. Querner. Stuttgart 1971.

Ahrens, Gerhard: Naturwissenschaftliches und medizinisches Latein. 4., überarb. u. erw. Aufl. Leipzig 1973.

Fremdwörterbuch naturwissenschaftlicher und mathematischer Begriffe. Hrsg. v. K. Freytag. 2. Aufl. Köln 1971.

Henderson, I. F., Henderson, W. D. und *J. H. Kenneth:* A Dictionary of Biological Terms. 8. Aufl. Edinburgh, London 1967.

Jaeger, E. C.: A Source-Book of Biological Names and Terms. 3. Aufl. Springfield/Ill. 1962.

Schmidt, J. E.: Structural Units of Medical and Biological Terms. Springfield/Ill. 1969.

Werner, Fritz Clemens: Wortelemente lateinisch-griechischer Fachausdrücke in den biologischen Wissenschaften. 3. überarb. u. erw. Aufl. Halle (Saale) 1968 (= Terminologie der Naturwissenschaften und Medizin und ihre Probleme Bd. 1). — Als Taschenbuch: Frankfurt/M. 1972 (suhrkamp taschenbuch 64).

Werner, Fritz Clemens: Die Benennung der Organismen und Organe nach Größe, Form, Farbe und anderen Merkmalen. Halle (Saale) 1970 (= Terminologie der Naturwissenschaften und Medizin und ihre Probleme Bd. 3).

2. Botanik

Bailey, L. H.: How plants get their names. New York 1963 (Nachdruck der Ausgabe von 1933).

Boerner, Franz: Taschenwörterbuch der botanischen Pflanzennamen. 2. erg. u. vervollst. Aufl. Berlin, Hamburg 1966.

Boros, Georg: Lexikon der Botanik. Stuttgart 1958.

International Code of Botanical Nomenclature. Regnum vegetabile Vol. 82. Utrecht 1972.

Mansfeld, Rudolf: Die Technik der wissenschaftlichen Pflanzenbenennung. Berlin 1949.

Schubert, Rudolf und *Günther Wagner:* Pflanzennamen und botanische Fachwörter. 5. verb. Aufl. Radebeul 1971.

Stearn, William T.: Botanical Latin. 2. Aufl. London, Edinburgh 1973.

Vogellehner, Dieter: Botanische Terminologie und Nomenklatur. Eine Einführung. Stuttgart 1972.

Wehrhahn, H. R.: Die botanischen Pflanzennamen. 6. Aufl. Völlig neu bearb. u. erw. von P. Stötzel. Gießen 1955.

Wittstein, G. C.: Etymologisch-botanisches Handwörterbuch. Erlangen 1856 (Nachdruck Wiesbaden 1971).

Zander: Handwörterbuch der Pflanzennamen. 10. Aufl. Neubearb. u. erw. von F. Encke u. G. Buchheim unter Mitarbeit von S. Seybold. Stuttgart 1972.

3. Chemie

Crosland, M. P.: Historical Studies in the Language of Chemistry. London, Melbourne, Toronto 1962.

Flood, W. E.: The origins of chemical names. London 1963.

Fresenius, Philipp und *Herbert Gebler:* Grundzüge der anorganisch- und der organisch-chemischen Nomenklatur in Regeln und Tabellen. Frankfurt/M. 1970.

Fromherz, Hans und *Alexander King:* Englische und deutsche chemische Fachausdrücke. 5. neubearb. Aufl. Weinheim/Bergstr. 1968.

Fromherz, Hans und *Alexander King:* Französische und deutsche chemische Fachausdrücke. Weinheim/Bergstr. 1968.

Hellwinkel, Dieter: Die systematische Nomenklatur der Organischen Chemie. Berlin, Heidelberg, New York 1974 (Heidelberger Taschenbücher HT 135).

Herrler, Rudolf und *Hans G. Winkler:* Chemie-Tabellen. 2. völlig überarb. Aufl. Köln 1970.

Holland, Wolfgang: Die Nomenklatur in der Organischen Chemie. Zürich, Frankfurt/M. 1969.

Jansen, Hubert und *Lutz Mackensen:* Rechtschreibung der technischen und chemischen Fremdwörter. 2. neugest. Aufl. Düsseldorf, Weinheim/Bergstr. 1959.

Manual of Symbols and Terminology for Physicochemical Quantities and Units. Hrsg. von der IUPAC. London 1971.

Richtsätze für die Nomenklatur der Anorganischen Chemie. 4. veränd. Aufl. Weinheim/Bergstr. 1970.

Römpps Chemie-Lexikon. 7. völlig neubearb. u. erw. Aufl. Hrsg. von O.-A. Neumüller. 4 Bde (bisher). Stuttgart 1972—1975.

Ühlein, Erhard: Römpps chemisches Wörterbuch. Stuttgart 1969. — Als Taschenbuch: 3 Bde. München 1974 (dtv Nr. 3131—3133).

Wagner, Kurt: Autoren-Namen als chemische Begriffe. Weinheim/Bergstr. 1951.

Wolff, Robert: Die Sprache der Chemie vom Atom bis Zyankali. Bonn 1971. Mathematisch-Naturwissenschaftliche Taschenbücher (MNT) Bd. 11 (= Dümmlerbuch 4211).

4. Medizin

Bollo, Louise Espey: Introduction to Medicine and Medical Terminology. Philadelphia, London 1961.

Duden. Wörterbuch medizinischer Fachausdrücke. 2., überarb. u. erg. Aufl. Bearb. von K.-H. Ahlheim und H. Lichtenstern. Mannheim, Stuttgart 1973.

Feneis, Heinz: Anatomisches Bildwörterbuch der internationalen Nomenklatur. 3. Aufl. Stuttgart 1972.

Jaeger, E. C.: A Source-Book of Medical Terms. 3. Aufl. Springfield/Ill. 1972.

Kümmel, Werner Friedrich und *Helmut Siefert:* Kursus der medizinischen Terminologie. Stuttgart, New York 1974 (Uni-Taschenbücher UTB 335).

Lembeck, Fred: Das 1 x 1 des Rezeptierens. 4. neubearb. u. erw. Aufl. Stuttgart 1970.

Lexikon der medizinischen Fachsprache. 2 Bde. Hrsg. von D. Tutsch. Reinbek bei Hamburg 1970 (rororo-Handbuch Nr. 6126—6131).

Michler, Markwart und *Jost Benedum:* Einführung in die Medizinische Fachsprache. Medizinische Terminologie für Mediziner und Zahnmediziner auf der Grundlage des Lateinischen und Griechischen. Berlin, Heidelberg, New York 1972.

Porep, Rüdiger und *Wolf-Ingo Steudel:* Medizinische Terminologie. Ein programmierter Kurs zur Einführung in die medizinische Fachsprache. Stuttgart 1974.

Pschyrembel, Willibald: Klinisches Wörterbuch mit klinischen Syndromen. 252., verb. Aufl. Berlin, New York 1975.

Reallexikon der Medizin und ihrer Grenzgebiete. Hrsg. von G. Thiele und H. Walter. 5 Bde (bisher), München, Berlin, Wien 1966—1975.

Schertel, Albrecht: Abkürzungen in der Medizin. Pullach/München 1974.

Schneider, Ilse: Lingua latina medicinalis. Lateinisches Lehrbuch für Mediziner. 4. Aufl. München 1970.

Skinner, H. A.: The Origin of Medical Terms. 2. Aufl. Baltimore 1961.

Taschenlexikon der Medizin. Hrsg. von D. Tutsch. 2., neubearb. u. erw. Aufl. München, Berlin, Wien 1975.

Wie sagt der Arzt? Kleines Synonymwörterbuch der Medizin. Bearb. von K.-H. Ahlheim. Mannheim, Wien, Zürich 1970 (Duden-Taschenbücher Bd. 10).

Wolf, Jörn Henning: Kompendium der medizinischen Terminologie. München 1974.

Wörterbuch der anatomischen Fachbegriffe. Ableitung und Aussprache. Begr. von H. Triepel u. R. Herrlinger. 28. Aufl. Bearb. von A. Faller. München 1972.

Zetkin-Schaldach: Wörterbuch der Medizin. 5. Aufl. Hrsg. von H. Schaldach. Berlin 1973. — Als Taschenbuch: 3 Bde. Stuttgart, München 1974 (dtv/Thieme Nr. 3028—3030).

5. Pharmazie

Arends, Johannes: Volkstümliche Namen der Arzneimittel, Drogen, Heilkräuter und Chemikalien. 16. verm. u. verb. Aufl. Berlin, Heidelberg, New York 1971.

Bunjes, Werner E.: Medical and Pharmaceutical Dictionary: English-German (= 3., erw. Aufl. von *Lejeune, F.* und *W. E. Bunjes:* Dictionary for Physicians). Stuttgart 1974.

Hocking, G. M. A.: A Dictionary of Terms in Pharmacognosy. Springfield/Ill. 1955.

Hunnius, Curt: Pharmazeutisches Wörterbuch. 5., völlig neubearb. u. erw. Aufl. unter Mitarbeit von H. Walter. Berlin, New York 1975.

Index Nominum 1975/76 [Verzeichnis über international gebräuchliche Synonyma der neueren Arzneistoffe und ihrer Spezialitäten]. Hrsg. von der Wissenschaftlichen Zentralstelle des Schweizerischen Apotheker-Vereins. 8., vollst. neubearb. Aufl. Zürich 1975.

Ippen, Hellmut: Index Pharmacorum. Synonyma, Struktur und Wirkung der organisch-chemischen Arzneistoffe. 2. Aufl. Stuttgart 1974.

Lexicum pharmaceuticum. Die wichtigsten pharmazeutischen Fachausdrücke in fünf Sprachen: Deutsch, Englisch, Französisch, Italienisch, Niederländisch. Hrsg. vom Conseil de l'Europe. Strasbourg 1967.

Lexikon chemischer Kurzbezeichnungen von Arzneistoffen. Zusammengest. u. komm. vom Arzneibüro der ABDA unter Mitarbeit von K. Schriever. Frankfurt/M. 1968; Erg.-Bd. Frankfurt/M. 1970.

Marler, E. E. J.: Pharmacological and Chemical Synonyms. 5. Aufl. Amsterdam, London, New York 1973.

Negwer, Martin: Organisch-Chemische Arzneimittel und ihre Synonyma. 4. neubearb., stark erw. Aufl. 2 Bde. Berlin 1971.

Niemand, Hans Georg: Arzneimittel-Synonyma. Internationaler Kurzname, Wirkungsrichtung, Handelsname. Berlin, Hamburg 1963.

Schmidt-Wetter, Rudolf: Vademecum für Pharmazeuten. 10., überarb. u. erg. Aufl. Aulendorf/Württ. 1975.

Schulz, Karl-Heinz: Fachlatein. Lateinische Formenlehre — Rezepturlesen — Nomenklatur von A bis Z. 6. verb. Aufl. Leipzig 1973.

6. Physik

Gerlach, Walther: Die Sprache der Physik. Bonn 1962. Mathematisch-Naturwissenschaftliche Taschenbücher (MNT) Bd. 5 (= Dümmlerbuch 4205).

Lexikon der Physik. 3., völlig neubearb. Aufl. Hrsg. von H. Franke. 3 Bde. Stuttgart 1969. — Als Taschenbuch: 10 Bde. München 1973 (dtv Nr. 3041—3050).

Sachwortregister

Das nachstehende Register enthält in alphabetischer Reihenfolge nahezu alle in diesem Buch behandelten Fachausdrücke sowie die wichtigsten griechischen und lateinischen Stammwörter. Dabei erscheinen die rein griechischen Substantive in Klein- und die lateinischen in Großschreibung. Wörter mit ä und ö sind unter ae und oe aufgeführt, dagegen diejenigen mit c, k und z entsprechend der heute unterschiedlichen Schreibweise unter einem der angegebenen Buchstaben. Bei mehreren Seitenzahlen sind durch Fettdruck diejenigen Seiten hervorgehoben, auf denen das betreffende Wort entweder sprachlich erklärt oder in einem spezifischen inhaltlichen Zusammenhang verzeichnet ist bzw. auf denen Wörter mit gleicher deutscher Bedeutung stehen.